Als das Eis den Himmel berührte

Mein Dank gilt all denen, die mir mit ihrer Tatkraft und Geduld bei der Erstellung dieser Geschichte geholfen haben.

Helmut Brüggemann

Als das Eis den Himmel berührte

Prähistorischer Geschichte

Helmut Brüggemann: Als das Eis den Himmel berührte

Alle Rechte liegen beim Autor

Satz und Layout: Helmut Brüggemann

Umschlaggestaltung: Helmut Brüggemann

Titelbild: Ralf Krämer

Homepage: www.jeth-kinderbuch.de

Herstellung und Verlag: BoD - Books on Demand Norderstedt, 2017

Printed in Germany

ISBN: 9783743162716

Vorwort

Zur Zeit der Dinosaurier, als noch keine Menschen lebten, bemerkte kein Lebewesen wie sich eine riesige Landfläche von Afrika löste. Den Meeresboden aufscheuernd trieb sie unaufhaltsam nach Osten dem Kontinent Asien entgegen.

Für die Lebewesen und Pflanzen auf unserem Planeten begann damit eine bisher nie dagewesene Katastrophe.

Das Land schob auf seiner Reise nach Norden ein Meer warmen Wassers vor sich her. Als die treibende Erdkruste eine auf der Hälfte seiner Wegstrecke liegende, vom inneren Erdmantel aus gegen den Meeresboden drückende gewaltige Lavasäule erreichte, brach die Hölle auf.

Der vom treibenden Land aufgerissene Meeresboden konnte die aus dem Inneren der Erde aufsteigende Lavasäule nicht mehr zurückhalten.

So explodierte das Gas der Lavasäule bei seiner Berührung mit dem Wasser des Meeres.

Die Kraft der Explosion riss ein Loch in Mutter Erde, dessen Ende selbst die Augen der Dinosaurier mit ihren aufgerichteten langen Hälsen nicht erkennen konnten.

Gewaltige Mengen flüssigen Gesteins und Asche wurden von der Explosion bis in die Atmosphäre der Erde geschleudert.

Felsen manche so groß wie Schulbusse flogen durch die Luft und stürzten schon bald zurück auf den Boden und ins Meer. Dabei erschlugen sie viele auf dem treibenden Land lebende Dinosaurier, jegliche Arten von Echsen und Säugetiere.

Als wenn die zu Boden stürzenden großen Steine nicht bereits schlimm genug waren, fielen nun auch noch die bis in das All geschleuderten und bei ihrem Eintritt in die Erdatmosphäre erhitzten kleinen Steine als Feuerbälle auf die gesamte Erde zurück.

Dabei entzündeten sie das Gras und die Bäume in ihrer Nähe. Es dauerte nur zwei Tage und Nächte bis große Teile des Planeten Erde brannten.

Ein großer Teil der in die Atmosphäre hochgeschleuderten Asche bildete eine zusammenhängende dicke Wolke, die die Erde von Nord nach Süd und von Ost nach West umspannte.

Sie ließ keinen noch so kleinen Sonnenstrahl mehr zu den Pflanzen und Tieren der Erde durch.

Auf der Erde gab es nun keinen Wechsel zwischen Tag und Nacht.

So sah kein Lebewesen ein Morgengrauen oder eine Abenddämmerung.

Die Erde war in völlige Dunkelheit getaucht und kannte nur noch die Nacht.

Pflanzenfresser die nicht von den Steinen erschlagen, vom Feuer verbrannt oder von der vom Himmel fallenden Asche erstickt wurden, fanden schon bald keine Nahrung mehr und mussten verhungern.

Die überlebenden Fleischfresser konnten sich noch einige Zeit von den toten Pflanzenfressern ernähren. Aber dann fanden auch sie keine Nahrung mehr um ihren Hunger zu stillen.

Als dann auch noch ein Komet auf die Erde stürzte und dabei noch mehr Staub, Asche und Feuer auf die Erde niederging, war das Ende der Dinosaurier endgültig besiegelt.

Viele der gegenüber den Sauriern in geringer Anzahl lebenden kleinen Säugetiere schafften das Wunder und überlebten.

Sie retteten sich in kleine Erdhöhlen und warteten in ihnen das Ende der Katastrophe ab. Ihren Hunger stillten sie dabei hauptsächlich von den Wurzeln, die Mutter Erde für sie bereithielt.

Jetzt waren sie die Herren der Erde.

Viele Sommer und Winter vergingen, als das letzte Aschenkörnchen aus der Atmosphäre hinunter auf die Erde fiel.

Nun sahen die überlebenden Tiere der gewaltigen Zerstörung nach langer Zeit endlich wieder die Sonne.

Langsam erwärmten die Sonnenstrahlen die Erde und ihre wenigen Bewohner.

Aus der den Boden der Erde bedeckenden Asche wuchsen bald wieder die ersten Gräser, Blumen, und Sträucher.

An den Sträuchern wachsende bunte Beeren lockten so manches Tier zu einem fruchtigen Mahl.

So dauerte es nicht lange, bis die ersten Bäume ihre Kronen und Äste in den Himmel streckten.

Das sich von Afrika abgelöste Land trieb währenddessen langsam weiter und stieß fünf Millionen Jahre später gegen Asien. Dabei hob es den Meeresboden in die Höhe und schuf so das riesige Himalaja Gebirge.

Durch den Zusammenstoß änderten sich die Meeresströmungen und das vom treibenden Land vor sich hergeschobene warme Tethysmeer verschwand.

Diese Veränderungen schufen ein neues Klima.

Es wurde kälter!

Niederschläge die bisher als Regen auf die Erde fielen, fielen nun als Schnee vom Himmel.

Eine neue Eiszeit begann.

Bald bedeckte eine riesige Eiskappe die nördliche Erdhälfte.

Die durch den Vulkanausbruch und Einschlag des Kometen zu Herren der Erde gewordenen Säugetiere kamen mit der Eiszeit gut zurecht.

Sie blieben die Mächtigen der Erde.

Aber ihre Herrschaft endete, als vor 200.000 Jahren der heutige Mensch die Erde betrat.

Als der Mensch anfing über die Erde und ihre Tiere zu gebieten, hatte sich der Planet von den beiden Katastrophen, die den Dinosauriern den Tod brachten und die Säugetiere zu den Herrschern des Planeten gemacht hatten, erholt.

Aber auch nach weiteren 175.000 Jahren, als eine kleine Gruppe Menschen auf einer Lichtung im Wald lebte, gab es noch die Eiszeit. In kurzen Abständen bebte noch immer die Erde und aus ihrer Tiefe floss Feuer auf das Land.

Der Brand

Ruckartig und voller Unruhe fuhr der junge Jäger Jeth von seinem Felllager hoch.

Was hatte ihn mitten in der Nacht nur so plötzlich geweckt?

Mit bangem und klopfendem Herzen schaute der Junge sich im Langhaus, das er mit seinem Clan bewohnte, um. Die niedrig in Bodensenken eingelassenen, brennenden Herdfeuer erleuchteten das Innere des Langhauses nur spärlich. Seine Augen benötigten eine ganze Weile um sich an die Dunkelheit zu gewöhnen.

Plötzlich hörte Jeth Geräusche aus der Ecke des Langhauses, in der die Tiere sich zum Schlafen niedergelegt hatten.

Von seinem plötzlichen Erwachen immer noch benommen, erkannte der Junge dennoch wie sein noch junger Berglöwe Flumi, dicht gefolgt von dem Wolf Flocke der Zauberin Airam und dem Falken Geher seines Bruders Taje das Langhaus verließen.

Selbst jetzt, als die Tiere ins Freie liefen, sah er den Vogel gehen und nicht fliegen.

Der junge Jäger musste lächeln als er daran dachte wie mühsam es für seinen Bruder und seine Oma Ule gewesen war, den aus einem Nest gefallenen Vogel das Fliegen zu lehren. Da sich der Greif zu Anfang ihrer Bekanntschaft nur auf seinen Füssen fortbewegte und keinerlei Anstalten machte das Fliegen zu lernen, hatte Jeth schon befürchtet, dass der kleine Vogel unter Höhenangst litt.

Jeth lauschte jetzt wieder sehr konzentriert, aber es waren keine ungewöhnlichen Geräusche mehr zu hören. Der Junge vernahm wie immer, wenn er nicht einschlafen konnte, nur die ihm vertrauten Geräusche seiner schlafenden Mitbewohner.

Langsam beruhigte Jeth sich wieder.

Es war wohl nur ein Traum gewesen, der ihn geweckt hatte.

Über die Tiere, die das Langhaus mittlerweile verlassen hatten, machte er sich nur noch kurz Gedanken, sie waren sicher zur Jagd aufgebrochen.

Gähnend legte er sich wieder zurück auf seine mit dicken Fellen ausgepolsterte Schlafstätte aus Mammutknochen.

Zum Schutz gegen die Kälte, die trotz der Feuer im Langhaus herrschte, zog er seine Felldecken bis zum Kinn hoch.

Er hatte es sich eben zum Schlafen gemütlich gemacht, als ein lauter Knall ihn hochschrecken und ein starkes

Beben des Bodens sein Bett unter ihm zusammenbrechen ließ.

Das ist jetzt aber kein Traum mehr, ging es dem Jungen durch den Kopf.

Der Schreck saß tief in ihm, als er sich so schnell er konnte aus seinen Decken wühlte und aus den Trümmern seines am Boden liegenden Bettes aufsprang.

Entsetzt sah Jeth wie die Herdfeuer aus ihren Erdlöchern herausgeschleudert wurden. Dabei verteilte sich das brennende Holz mit der glühenden Asche im gesamten Langhaus.

Der Lärm hatte alle Bewohner aufgeschreckt und ließ sie wie gebannt auf das Chaos starren.

Noch immer bebte der Boden und unter lautem Getöse stürzten im Langhaus die aus Mammutknochen und jungen Baumstämmen gefertigten Gestelle um. Dabei fielen auf ihnen abgelegte Töpfe aus Ton, von seinem Bruder Taje hergestellte Figuren aus Holz und Mammutknochen, Kleidung und Waffen zu Boden. Viele der irdenen Behälter zerbrachen und waren für alle Zeit verloren.

Als wenn nicht schon genug zerstört wäre, sah der Junge mit vor Angst weit aufgerissenen Augen, wie die ersten dünnen Baumstämme die das Dach trugen, ins Innere des Langhauses fielen. So seiner Stützen beraubt stürzte das Dach, das die Bewohner aus dem Schilf des nahen Sees hergestellt hatten, in die Tiefe.

Die dabei entstandene gewaltige Staubschicht nahm Jeth die Sicht auf seine Umgebung und ließ seine Augen tränen.

Als der Staub sich legte, starrte der Junge mit seinen noch immer tränenden Augen auf das Durcheinander, das sich im Langhaus abspielte. Obwohl er sah, wie das vom Erdbeben aus den Erdlöchern herausgeschleuderte Feuer die Wände und das herabgestürzte Schilf in Brand setzten und die Flammen sich rasend schnell im Langhaus ausbreiteten, war er nicht imstande sich zu bewegen. Schlimmer noch, er erfasste auch nicht, wo er sich befand und was um ihn geschah.

Dann endlich drang der Ruf ihres Anführers Helu zu seinen Ohren durch: „Raus hier, alle sofort raus oder wir werden in dem Feuer sterben."

Dieser Ruf brachte Jeth wieder zurück in die Gegenwart.

Jeth wusste, wollte er nicht in dem Feuer sterben, dass er das brennende Haus schnell verlassen musste. Aber immer noch vom Anblick des Brandes benommen, ging der Junge nur langsam zum Ausgang.

Aus dem zerstörten Langhaus hinaus sah Jeth, wie die Bewohner des Hauses ins Freie stürzten und in sicherer

Entfernung von dem brennenden Haus auf den Boden niedersanken.

Ein fester Griff umfasste seine Hand. Als er zur Seite blickte, sah er seinen Vater Tona, der ihn aus der brennenden Unterkunft ins Freie zu den anderen Bewohnern des Langhauses zog.

In den Gesichtern seiner auf dem Boden sitzenden Gefährten erblickte der Junge nur blankes Entsetzen.

Er bemerkte, wie seine Mutter Nao suchend umherschaute.

Was suchte sie nur?

Dann sah Jeth wie seine Mutter, die eben noch ruhig auf dem Boden gesessen hatte, plötzlich aufsprang und sich ihr Mund zum Schrei öffnete: „Taje, wo ist Taje!"

Die junge Frau lief zu Airam der Zauberin des Stammes und schüttelte diese als wolle sie von ihr die Früchte eines Baumes ernten.

Dabei rief sie: „Airam, wo ist mein Sohn Taje? Du hast mir doch gesagt er wäre aus der brennenden Hütte hinausgelaufen. Wo ist mein Sohn?"

Die Zauberin stand wie gebannt vor der jungen Frau und ließ sich von ihr ohne Gegenwehr weiter durchschütteln. Erst als Nao die Zauberin vor Erschöpfung losließ, entrang sich aus dem Hals der alten Frau ein Stöhnen.

Alle sahen, wie Airam, völlig verstört und aschfahl im Gesicht, der jungen Frau antwortete: „Oh, verzeih mir, Nao, ich war mir sicher, dass ich Taje habe hinauslaufen sehen."

Dann schlug Airam ihre Hände vors Gesicht und sank mit einem tiefen Stöhnen auf die Knie.

Leise Worte murmelnd versank sie in ein Gebet an die Göttin Mutter Erde und erflehte ihren Schutz für den jungen Jäger Taje.

Mit einem verzweifelten Blick auf die betende Zauberin stürzte Nao, laut nach Taje rufend, zum noch immer brennenden Langhaus.

Das Rufen seiner Mutter holte Jeth nun vollständig in die Gegenwart zurück.

Was nur, überlegte der Junge, hatte ihn beim Brand nur so in Angst versetzt?

Er war doch sonst so mutig. Selbst eine Bärenjagd schreckte ihn nicht.

Nein, das Unglück konnte ihm nicht so zugesetzt haben. Es musste etwas Anderes gewesen sein.

Aber was war es gewesen?

So sehr er sich auch bemühte, er fand keine Erklärung.

Nao wäre wohl auf der Suche nach ihrem Sohn Taje trotz der Hitze in das brennende Haus gelaufen, hätte sie ihr

Vater Helu nicht aufgehalten. Helu war mit den Jägern des Stammes und Naos Mann Tona auf dem Weg zur Brandstelle um nachzusehen, ob noch etwas von ihrem Hab und Gut zu retten wäre.

Voller Sorge um ihren jüngsten Sohn Taje, den sie immer noch im brennenden Haus vermutete, schlug sie mit ihren Händen wild um sich.

Ohne ein beruhigendes Wort zur Tochter sprechend, drückte Helu die junge Frau ihrem Mann Tona in die Arme.

„Du bist für sie verantwortlich, Tona. Sorge dafür, dass sich deine Frau beruhigt. Es kann doch nicht sein, dass meine Tochter sich wegen des brennenden Hauses so aufregt."

Mittlerweile war Helus Frau Ule zu der Gruppe gestoßen.

Sie nahm ihre jetzt laut schluchzende Tochter Nao aus Tonas Armen und strich ihr sanft übers Haar.

Dann drehte sie sich zu den Männern und sprach mit zitternder Stimme: „Wir vermissen Taje. Nao vermutet ihn noch in dem brennenden Haus."

Entsetzt drehten sich die Männer um und sahen, wie die letzten noch stehenden Holzbalken in sich zusammenfielen und ins Feuer stürzten.

Das Haus war nun nur noch eine riesige brennende Feuerstelle. Die Hitze war enorm. Niemand war jetzt noch in der Lage sich ihm zu nähern.

Jeth spürte trotz der Hitze des Feuers eine Kälte in seinem Körper hochsteigen. Wie sollte er jetzt ohne seinen Bruder weiterleben? Er durfte zwar mit seinen zwölf Sommern schon die Jäger auf ihrer Jagd begleiten, aber am liebsten waren ihm die Stunden, in denen er mit seinem Bruder durch die Wälder streifte. Sicher, ihre Mutter Nao machte sich jedes Mal gewaltige Sorgen um ihre Söhne, aber er war ja schon ein richtiger Jäger und konnte gut auf seinen neun Sommer zählenden Bruder aufpassen. Wieder schaute er voller Kummer über den Verlust seines Bruders zu dem noch immer brennenden ehemaligen Langhaus. Nein, es durfte nicht sein, dass sein kleiner Bruder dort unter den brennenden Trümmern begraben lag.

Plötzlich fielen ihm ihre Tiere ein, Hoffnung keimte in Jeth auf.

Mit neuem Mut sprang er auf und lief zu seinen Eltern.

Tona hatte sich mit Nao an den Rand der Lichtung zurückgezogen und hielt seine noch immer schluchzende Frau in den Armen.

Als Jeth seine Eltern erreichte, setzte er sich zu ihnen und sagte: „Die Tiere sind nicht hier. Ich wurde kurz vor dem Brand wach und habe zwar nicht Taje, aber unsere Tiere aus dem Haus laufen sehen. Ich bin sicher sie sind in den Wald gelaufen um zu jagen. Vielleicht ist Taje mit ihnen gegangen."

Nao schaute ihrem Sohn ins Gesicht. Der Junge sah, wie ein Hoffnungsschein das Gesicht seiner Mutter erhellte. Doch plötzlich verschwand das Lächeln. Ein trauriger Ausdruck überschattete wieder das Gesicht seiner Mutter: „Ich wollte du hättest recht, aber Taje ist noch nie alleine mit den Tieren jagen gegangen. Oh nein, wir haben ihn verloren."

Traurig verbarg sie ihr Gesicht in den Händen.

So schnell gab Jeth die Hoffnung nicht auf und erwiderte: „Sicher, Mutter, bisher tat er das noch nie. Aber ich habe alle gefragt, nur bis auf Airam die sich aber auch nicht mehr sicher ist, hat niemand hat Taje während des Brandes im Haus gesehen."

Sein Vater Tona lächelte ihn an: „Jeth, du machst uns wieder etwas Hoffnung. Jetzt ist es noch zu dunkel. Aber es wird bald hell, dann werden wir Taje suchen. Ich verspreche dir Nao, wenn er im Wald ist, werden wir ihn finden."

Zufrieden erhob sich Jeth, als ein fürchterlicher Schlag ihn wieder zu Boden stürzen ließ.

Entsetzt und mit weit aufgerissenen Augen sah der Junge wie die Bäume am Waldrand mit lautem Krachen umstürzten. Es war als würde eine Herde Mammut voller Wut gegen die Bäume laufen und sie mit den Wurzeln aus Mutter Erde reißen.

Wie ein Wunder blieben die Bäume am Rande der Lichtung, unter denen er mit seinen Eltern saß, stehen.

Dennoch sprangen Jeth und seine Eltern auf und liefen zur Mitte der Lichtung. Auf der hatten sich nun auch die anderen Mitglieder ihrer Familie versammelt.

Der neuerliche Erdstoß hatte alle in Angst und Schrecken versetzt. Als Tona ihnen aber von ihrer Hoffnung erzählte, dass Taje noch lebte, huschte ein Lächeln über die Gesichter der Zuhörer.

Jeth sah allen die Erleichterung an und spürte deren Ungeduld endlich mit der Suche nach Taje zu beginnen.

Baka, ein Jäger des Stammes, ging zu Helu und beide unterhielten sich über das geschehene Unglück: „Ich hoffe Helu, Jeth hat mit seiner Vermutung recht und Taje ist tatsächlich mit den Tieren zur Jagd im Wald."

Helu sah Baka an und lächelte: „Ich bin überzeugt davon, Baka. Es war zwar ein recht wildes Durcheinander während des Brandes im Langhaus. Aber irgendjemand hätte Taje sehen müssen. Vor allem, weil sein Lagerplatz direkt neben Jeths ist und Nao sofort nach ihren Kindern gesehen hat. Sie traf aber nur Jeth am Schlafplatz der Kinder an. Dabei wurde sie zwar von dem herabstürzenden Dach von Jeth getrennt, aber ich bin überzeugt, Nao oder Jeth hätten Taje gesehen, wenn er dort in aller Ruhe geschlafen hätte, während um ihn herum alles zusammenbrach. Habe keine Sorge um Taje. In der Regel kommen unsere Tiere im Morgengrauen von der Jagd zurück. Du wirst sehen, unser jüngster Jäger begleitet sie."

Während der Unterhaltung waren die Jäger Mare und Rema zu Baka und Helu gestoßen.

Mare schaute zum vom Feuer zerstörten Langhaus: „Das wird eine Menge Arbeit, unsere so wundervolle Unterkunft wiederherzustellen. Ein Glück, dass unsere Vorräte und der größte Teil der Waffen dort in der Hütte lagern."

Dabei zeigte Mare auf eine kleine Hütte, die in einiger Entfernung zum ehemaligen Langhaus stand. Wie durch ein Wunder schienen das Beben der Erde und das Feuer an ihr keinerlei Schaden angerichtet zu haben.

Remas Gesicht verdunkelte sich, als er sprach: „Ich bin der Meinung wir sollten von hier fortziehen. Die Erde hat doch heute nicht zum ersten Male gebebt. Allerdings noch nie so heftig. Auch jetzt ist immer wieder ein kleines Beben zu spüren."

Helu legte eine Hand auf Remas Schulter und antwortete seinem jüngsten Sohn: „Mag sein Rema, aber das bestimmt die Göttin und ihr Wille wird uns von Airam und Hejo unseren Schamanen kundgetan. Aber seht, Nao winkt uns zu. Da es langsam hell wird, will sie sicher mit der Suche nach Taje beginnen."

Gemeinsam gingen die Jäger zu Nao, Tona, Jeth und Airam.

Plötzlich zeigte Jeth zum Waldrand und rief: „Seht dort, unsere Tiere kommen zurück."

Aus dem Dickicht des Waldes kamen Jeths Berglöwe Flumi und Airams weißer Wolf Wolke auf die Lichtung gelaufen.

Alle hielten den Atem an, wo war Taje?

Die beiden Raubtiere liefen auf das inzwischen von Tona auf der Lichtung angezündete Feuer zu und legten sich dort nieder.

Die Zerstörungen im Lager schienen sie nicht zu berühren.

Alle schauten gebannt auf den Rand des Waldes.

Schrecklich langsam verging die Zeit.

Nichts geschah.

Taje trat nicht auf die Lichtung.

Jeth vernahm ein schmerzliches Stöhnen und sah, wie seine Mutter Nao in den Armen seines Vaters Tona zusammenbrach.

Dann hörte er sie sprechen: „Oh, Tona, er ist nicht mit den Tieren zurückgekommen. Wir haben ihn verloren."

Die Schamanin Airam ging zu Nao legte ihre Hand auf die Schulter der jungen Frau und tröstete sie: „Sieh doch, es sind nicht alle Tiere zurück. Tajes Falke fehlt noch. Es ist doch möglich das sich Taje mit seinem Falken von Wolke und Flumi getrennt hat. Es hat sich nichts verändert. Wir werden Taje jetzt suchen."

Die Worte der Schamanin taten nicht nur Nao gut. Nein, alle atmeten erleichtert auf.

Helu rief alle Stammesangehörigen zusammen und sprach: „Beginnen wir mit der Suche. Wir stellen uns am Waldrand in Sichtweite voneinander in einer Reihe auf. Dann gehen wir bis zum Schilfrand des Sees. Sollte jemand eine Spur von Taje oder seinem Falken gefunden haben, ruft er und wir treffen uns bei ihm.

In kurzer Zeit hatten sich alle am Waldrand aufgestellt, sahen sich nochmals an und gingen in den Wald, um mit der Suche nach Taje zu beginnen.

Auch Jeth drang schnell in den Wald ein. Am Anfang waren der Wald und das Unterholz noch nicht sehr dicht. Das lag auch daran, dass sie mittlerweile sehr viel Holz für ihre Hütten und für Feuer aus dem Wald geschlagen hatten. Aber schon nach kurzer Zeit verdichtete sich der Wald und Jeth kam nur langsam voran. Es kam immer häufiger vor, dass er sich mit seinem Steinmesser mühsam den Weg freischneiden musste. Er begann zu schwitzen und die Arme schmerzten ihm vom Schneiden der Äste. Wie sollte er in diesem Dickicht jemals Taje finden? Selbst wenn sein Bruder dicht neben ihm wäre, würde Jeth ihn nicht sehen.

Plötzlich stand das Unterholz nicht mehr so eng zusammen. Nun kam der Junge besser voran und er konnte auch mehr erkennen. In einiger Entfernung vor sich sah der junge Jäger eine Anzahl umgestürzter Bäume. Als er an den ersten Baum kam, bemerkte er, dass die Bruchstelle noch ganz frisch war. Auch die in seiner Nähe liegenden Bäume hatten frische Bruchstellen. Die Bäume mussten beim Beben, das auch ihr Langhaus zerstört hatte, umgestürzt sein.

Jeth entschloss sich, alle umgestürzten Bäume abzusuchen. Er bat Mutter Erde, dass sein Bruder zu diesem Zeitpunkt nicht hier gewesen war. Wie leicht hätte ihn ein Baum treffen können. Er wollte eben mit der Suche unter dem vor ihm liegenden Baum beginnen, als er den Ruf „kikiki" eines Falken vernahm.

Sofort richtete Jeth sich auf und lauschte.

Von wo war der Ruf gekommen?

Jeth schaute sich um, aber er konnte keinen Falken erblicken.

„Geher, Geher wo bist du?", rief der Junge.

Wieder ertönte das „kikiki" eines Falken.

Immer wieder rief Jeth den Namen von Tajes Falken und immer wieder antwortete ihm dieser.

Endlich sah Jeth den Greif.

Der Vogel saß auf einem Baumstamm am äußersten Rand der niedergestürzten Bäume.

Alle Müdigkeit und Erschöpfung vom Freischneiden des Weges waren von dem jungen Jäger gewichen, als er auf dem Weg zu Geher über die vor ihm liegenden Baumstämme sprang. Endlich hatte er den Vogel erreicht. Ein Blick zum Greif nahm ihm alle Ungewissheit, ja es war Geher, Tajes Freund, der ihn gerufen hatte.

Nur Taje sah der junge Jäger nicht.

Wo war sein Bruder? Jeth war sich sicher, dass Taje ganz in der Nähe war. Warum sonst sollte Geher hier im Wald auf einem umgestürzten Baum sitzen und ihn rufen statt bei seinen Freunden Wolke und Flumi zu sein.

Der Junge war sich sicher, Geher bewachte Taje.

Der Greif legte seinen Kopf schief und schaute Jeth an. Der Junge spürte, dass der Vogel seine Aufmerksamkeit erregen wollte.

Plötzlich flog Geher auf und landete zwei Speerwürfe weiter auf den Stamm eines ebenfalls umgestürzten Baumes. Jeth beeilte sich dem Greif zu folgen. Vom Baumstamm flog Geher auf den Boden und der Junge sah noch wie der Greif im Dickicht der Baumkrone verschwand.

Schnell hatte Jeth die Baumkrone erreicht und versuchte die Zweige auseinanderzubiegen, aber sie waren zu dick und zu eng aneinandergerückt. Er konnte es nicht alleine schaffen.

Verzweifelt sprang er auf und rief nach seinen Gefährten.

Es dauerte nicht lange bis alle Suchenden bei Jeth waren und voller Anspannung den Worten des Jungen lauschten. Aufgeregt mit den Händen immer wieder auf die Baumkrone zeigend, erzählte er ihnen von Geher und dass der Vogel im Laub der Krone verschwunden war.

Hastig versuchten die Gefährten alle Äste beiseite zu schieben, um Taje oder Geher im Gewirr der Äste und Zweige zu finden.

Tona schüttelte den Kopf: "So finden wir ihn nicht. Ich versuche in die Krone hineinzukriechen."

Noch während er sprach legte der Jäger sich auf den Boden und kroch hastig, alle Zweige, die ihm noch im Weg waren zur Seite schiebend, in die Krone hinein.

Das Gewirr von Ästen und Zweigen zerkratzte ihm immer wieder das Gesicht und die Hände.

Die Sorge um seinen Sohn war größer als der dadurch verursachte Schmerz und so spürte der Jäger die Schmerzen nicht.

Dann endlich sah er seinen Sohn.

Taje lag bewegungslos mit dem Gesicht zu Tona in einer Bodenmulde. Kein Ast oder Zweig hatte ihn eingeklemmt. Aber voller Sorge sah Tona die geschlossenen Augen seines Sohnes. Tajes Freund, der Greif Geher, hatte sich neben das Gesicht des Jungen gesetzt und schaute Tona in die Augen.

Es war, als würde der Vogel Taje beschützen wollen.

Als Geher sah wie Tona sich näher an seinen Freund heranschob, trottete er ein wenig zur Seite und machte Platz. Bald hatte Tona seinen Sohn erreicht. Erleichtert hörte der Jäger wie Taje leicht stöhnte.

Aus dem Dickicht der Baumkrone heraus rief er Nao zu: „Nao, ich habe ihn, unser Sohn lebt!"

Mit einem Schrei, der die Erleichterung der jungen Frau ausdrückte, fiel Nao ihrer Mutter Ule in die Arme und weinte vor Glück.

Von Rema und Mare unterstützt, gelang es Tona, seinen Sohn aus der Krone des Baumes zu ziehen.

Die Männer hatten Taje vorsichtig außerhalb der Baumkrone niedergelegt. Sofort kniete Airam sich nieder und untersuchte den Jungen.

Auch Nao kniete sich neben Taje, dabei sah sie der Zauberin sorgenvoll ins Gesicht: „Airam, wie geht es meinem Sohn?"

Die Schamanin legte eine Hand auf die rechte Schulter der Frau und lächelte: „Dein Sohn hat eine dicke Beule, und wenn er wach wird, wird es ihm in seinem Kopf vorkommen, als ob er von vergorener Elchmilch getrunken hätte. Aber sonst geht es ihm gut."

Mit einem Aufschrei der Erleichterung zog Nao ihren Sohn in die Arme.

Sanft streichelte die junge Frau das Gesicht ihres Jungen und sah voller Freude, wie Taje die Augen öffnete.

Lange schaute Taje die umher Stehenden an. Dann begriff er, wo er sich befand und fragte seine Mutter: „Was ist geschehen?"

Da Nao vor lauter Glück, ihren Sohn gesund wieder gefunden zu haben, die Stimme versagte, hockte Jeth sich neben seine Mutter und seinen Bruder und erzählte Taje, was seit seinem Aufbruch mit den Tieren zur Jagd geschehen war.

Nachdem der junge Jäger seinem Bruder alles berichtet hatte, trat Airam zu Taje: „Kannst du aufstehen, Taje?"

Taje löste sich sanft aus den Armen seiner Mutter und stand, wenn auch noch mit zitternden Beinen, langsam auf.

Plötzlich verspürte er einen stechenden Schmerz in seinem Kopf, der aber recht schnell schwächer wurde. Mit den Fingern rieb er über die schmerzende Stelle an der Stirn und der Schmerz verschwand ganz.

Das hätte die Schamanin auch nicht schneller gekonnt, ging es ihm durch den Kopf.

Er lächelte bei dem Gedanken, sich bei Airam als Schamanenlehrling zu bewerben.

Helu trat zu Taje und mit sorgenvollem Blick fragte er seinen Enkel: "Fühlst du dich stark genug mit uns zurück zum Lager zu gehen?"

Der Junge fühlte sich zwar immer noch etwas schwach, aber bis zu ihrem Lager würde er es schon schaffen.

Daher antwortete er seinem Großvater: „Aber sicher, Opa."

Helu lächelte: „Das ist schön, dann lasst uns zurückgehen."

Da sie den auf ihrem Hinweg durch den Wald von ihnen freigeschnittenen Weg benutzten, kamen sie nun schneller voran und erreichten bald die Lichtung mit ihrem zerstörten Langhaus.

Als Taje die Zerstörungen sah, stöhnte er: „Da bin ich aber froh, dass ich mit unseren Raubtieren jagen war."

Jeth lächelte seinen Bruder an: „Ich glaube Bruder, du kannst froh sein, dass unsere Mutter überglücklich ist, dich heil und gesund wieder in ihre Arme schließen zu können. Sonst hättest du sicher eine gewaltige Strafpredigt über dich ergehen lassen müssen. Wie kann man auch ohne jemandem etwas zu sagen, mitten in der Nacht auf die Jagd gehen?"

Mit einem Blick zum Lagerfeuer sah Jeth ihre Oma Ule auf sie zukommen. Er schaute besorgt seinen Bruder an: „Oh, oh da kommt Oma Ule und nach ihrem Gesichtsausdruck zu urteilen, bekommst du doch noch einige zornige Worte zu hören. Ich an deiner Stelle würde mich schleunigst davonmachen."

Den Ratschlag seines älteren Bruders wollte Taje nicht missachten. Schnell wie ein Blitz verschwand er zu seinem Falken, der am anderem Ende der Lichtung auf einem Ast saß. Dennoch hörte er, wie seine Oma hinter ihm herrief: „Warte Bursche, dich bekomme ich schon noch zu fassen. Einfach mitten in der Nacht heimlich zu verschwinden und das ganze Lager in Aufregung zu versetzen. Ja und dann auch noch so dumm sein, den Kopf unter einen fallenden Baum zu halten. Warte nur, bis ich dich kriege!"

Jeth nahm seine Oma Ule, die nun mittlerweile schimpfend bei ihm angekommen war, an die Hand und versuchte sie zu beruhigen: „Ach Oma, nun komm wieder vom Baum herunter. Bis auf eine kleine Beule an Tajes Kopf ist ja nichts passiert."

Der von Jeth so gut gemeinte Versuch Ule mit Taje zu versöhnen ging völlig daneben.

Ule schaute ihren Enkel nicht eben freundlich an und tadelte ihn: „Was soll ich? Vom Baum herunterkommen, weil nichts passiert ist! Ja, bin ich denn ein Vogel?"

Um einer weiteren Strafpredigt seiner Oma zu entgehen, entzog Jeth ihr schnell die Hand und lief schleunigst seinem Bruder nach.

Völlig außer Atem kam er bei Taje und den Raubtieren an. Neben seinem Berglöwen Flumi kniete Jeth sich nieder und streichelte seinem Freund das kurze Fell.

Dann sah Jeth seinen Bruder an und keuchte: „Ich bin völlig außer Form. Wird Zeit, dass ich wieder mit unseren Tieren jagen gehe. Mit ihnen zu laufen und etwas weniger von Ules gutem Essen sollte mich wieder fit machen. Auf Ules Essen sollten wir heute aber verzichten. Ich habe keine Lust, mir dabei eine ihrer Strafpredigten anzuhören."

Taje schaute seinen Bruder mit gerunzelter Stirn an und antwortete: „Wieso du? Ich dachte sie wäre nur auf mich sauer."

So erzählte Jeth seinem Bruder von seinem völlig danebengegangenen Versuch, ihre Oma Ule zu beruhigen.

Lachend klopfte Taje seinem Bruder auf die Schulter: „Bruderherz das hast du gut gemacht. Jetzt dürfte ihre Wut dich treffen. Wenn ich ihr jetzt noch meinen treuesten Blick zuwerfe, kann ich heute Mittag sorglos zum Feuer gehen und ihr Essen genießen. Du Bruder solltest deine Mahlzeit aber wirklich lieber mit unseren Freunden", dabei zeigte Taje auf ihre Raubtiere, „im Wald suchen. Sei sicher, deine Portion verfällt nicht. Ich werde sie genießen."

Dann sprang Taje auf und meinte zu Jeth: „Jetzt gehe ich zum See, schaue ins klare Wasser und übe den Blick, mit dem ich Ule besänftigen werde."

Da Jeth seinen Bruder kannte und wusste das der ihn nur neckte, war er ihm nicht böse. Sich bückend streichelte er seinen Berglöwen erneut: „Komm, Flumi, lass uns jagen gehen. Wenn wir einen Hasen fangen und ihn Ule bringen, wird sie mir alles verzeihen."

Dann nahm er drei seiner kurzen Jagdspeere aus der vom Feuer verschonten Hütte und ging zu seinem Vater

Tona um ihm zu sagen, dass er nun mit Flumi jagen gehe.

Sein Berglöwe Flumi war ihm mittlerweile zu einem treuen Freund geworden. Jeth war sehr froh, dass er Flumi damals bei der Jagd nach einem seinem Stamm gefährlich gewordenen Berglöwen vor dem tödlichen Speerstoß seines Großvaters Helu gerettet hatte. Als sie nach dem Tod des Berglöwen den jungen Flumi in einer Höhle entdeckten, benötigte er lange, seine Mutter Nao und seinen Großvater Helu, davon zu überzeugen, dass er es schaffen würde, den jungen Berglöwen zu zähmen und großzuziehen. Schließlich hatten sie nachgegeben und es war ihm gelungen.

Mittlerweile war ihm Flumi nicht nur ein treuer Freund, sondern auch ein schlauer Gefährte bei seinen Jagdausflügen geworden.

Im Wald kannte der junge Jäger eine kleine Lichtung, deren Boden mit saftigem Gras überzogen war. Als er dort das letzte Mal mit seinem Bruder Taje gewesen war, hatten sie auf ihr eine Menge Hasen gesehen. Mit etwas Glück waren heute wieder Hasen oder gar Rehe auf ihr zu finden.

Um von den Tieren nicht bemerkt zu werden, schlich der Junge leise und sich gegen den Wind haltend auf die Lichtung zu.

Nachdem er den Rand der Lichtung erreichte, sah er, dass der Herr der Tiere ihm wohlgesonnen war. Der junge Jäger erblickte mindestens so viel Hasen, wie seine Hände Finger hatten.

Nun wollte Jeth sehen, ob sich das Üben der Jagd mit Flumi gelohnt hatte.

Er deutete seinem Jagdgefährten, liegen zu bleiben. Leise schlich Jeth weiter zur anderen Seite der Lichtung. Dabei sah er ständig zu den Hasen hinüber. Da er die Richtung gewechselt hatte, ließ es sich nicht vermeiden, dass die Tiere ihn hörten und jetzt auch mit dem Wind witterten.

Aber genau das wollte Jeth nun auch.

Auf der anderen Seite der Lichtung angekommen, trat er auf die freie Fläche und zeigte sich rufend den Hasen. Vom Ruf des Jungen erschreckt flüchteten die Hasen von ihm fort in den Wald.

Genau dort wartete der Berglöwe Flumi auf sie. Für zwei Hasen war die Flucht vor Jeth hier beendet.

Mit einem seiner kurzen Jagdspeere gelang es auch dem jungen Jäger, einen Hasen zu erlegen.

Das „kikiki" eines Falken ließ ihn aufhorchen und in den Himmel blicken. Dort sah er einen Greif aus der Sonne kommend sich auf den letzten Hasen, der den sicheren Waldrand noch nicht erreicht hatte, stürzen.

Der Vogel blieb ebenso wie der Berglöwe neben seiner geschlagenen Beute stehen, ohne sie anzurühren.

Jeth hatte sofort erkannt, dass es sich bei dem Falken um Tajes Vogel Geher handelte.

Er lief zu den Tieren und sammelte die Beute auf. Als Belohnung überließ er einen Hasen den beiden Helfern.

Mit den restlichen drei Hasen ging Jeth zurück ins Lager. Dort übergab er sie stolz seiner Oma Ule.

Genau wie der Junge es vorausgeahnt hatte, verzieh ihm Ule beim Anblick der Hasen seine zuvor gemachten Bemerkungen.

Von ihrem Fell befreit und ausgenommen, grillten in kurzer Zeit drei Hasen am Spieß über dem offenen Feuer.

Der Geruch der Braten lockte alle Angehörige des Stammes zu Ules Feuer, um das sie sich noch immer vom Verlust des Langhauses bedrückt, schweigend niederließen.

Nach einiger Zeit schaute Tona Helu an: „Helu, wann beginnen wir mit dem Aufbau eines neuen Langhauses?"

Statt Helu antwortete Ule: „Ich bin der Meinung wir sollten von hier fortziehen. Es ist ja nicht so, dass die Erde sich nur einmal bewegt hätte und seither ruhig war. Nein, sie bewegt sich schon den ganzen Tag. Ich glaube unsere Göttin Mutter Erde möchte nicht, dass wir uns hier aufhalten."

„Ach, Ule, das kann doch nicht sein", erwiderte ihr Tona: „Wir sind doch nun schon mehrere Monde hier und nie ist etwas passiert."

Jeth zeigte auf die drei Hasen und sagte: „Ich glaube mein Vater Tona hat recht. Wenn die Götter uns nicht hier haben wollten, würde der Herr der Tiere mir niemals so eine reiche Beute geschenkt haben."

Nun mischte sich die Schamanin Airam in ihr Gespräch: „Glaubt ihr wirklich, ihr könnt den Willen der Götter deuten? Sollte es stimmen, dass die Mutter Erde uns nicht hier haben möchte, so teile ich Ules Meinung. Es kann nicht gutgehen, gegen den Willen der Göttin zu handeln."

Helu schaute nachdenklich von einem zum anderen, dann entschied er: „Ich stimme den Frauen zu. Airam hat vollkommen recht. Niemals werden wir hier glücklich leben können, wenn die Göttin gegen unser Hierbleiben ist. Lasst uns alles zum Aufbruch vorbereiten."

Tona sah das ganz anders: „Aber das ist doch Unsinn. Nur weil die Erde mal einen Tag etwas zittert, sollen wir von hier fortziehen? Lasst uns zumindest noch ein paar Tage abwarten und sehen, was weiter geschieht."

Zwischenzeitlich hatte Nao am Feuer sitzend vergeblich nach Taje Ausschau gehalten.

Sie konnte ihren Jüngsten nirgendwo im Lager erblicken.

Die junge Frau zog die Beine an, stützte die Unterarme auf die Knie und legte das Kinn in ihre Hände. Dann murmelte sie, aber laut genug, dass alle es hörten: „Taje, wo ist mein Sohn Taje?"

Jeth erwiderte sofort: „Keine Angst Mutter, er ist zum See und kommt sicher gleich zurück."

Der Junge sah die Erleichterung im Gesicht seiner Mutter, als sie ihn bat: „Jeth, bitte geh und hole ihn. Den Burschen heute nochmals suchen zu müssen, würde ich nicht überstehen."

Der junge Jäger stand auf und seine Mutter beruhigend anlächelnd antwortete er ihr: „Sorge dich nicht Mutter, ich bin gleich mit Taje zurück."

Der Berg blutet

Jeth hoffte, dass sein Bruder Taje den von ihnen mühsam durch den Wald angelegten Weg zum See benutzt hatte und sich dort am Ende des Pfades am Uferrand aufhielt. Das fehlte noch, dass er auf der Suche nach Taje den ganzen See umrunden musste.

Von ihrem Lager auf der Lichtung hatten sie zum See hin schon vor langer Zeit den Pfad durch den Wald geschlagen. So konnten sie den See immer mühelos zum Ernten des Schilfes für die Dächer ihrer Hütten oder zum Fischen und Jagen erreichen.

In unmittelbarer Nähe war der See von dichtem Unterholz und Sumpf umgeben. Aus dem Sumpf ragten abgestorbene Baumstümpfe und vereinzelte Birkenbäume. Begab man sich noch näher an den See, so erblickte man riesige Wälder aus Schilf die das Seeufer einfassten. Auch dort war der Boden sehr sumpfig und man sank immer wieder bis zu den Waden in den morastigen Grund.

Jeth hatte Glück und fand Taje tatsächlich am Ende des Weges.

„Taje, du hast wohl Spaß daran, dass ich dich ständig suchen muss? Komm bitte zurück ins Lager. Mutter sorgt sich schon sehr um dich.

Taje sah seinen Bruder an, legte den Zeigefinger auf seine Lippen und flüsterte: „Still, Jeth, hörst du nicht das

Brummeln. Es ist, als ob ein Schwarm Bienen in der Nähe vorbeifliegt. Ich sehe aber nirgendwo Bienen. Was ist es dann?"

Jeth lauschte: „Jetzt höre ich es auch.", antwortete er seinem Bruder.

Dann zeigte Taje auf die Bergreihe am anderen Ufer des Sees: „Das ist aber noch nicht alles! Schau dort zu den Bergen. Zwei von ihnen bluten."

Jeth hob den Blick, sah hinüber zu den Bergen und bemerkte, wie eine rote Flüssigkeit vom Gipfel der Berge hinunterfloss.

„Taje, hast du es schon gesehen? Einer der Berge raucht. Es qualmt, als ob ein riesiges Lagerfeuer aus nassem Holz dort oben brennt."

„Ja, ich habe es auch gesehen, Jeth. Das Ganze ist mir unheimlich. Es ist ja nicht nur das Blut und der Rauch auf den Bergen oder das Zittern der Erde. Nein, da ist noch etwas. Siehst du die Blasen, die dort hinten aus dem See hochsteigen? Dann riecht es hier auch so schlecht. Ich glaube Bruder, wir sollten ganz schnell zurückgehen und es Vater und Helu sagen."

Jeth schaute nochmal sorgenvoll zu den Bergen und auf die Oberfläche des Sees: „Wir sollten sie auch auf die toten Fische aufmerksam machen, die in der Nähe des Schilfes wo die Blasen im See aufsteigen, liegen."

„Die habe ich noch gar nicht gesehen", antwortete Taje. Dabei hob er den Blick vom Wasser des Sees und schaute nochmals zu den blutenden Bergen.

In den Geschichten der Alten hatte er schon von an der Wasseroberfläche treibenden toten Fischen gehört, aber noch nie von blutenden und rauchenden Bergen.

Jeth legte eine Hand auf die Schulter seines noch immer zu den Bergen sehenden Bruder und sagte zu ihm: „Nun lass uns aber schnell ins Lager zurückkehren."

Als sie im Lager ankamen und Nao ihren jüngsten Sohn Taje erblickte, atmete sie erleichtert auf. Obwohl ihr bei seinem Anblick eine große Last vom Herzen fiel, konnte sie tadelnde Worte nicht zurückhalten: „Taje, in Zukunft gehst du nur noch aus dem Lager, wenn du mir das vorhergesagt hast. Ich möchte mir nicht ständig Sorgen um meinen jüngsten Sohn machen."

Taje hatte den Einwand seiner Mutter überhaupt nicht gehört. Er war sofort zu seinem Vater Tona gelaufen. Zum Gesicht seines Vaters hochsehend, sprudelte es nur so aus seinem Mund, was er mit Jeth am See gesehen hatte.

Den Schamanen Hejo, der sich noch immer mit seinem Vater unterhielt, bemerkte er erst jetzt.

Taje erschauerte als er sah wie der alte Mann ihn streng anschaute. Dabei kamen die tiefen Falten im Gesicht des Schamanen noch deutlicher hervor. Dem Jungen war überhaupt nicht wohl in seiner Haut. Hatte ihn seine Mutter Nao nicht oft genug ermahnt, Erwachsene nicht während ihrer Unterhaltung zu stören? Sicher, er hatte seinem Vater eine wichtige Nachricht überbringen wollen, aber den Schamanen seines Stammes während einer Unterhaltung zu unterbrechen, war höchst unklug. Wenn er Pech hatte, würde der alte Mann ihn glatt in eine Maus verzaubern. Er war sich sicher, dass der Schamane das konnte.

Schließlich hatte ihm sein Bruder Jeth erzählt wie der alte Mann das schon einmal mit einem Kind in der Nähe eines Berglöwen gemacht hatte.

Das Kind hatte unbeabsichtigt den Schamanen während seines Zwiegesprächs mit dem Herrn der Tiere gestört. Wie es der Maus so dicht neben einem Berglöwen ergangen war, konnte er sich gut vorstellen.

Um diesem Schicksal zu entgehen, versuchte Taje sich mit einer Entschuldigung zu retten: „Bitte verzeiht mir, Hejo, dass ich euch unterbrach, ich wollte nicht unhöflich sein, aber die blutenden Berge haben mich ganz verwirrt."

Erleichtert sah der Junge, wie das Gesicht des Schamanen alle Strenge verlor.

Hejo hatte ihm wohl verziehen.

Die Gefahr, in eine Maus verwandelt zu werden, war fürs Erste gebannt.

Der Schamane schaute Taje nun lächelnd an und sprach dann zu Tajes Vater Tona: „Das Blut, das deine Söhne auf den Bergen gesehen haben, ist ein kochender roter Fluss der langsam aus dem Berg austritt. Der Fluss ist so heiß, dass er alles auf seinem Weg zerstört.

Da die Berge aber weit genug von uns entfernt sind und wir auch noch nicht wissen, ob der Fluss überhaupt zu uns hinfließt, ist der rote Fluss alleine für uns keine Bedrohung. Zudem liegt dann auch noch der See zwischen den Bergen und unserer Lichtung. Selbst wenn der Fluss in die Richtung unseres Lagers fließt, kühlt er sich im See ab und richtet dann keinen Schaden mehr an.

Nun kommen aber noch Rauch auf den Bergen, Blasen und tote Fische im See und die Beben der Erde hinzu. Ich habe das schon einmal erlebt. Damals stieg nach einigen Monden eine riesige Aschewolke aus dem Berg. Aber es war nicht nur Asche, nein, ganze Felsbrocken schleuderte der Berg in die Luft. Als es passierte, war ich mit einigen Jägern unterwegs. Nur mit knapper Mühe konnten wir den Steinen, der Asche und dem heißen roten Fluss entkommen.

Wenn das hier auch geschieht, könnten wir alle sterben. Selbst wenn der rote Fluss uns nicht erreicht.

Es bleibt uns nichts anderes übrig, wir müssen von hier fort."

Mittlerweile war Helu, der älteste und erfahrenste Jäger des Stammes zu den beiden Männern gekommen und hatte ihr Gespräch mit angehört.

Er schaute den Schamanen an: „Wenn die Berge so gefährlich sind wie du es sagst, bleibt uns nur der Weg fort von ihnen. Aber auch du weißt, dass wir dann auf die riesige Eiswand stoßen. Dort ist das Ende der Welt. Es ist unmöglich an der Eiswand zu wohnen, da es dort kein Holz für die Feuer gibt. Die Kälte der Wand wird uns töten."

Seufzend antwortete der Schamane: „Vielleicht ist die Wand ja noch nicht das Ende der Welt und wir kommen an einer ihrer Seiten vorbei. Glaubt mir", dabei sah der alte Mann die beiden Jäger sorgenvoll an: „Es ist die einzige Möglichkeit unser Leben zu retten."

Auch in Helus Gesicht spiegelte sich die Sorge um seinen Stamm: „Dann lasst uns zum Feuer gehen und den Anderen deinen Vorschlag mitteilen."

Mittlerweile hatte die Dämmerung begonnen. Nebelschwaden zogen vom Waldrand her und legten einen für die Augen undurchdringbaren Schleier über die Lichtung. Von den auf der Waldschneise brennenden Feuern des Lagers war der Rand des Waldes nicht mehr zu sehen. In solchen Stunden war nicht nur Jeth froh, wenn ihre Raubtiere im Lager und nicht irgendwo jagen waren.

Niemandem, ob feindliche Krieger oder Raubtiere auf der Jagd, war es dann möglich, sich unbemerkt an das Lager heranzuschleichen.

Die Tiere des Stammes würden es sofort bemerken und angreifen.

Der Stamm war so vor jedem Überraschungsangriff

sicher.

Am Feuer der Beratung wurde Hejos Vorschlag ein anderes Jagdgebiet zu suchen nicht freudig aufgenommen. Da das Verlassen des jetzigen Lagers aber sowohl von Hejo dem Schamanen und mittlerweile auch von ihrem Stammesältesten Helu beschlossen war, hielt sich der Widerspruch der Anderen in Grenzen.

Airam, die Zauberin des Stammes, starrte währenddessen stumm in die Flammen des Beratungsfeuers. Hätte ein Beobachter sie so gesehen, würde er meinen, die Zauberin interessiere sich nicht für den Fortgang der Beratung und das Schicksal des Stammes. Niemals hätte der Beobachter erkannt, dass Airam sich nicht an den Beratungen am Feuer beteiligte, weil sie gespannt den Worten der Göttin Mutter Erde, die aus den Flammen des Feuers zu ihr sprach, lauschte.

Die Zauberin war sich sicher, dass nur sie die schemenhafte Gestalt der Göttin im Feuer erkennen konnte, als die Göttin das Zwiegespräch begann: „Airam, du bist alt genug, um dich nicht vor so ein paar Naturgewalten zu fürchten. Also, warum hast du mich gerufen?"

Stumm antworte die Zauberin: „Sicher gab es schon immer Naturgewalten, die uns Menschen erschreckten oder schlimmes Unglück über uns brachten. Aber noch nie waren es so viele auf einmal. Göttin, bitte sage mir, wie kann ich meinen Stamm in dieser schlimmen Zeit beschützen?"

Airam sah die Göttin noch immer im Feuer, aber sie erhielt keine Antwort.

Voller Ungeduld vergaß sie alle Vorsicht und flehte die Göttin an: „Göttin, bitte antworte mir!"

Erleichtert hörte sie endlich die Göttin sprechen: „Airam, du bist nicht mehr die Dienerin, die du mir einmal warst. Deine gemeinsame Zeit mit Weco dem Jäger hat dich für die Aufgaben einer Dienerin der Göttin unbrauchbar gemacht. Ich gebe dir noch eine Aufgabe, dann lasse ich dich frei und du kannst mit Weco ein Leben ohne Verpflichtungen für die Göttin führen.

Also höre mir gut zu.

Ich möchte, dass du Ules jüngste Tochter Kira mit ihrem Stamm in ein Flusstal weit unten im Süden führst. Dort gibt es ein ruhiges Land voller Blumen, Tiere, Wasser und mildem Klima.

Aus der Ebene dieses Landes ragen zwei Berge. Auf dem höchsten der zwei Berge werdet ihr mir einen Tempel bauen. In ihm werde ich Kira zu meiner Hohepriesterin weihen. Danach wird sie in dem Tempel ihren Wohnsitz nehmen und als Hohepriesterin den Menschen meine Wünsche offenbaren."

Die Zauberin zögerte, aber dann wagte sie doch der Göttin zu widersprechen: „Göttin, zum Wohnsitz der Sonne am Mittag können wir nicht. Dorthin versperren uns brennende Berge den Weg. Sie würden uns alle töten.

Auch glaube ich nicht, dass Kira zur Hohepriesterin geeignet ist. Sie merkt sich nicht einmal die Namen der Heilkräuter, die ich ihr zeige."

Plötzlich stoben Funken aus dem Feuer und eine zornige Göttin rief: „Airam, gehorche mir. Bringe Kira und ihren Stamm in das Tal im Süden und sorge dafür, dass alle dort gesund ankommen. Ich möchte nicht, dass ich im Land der zwei Berge eine unglückliche erste Dienerin habe."

Langsam verschwand die, wie Airam annahm, nur für sie sichtbare schemenhafte Gestalt der Göttin aus dem Feuer.

Die Zauberin war so im Gespräch mit der Göttin vertieft gewesen, dass sie nicht bemerkt hatte, dass Kira, schon seit einiger Zeit neben ihr saß.

Die zornigen Worte der Göttin hatten Airam erschreckt und so starrte sie noch eine Weile voller Furcht ins Feuer.

Langsam erfasste ihr Geist wieder das Geschehen im Lager.

So bemerkte sie erst jetzt das neben ihr sitzende Kind.

Das Mädchen schaute mit seinen acht Sommer alten Augen fragend in das Gesicht der Zauberin: „Wirst du tun, was die Göttin von dir verlangt?"

Nun sah die Schamanin zum ersten Male tief in die Augen des Kindes.

Sie erschauderte als sie erkannte, dass auch das Mädchens die Göttin gesehen und gehört hatte.

Wieso, grübelte sie, ist mir dieser wissende Blick des Kindes nie aufgefallen?

Airam legte einen Arm um das Mädchen: „Ja, Kira, ich werde tun, was die Göttin von mir verlangt. Aber glaube mir, es ist nicht so einfach wie du vielleicht denkst, der Göttin als Hohepriesterin zu dienen."

Dann wandte sich die Zauberin den mittlerweile stumm am Feuer sitzenden Stammesmitgliedern zu: „Helu und Hejo haben recht, wenn sie sagen wir sollen von hier fortziehen. Während ihr eure Beratung abhieltet, sprach die Göttin Mutter Erde aus den Flammen des Feuers zu mir."

„Was sagte sie dir?", unterbrach Taje die Zauberin.

Lächelnd schaute Airam den Jungen an: „Das wollte ich euch gerade erzählen, als du so nett warst mich zu unterbrechen."

Verlegen sah der Junge die Zauberin Airam an und murmelte: „Entschuldigung."

Immer noch lächelnd fuhr die Schamanin fort: „Mutter Erde sagte mir, die Feuer der Berge sind noch recht klein. Selbst das Beben der Erde, welches unsere Hütte zerstörte, ist erst der Anfang. Bald wird hier nichts mehr so sein wie jetzt. Die Berge werden ihre Gipfel abstoßen und heißes Feuer wird aus ihnen laufen. Es wird alle, die noch nicht von den in die Luft gestoßenen und wieder

herabfallenden Felsen und Steinen erschlagen wurden, verbrennen. Davor schützt uns auch der See nicht.
Sie befiehlt uns eine neue Heimat zu suchen."
Von dem Willen der Göttin Kira als Hohepriesterin einzusetzen, berichtete sie nicht.
Auch das Mädchen verlor darüber kein Wort.
Nachdem die Zauberin ihren Zuhörern die Worte der Göttin überbracht hatte, herrschte eine Weile Stille am Feuer der Beratung.
Airam spürte wie jeder über ihre Worte nachdachte.
Erst nach einiger Zeit hörte man Ule sagen: „Hat die Göttin dir auch gesagt, wohin wir gehen sollen?"
Airam legte den Kopf in ihre Hände und schwieg.
Anstelle der noch immer schweigenden Zauberin antwortete Hejo der Schamane: „Das musste die Göttin nicht sagen, wir können nur in eine Richtung, fort von den Bergen."
Airam schaute Hejo an: „Du irrst dich Hejo, die Göttin hat mir gesagt, in welche Richtung wir gehen sollen. Dorthin, wo die Sonne am Mittag steht."
Stumm sah Hejo die Zauberin an. Dann erwiderte er ihr: „Wie sollen wir dahin kommen? Da sind die brennenden Berge und der Boden der Erde zerreißt dort."
Airam lächelte und antwortete: „Bitte habt Vertrauen. Die Göttin hat mich bestimmt, euch zu führen. Wir werden zuerst in die Richtung, in der die Sonne nie zu sehen ist, gehen. Dort sind wir vor den brennenden Bergen sicher.

Dann gehen wir dorthin, wo die Sonne den Tag begrüßt, bis wir keine brennenden Berge mehr sehen. Ja und schließlich gehen wir weiter zum Wohnsitz der Sonne am Mittag. Dort gibt es ein wundervolles Tal, in dem zwei Berge stehen. Dieses Tal ist unser Ziel."

Nao blickte entsetzt erst den Schamanen Hejo und dann die Zauberin an: „Dahin, wo die Sonne nie ist, können wir nicht. Dort ist das Eis, das den Himmel berührt. Nichts, außer ein wenig Steppengras und Moos wächst dort. Wie sollen wir die Wanderung durch dieses Land ohne Pflanzen, die uns ernähren und Kräuter, die uns bei einer Krankheit heilen, überstehen? Wie sagt mein Vater Helu immer, dort ist das Ende der Welt.

Vater, sag doch, dass wir dort nicht hingehen können!" Verzweifelt schaute sie ihren Vater Helu an.

Damit niemand seine innere Unruhe bemerkte, sah Helu mit ernster aber ruhiger Miene erst seiner Tochter und dann allen anderen einzeln ins Gesicht. Als er Taje als letzten erreichte, legte er dem Jungen beide Hände auf die Schultern und sagte: „Bevor Airam uns den Willen der Göttin mitteilte, hatten wir doch schon beschlossen uns eine neue Heimat zu suchen. Dennoch bin ich der Göttin für ihre durch Airam gesprochenen Worte dankbar. Jetzt wissen wir, dass unser Entschluss richtig ist. Morgen opfern wir der Göttin einen Hasen und schicken Kundschafter in Richtung der Eiswand aus. Airam, du warst schon einmal dort, würdest du die Aufgabe übernehmen?

Taje wird dich begleiten. Es wird langsam Zeit, dass der Junge sich von der schützenden Hand seiner Mutter löst."

Dann nahm Helu die Hände von den Schultern seines Enkels.

Die Zauberin sah den Häuptling an und schüttelte den Kopf: "Nein, die Göttin will, dass Kira mich begleitet."

Kurz überlegte Helu, als er antwortete: „Das ist mir recht. Dennoch wird auch Taje mit dir gehen."

Helu bemerkte, dass Rema schon bei seiner ersten Erwähnung, dass Taje die Zauberin als Kundschafter begleiten sollte, unruhig wurde. Da er die Unruhe des Jägers nicht verstand, sah er ihn erstaunt an und fragte: „Was macht dich so nervös, Rema?"

Rema schaute zu Airam und sah ihr ins Gesicht.

Er mochte die Zauberin Airam nicht. Airam hatte vor einigen Monden behauptet, dass die Göttin Mutter Erde von Jeth verlangte, einen Elchbullen zu töten und ihr zu opfern. Bei der Jagd wäre Taje fast von dem Bullen getötet worden. Nur mit knapper Not hatte Jeth die Aufgabe erfüllt. Selbst wenn es der Wille der Göttin gewesen war, er hatte der Zauberin nie verziehen, dass sein Freund Jeth durch ihre Worte fast sein Leben verloren hätte.

Niemals würde er den Bruder seines Freundes Jeth und das Mädchen Kira alleine mit der Zauberin gehen lassen.

Ihm schauderte, wenn er sich vorstellte die Göttin würde, durch Airams Mund, einem der Kinder wieder so einen Auftrag erteilen.
Nein, er würde die Zauberin begleiten und auf die Kinder aufpassen.
Ohne seinen Blick von Airam zu nehmen, antwortete er: „Ich werde euch begleiten."

Helu schaute nochmals in die Runde seiner Stammesangehörigen und als niemand sich mehr zu Wort meldete sagte er: „Dann ist es jetzt beschlossen. Morgen brechen unsere Kundschafter auf. Wir anderen packen alles, was das Feuer uns gelassen hat zusammen und werden dann unseren Kundschaftern folgen.
Ich hoffe, dass bis dahin auch Weco mit Kaiba und Vilo von der Jagd zurück sind. Wenn nicht, werden wir auf unserem Weg Zeichen hinterlassen, so dass sie uns folgen können."
Mittlerweile war die Dämmerung der dunklen Nacht gewichen und es wurde bitterkalt.
Am Nachmittag hatten Kira, Nao und Ule einen Windschutz aus Ästen und Zweigen mit Blättern hergestellt. Um die geeigneten Zweige zu finden, waren Jeth und Taje oftmals tief in den Wald eingedrungen. Auf der dem Wind abgewandten Seite des Schutzes hatten die beiden Jungen noch vier Feuerstellen ausgehoben

und Brennholz in ihnen aufgeschichtet.
Nachdem die Beratung beendet war, wurden diese Feuer angezündet. Dann legten sich alle, sich gegenseitig Wärme spendend, eng aneinander um die Feuer und schliefen trotz des schlimmen Tages bald fest ein.
Unruhig wälzte sich der Schamane Hejo im tiefen Schlaf von einer auf die andere Seite.
Langsam drang ein Bild in sein vom Geschehen des Tages ausruhendes Gehirn.
Der in ein Bärenfell gekleidete göttliche Herr der Tiere schritt auf den an einem Feuer sitzenden Hejo zu und sprach den Schamanen an: „Du enttäuscht mich Hejo. Was hast du vor zu unternehmen? Willst du etwa, dass die Göttin Mutter Erde mit ihrer Hohepriesterin in dem Land, das ich dir gleich zeige, alleine die Menschen regiert?
Schau hin und sieh eure zukünftige Heimat."
Der Schamane erblickte ein wundervolles, von der Sonne in einem goldenen Glanz getauchtes Tal.
Er sah Wiesen voller bunter blühender Blumen.
Schmetterlinge in allen Farben und Bienen flogen von Blüte zu Blüte.
Der Schamane sah Wälder, in denen viele verschiedene Arten von Tieren lebten.
Er sah den Fluss, der langsam durch das Tal in einen See floss und diesen auf der gegenüberliegenden Seite wieder verließ. In dem glasklaren Gewässer wimmelte es

von Fischen.

Am meisten beeindruckten ihn aber zwei Berge, deren mit Schnee bedeckte Gipfel sich strahlend aus dem ebenen Tal erhoben.

Bisher hatte der Schamane nur Berge gesehen, die von ihren Füssen bis zu den Gipfeln aus rauem grauem oder fast schwarzem Gestein bestanden.

Diese Berge waren ganz anders. Von ihren Füssen bis zu ihrer halben Höhe wuchsen Laubbäume. Die Bäume waren so weit voneinander entfernt, dass sie keinen dunklen furchteinflößenden Wald bildeten.

Dort wo der sanfte Wald aufhörte, bedeckte grünes saftiges Gras die Felsen der Berge. In der Nähe der Gipfel wechselte die Wiese übergangslos in eine weiße Schneefläche.

Hier hatte Mutter Erde ein Paradies für alle Lebewesen geschaffen.

Voller Sehnsucht nach diesem Tal seufzte der Schamane auf.

Dann hörte der alte Zauberer wieder die Stimme des Gottes: „Ich will, dass du mit Jeth in dieses Tal ziehst und die Berge für mich in Besitz nimmst. Dort wirst du ihn zu deinem Nachfolger ausbilden. Errichte auf jedem der Gipfel einen Opferstein und opfere mir auf ihnen ein Reh. Hast du das getan, bevor die Zauberin Airam in das Tal kommt um die Berge für die Hohepriesterin der Göttin Mutter Erde in Besitz zu nehmen, mache ich dich zu meinem Hohepriester."

Immer noch im Traum antwortete der Schamane: „Aber es ist schon beschlossen, dass Airam mit Kira, Taje und Rema schon morgen beginnen den Weg in das neue Tal zu suchen. Auch gibt es nur einen Weg. Wie sollte ich also vor Airam ins Tal gelangen?"

Die Stirn des Gottes legte sich in Falten und Hejo spürte den Unwillen dessen über seine Zweifel. Dennoch antwortete der Herr der Tiere ihm: „Wer sagt dir, dass es nur diesen einen Weg gibt? Nimm den direkten Weg durch das zerrissene Land und über die Feuerberge."

Hejo antwortete dem Gott: „Nao wird niemals zulassen, dass ich Jeth mit über die Feuerberge nehme."

Der Herr der Tiere lächelte: „Nao hat auch Angst vor dem Weg zur Wand aus Eis. Morgen früh kommen Weco, Vilo und Kaiba zurück ins Lager. Sie werden dich unterstützen. Du wirst sehen, Nao wird dir ihren Sohn für den Weg über die Feuerberge mitgeben."

Der Gott drehte sich vom Feuer fort und Hejo sah, wie er langsam in einer Wand aus Nebel entschwand.

Am Morgen hatte sich der Nebel auf der Lichtung gelegt. Endlich erreichten die ersten warmen Sonnenstrahlen, die trotz der Feuer von der Nacht unterkühlten Menschen.

Der Morgentau auf den Bäumen am Rand der Lichtung glänzte silbern im Licht der Sonne.

Schnell hatten Airam, Kira, Taje und Rema gegessen,

sich noch mit einigen Vorräten versehen und nach einem kurzen Abschied von ihren Gefährten auf den Weg zur Eiswand gemacht.

Ule hatte ihre Tochter Nao beim Aufbruch der Kundschafter beobachtet und sah, wie schwer ihr der Abschied von den Kindern fiel.

Sie wusste sehr wohl, wie ihre Tochter jetzt fühlte, schließlich ging es ihr nicht anders, wenn ihre Söhne Mare und Rema sie für einige Zeit verließen. Sie hasste diese Abschiede. Ihr Mann Helu schien das überhaupt nicht zur Kenntnis zu nehmen. Jedoch ihr fiel der Abschied von ihren Söhnen jedes Mal schwerer.

Auf ihrem Weg zur Eiswand mussten die Kundschafter zuerst eine Graslandschaft durchqueren. Das Gras der Steppe erreichte die Höhe eines ausgewachsenen Mannes. Ein leichter Wind strich durch das Gras und die Halme bewegten sich wie leichte Wellen auf einem Meer. Den Kundschaftern gefiel dieses hohe Gras überhaupt nicht. Wie leicht konnte sich ihnen unbemerkt ein Raubtier nähern um sie plötzlich anzugreifen.

Airam ging an der Spitze, dicht gefolgt von Rema und den Kindern. Plötzlich blieb Airam stehen und drehte sie sich zu ihren Gefährten um. Mit ihrer rechten Hand zeigte sie auf Taje: „Taje, ich möchte, dass du deinen Falken Geher fliegen lässt. Aus der Luft kann er jedes sich heranschleichende Raubtier erkennen und uns warnen."

Rema antwortete der Zauberin: „Sicher wird er die Gefahr erkennen, aber wie im Namen der Göttin soll er es uns mitteilen? Sorgst du jetzt mit einem Zauber dafür, dass der Falke mit uns spricht?"

Erstaunt schaute Taje Airam an: „Kannst du das?", fragte er die Zauberin.

„Ja, aber ich weiß nicht, ob er mich versteht", antwortete ihm lächelnd die Zauberin.

Rema fand das alles überhaupt nicht lustig und mit ernster Miene sagte er: „Wie auch immer, ich hoffe, dass uns Geher durch seine Reaktion in der Luft zeigt, ob uns ein Raubtier gefährlich nahekommt. Bisher hat er ja jedes Raubtier aus der Luft attackiert. So sollten wir auch erkennen, wenn uns eine Gefahr droht."

„Ja, er greift wirklich jedes Raubtier am Boden an," bestätigte Taje: "ausgenommen Flumi und Wolke. Mit denen hat er sich sofort angefreundet."

Schmunzelnd erwiderte Airam: „Ja, weil er zu faul zum Fliegen oder Laufen ist. So wie die beiden ihn immer auf ihren Rücken tragen, sind sie natürlich seine besten Freunde."

Plötzlich erfasste Taje eine Unruhe. Er schaute sich um und fragte Airam: „Wo ist eigentlich dein Wolf Wolke? Ich habe ihn heute noch nicht gesehen."

Kira näherte sich Taje und legte dem Jungen beruhigend eine Hand auf die Schulter: „Keine Sorge Taje, Wolke ist mit Flumi jagen. Wenn er ins Lager zurückkommt, findet

er unsere Spur und folgt uns. Das stimmt doch, Airam?"
Von der Klugheit des Mädchens überrascht, antwortete
Airam: „Ja, Kira, das stimmt."
Dann drehte sich Airam zu Taje und forderte ihn auf:
„Ich glaube mein Junge, du solltest nun…"
Mitten in ihrem Satz wurde sie von Rema unterbrochen:
„Riecht ihr das auch? Es riecht nach Feuer!"
Entsetzt rochen es jetzt auch die Kinder und Airam.
Rema wandte sich zu Taje: „Komm auf meine Schultern
Taje, dann kannst du über das Gras hinwegsehen und
erkennst von wo das Feuer kommt."
Schnell kniete sich der Jäger hin und Taje setzte sich auf
seine Schultern. Dann stand Rema auf: „Mein
Junge" stöhnte er, „du bist ganz schön schwer. Vielleicht
solltest du von Ules Essen nicht immer so viel nehmen."
Trotz der Gefahr lächelte Kira und antwortete: „Nehmen
wir nicht alle ein wenig zu, wenn Ule kocht? Es schmeckt
ja auch einfach zu köstlich."
In der Zwischenzeit hatte sich Rema mit Taje auf den
Schultern, erhoben: „Kannst du das Feuer sehen?", fragte
er den Jungen.
Taje erwiderte: „Ja, lass mich schnell hinunter."
Wieder mit beiden Beinen auf den Boden stehend,
berichtet der Junge seinen Weggefährten was er gesehen
hatte: „Es brennt tatsächlich. Das Feuer ist hinter uns.
Vor uns, nicht weit von hier, hört das Grasland auf. Dort
beginnt ein Sumpf. In ihm wird das Feuer ausgehen.

Wir sollten uns beeilen, aus dem Gras herauszukommen."

Kira fragte mit sorgenvoller Miene: „Ist es denn noch weit bis dorthin?"

Taje schüttelte den Kopf und antwortete dem Mädchen: „Nein, wenn wir jetzt sofort loslaufen, sollten wir es vor dem Feuer schaffen."

„Dann los!", rief Rema und begann zu laufen.

Es dauerte nicht lange und sie wurden von Tieren, die ebenfalls vor dem Feuer flüchteten, überholt.

Da liefen Rehe, Hirsche, Hasen und Elche in Panik neben Berglöwen, Luchsen und Bären.

Es war erstaunlich, keines dieser Tiere rannte die langsameren Menschen um. Sie machten einen Bogen um die Fliehenden und liefen dann weiter. Auch die Tiere hatten nur ein Ziel. Fort von den Flammen und der Hitze des Feuers.

So schnell Taje mit seinen Freunden auch lief, die Flammen kamen ihnen immer näher.

Noch war das Feuer weit genug entfernt und die Hitze erträglich, aber der Rauch hatte sie erreicht und brachte ihre Lungen zum Brennen.

Keuchend stolperten die Freunde weiter. Längst wurden sie von keinem Tier mehr überholt. Diese hatten das Grasland bereits verlassen und den rettenden Sumpf erreicht.

Wenn die Flüchtenden sich die Zeit genommen hätten, in

den Himmel zu schauen, so hätten sie dort oben Tajes Greif Geher gesehen. Der Vogel flog vom Rauch umhüllt über die Fliehenden und es war, als ob er seine Menschenfreunde nicht im Stich lassen wollte.

Immer dichter hüllte der Rauch die Gefährten ein und immer unerträglicher wurde für die Fliehenden die Hitze. Mit schwerer werdenden Schritten und schmerzenden Lungen stolperten Taje und seine Freunde weiter in Richtung der rettenden Ebene.

Um sich im dichten Rauch nicht zu verlieren, hatten sie eine Reihe gebildet. Taje lief dicht gefolgt von Kira und Airam voran, Rema bildete den Schluss und passte auf, dass niemand verloren ging.

In ihrer Angst vor dem Feuer hatten sie noch nicht bemerkt, dass das Grasland dem Schilf des nahen Flusses gewichen und der Boden nun nicht mehr hart, sondern weich und morastig war.

Als erste bemerkte Kira, dass die Steppe in eine Moorlandschaft übergegangen war. Sie wollte die Veränderung den anderen zurufen, als der vor ihr laufende Taje einen Schrei ausstieß und sie erschrocken aufblicken ließ.

Es kam dem Mädchen vor, als bliebe ihr Herz stehen, während sie sah, wie Taje die Arme hochriss und mit einem Aufschrei im Erdboden verschwand.

Die Rückkehr der Jäger

„Bleib einmal stehen Vilo, ich brauche eine Pause", keuchte Kaiba. Auch Vilo spürte schon seit einiger Zeit eine wachsende körperliche Erschöpfung. Es waren ja nicht nur die Schulter und der Rücken, auf der er ebenso wie Kaiba, ein Fell mit bestem Mammutfleisch trug, die schmerzten, mittlerweile spürte er auch jeden Muskel in seinen Beinen. Der Vorschlag seines Bruders Kaiba kam ihm daher sehr recht.

Beide Jäger legten mit einem nach Erleichterung klingenden Seufzer ihre Last ab und ließen sich ins trockene Moos des Waldbodens sinken.

Als ihr Vater Weco sie erreichte, lagen die beiden Jäger noch immer ausgestreckt im Moos und schauten, alle Gedanken beiseiteschiebend, ins Kronendach des Waldes.

Als Kaiba seinen Vater neben sich stehen sah, richtete er sich auf und sah ihn fragend an: „Wie geht es deinem Fuß?".

Der alte Jäger setzte sich zu seinen Söhnen und legte den dicken Ast, auf dem er humpelnd seine Söhne erreicht hatte, über seine Beine.

„Schon viel besser!"

Weco merkte nicht, wie Vilo seinen Bruder Kaiba mit gerunzelter Stirn ansah.

Vilo hatte seinen Vater auf ihrer Wanderung zurück zu

ihrem Lager beobachtet und wusste, wie schwer ihm das Gehen fiel.

Die drei Jäger hatten an einer riesigen Eiswand, die den Himmel berührte und deren seitliches Ende sie nicht gefunden hatten, Mammut gejagt.

Die Jagd war sehr erfolgreich gewesen. Mit ausgewähltem Fleisch einer erlegten Mammutkuh, hatten sie vor vier Sonnenaufgängen in bester Laune den Rückweg in ihr Lager angetreten.

Sie freuten sich schon auf das Essen, das ihre Köchin Ule aus dem Fleisch zaubern würde. Auf ihrem Weg beschrieben sie immer wieder, in welchen Varianten Ule das Fleisch zubereiten würde.

Nun aber schaute Vilo seinen Vater sorgenvoll an: „Ich sehe aber, dass du starke Schmerzen hast und kaum gehen kannst. Ich bin immer noch der Meinung, dass wir dir eine Schutzwand mit einem Feuer machen sollten. Dann könnten wir das Fleisch ins Lager bringen und dich anschließend abholen. Nur wenn wir das Fleisch nicht mehr tragen müssen, können wir dich tragen."

Weco schüttelte den Kopf, als er antwortete: „Ich bin doch bis hierhergekommen, also werde ich den Rest des Weges auch noch schaffen."

Mit einem traurigen Blick zu Vilo antwortete Kaiba seinem Vater: „Das glauben wir eben nicht, Vater. Wir müssen über einen Fluss. Dann über die Bergkette und zum Schluss noch einen halben See umrunden. Das schaffst du ohne Hilfe nicht. Ich bin sicher, dass du dir den Fuß in dem Kaninchenbau gebrochen hast. Es ist ja nicht deine Schuld. Keiner von uns hat den Bau gesehen, aber sieh endlich ein, dass wir das Fleisch ins Lager bringen müssen. Wenn wir noch länger für den Rückweg brauchen, verdirbt es und wir können es nicht mehr essen."

Weco nickte traurig und sah dabei seine Söhne an, als er Vilo antwortete; "Ja, ihr habt wohl recht. Ich hätte nicht gedacht, dass mir der Fuß so viel Probleme macht. Gut, dann baut mir einen Windschutz, macht mir ein Feuer und legt genügend Holz bereit. Wenn ihr damit fertig seid, bringt ihr das Fleisch ins Lager und holt mich danach ab. Vielleicht sollte unsere Zauberin Airam euch dann begleiten. Sie kann sicher etwas für meinen Fuß tun, so dass mir der Rückweg leichter fällt."

Schnell machten sich seine Söhne daran, den Windschutz herzustellen. Dafür banden sie dünne Äste mit Mammutsehnen, die sie für solche Fälle immer mit sich führten, zwischen zwei nahe bei einander stehende junge Birkenbäume. Dazwischen steckten sie Zweige mit dichtem Blattwerk. Auf der vom Wind abgewandten Seite legten sie den Boden nun noch mit einer dicken Schicht trockenem Laub aus. So schützten sie ihren Vater vor der nächtlichen Feuchtigkeit des Mooses.

Mit einem Ächzen setzte sich Weco auf den so ausgepolsterten Erdboden. Seine beiden Söhne brachten indes die für Weco vorgesehenen Vorräte und legten neben ihren verletzten Vater noch einen Jagdspeer. Erstaunt schaute der alte Jäger seine Söhne an: „Was soll ich mit dem Speer? Meint ihr, ich könnte mit dem Fuß jagen?", dabei hob er das Bein an und zeigte den Jägern so deutlich seinen verletzten Fuß.

Vilo lächelte, als er seinem Vater antwortete: „Wer weiß? Vielleicht kommt ja ein Hase dicht bei dir vorbei gehoppelt und du kannst ihn mit einem gezielten Wurf deines Speeres erlegen."

Langsam und dabei vorsichtig sein Bein mit dem verletzten Fuß von sich streckend, lehnte sich Weco mit dem Rücken gegen eine der beiden Birken an denen der Windschutz befestigt war und schaute zweifelnd umher. Erleichtert darüber, dass er bei der Bewegung seines Beines keinen Schmerz verspürt hatte, antwortete er: „Das glaube ich kaum, aber wenn ihr meint, so lasst mir den Speer hier. Nun trödelt hier nicht länger herum, sondern macht euch auf den Weg."

Der Abschied zwischen dem alten Jäger und seinen Söhnen war nur kurz. Schon bald konnte Weco sie auf dem Weg zu ihrem Stamm weder sehen noch hören.

Als der Alte anfing seine Lage zu überdenken, war er eigentlich recht zufrieden. Sicher, die Verletzung seines Fußes machte ihm arg zu schaffen, und dass er hier einige Zeit hilflos alleine im Wald verbringen musste, gefiel ihm auch nicht besonders, aber dafür war ihre

Jagd sehr erfolgreich gewesen.
Von dem Fleisch konnte der Stamm einige Wochen leben.
Langsam wurde es dämmerig und Weco legte ein wenig mehr Holz aufs Feuer. Das Feuer sollte ihn ja nicht nur wärmen, sondern auch die Raubtiere vom Lagerplatz fernhalten. Er hatte keine Lust mit seinem verletzten Fuß gegen einen Bären, einen Säbelzahntiger oder gar ein Rudel Wölfe zu kämpfen.
Die Flammen des Feuers schlugen nun höher und der Jäger griff hinter sich, um von seinem Tragegestell sein Bärenfell zum Schutz vor der kalten Nacht zu nehmen.
Seine Hand griff ins Leere.
Wo war sein Tragegestell?
Mühsam, sich dabei auf seinem Jagdspeer abstützend, stand er ächzend auf.
Aber so sehr er auch suchte, sein Tragegestell mit all seinen Sachen blieb verschwunden.
Kälte umfasste sein Herz und immer stärker werdende Panik stieg in ihm hoch.
Seine Ausrüstung musste doch hier sein, überlegte er krampfhaft. Niemals würde er, nur mit seiner leichten Bekleidung und ohne seine Felldecken eine dieser eiskalten Nächte überleben. Da würde ihm auch das Feuer nicht helfen.
Seine Furcht bekämpfend, zwang er sich zur Ruhe. Wo nur hatte er das Gestell zum letzten Mal gesehen?

Als heute die Sonne am höchsten stand, hatte er mit seinen Söhnen eine längere Pause gemacht. Trotz seiner Schmerzen im Fuß war er eingeschlafen. Seine Söhne waren, nachdem sie ihn geweckt und das Fleisch aufgenommen hatten, gleich weitergezogen.
Mühsam sich auf einen Stock stützend, war er ihnen sofort gefolgt. Er hatte große Angst davor, dass sie ihn zurücklassen würden.
Sicher, es würde den beiden Jägern sehr schwer fallen, ihn alleine der Wildnis zu überlassen, aber es war nun einmal ihre vordringlichste Aufgabe, das Fleisch ins Lager zu bringen. Die Gefahr, dass ihr Stamm ohne dieses Fleisch verhungern würde, war einfach zu groß. Da konnten sie keine Rücksicht auf einen verletzten Jäger nehmen.
Auch nicht, wenn dieser ihr Vater war.
Aber alle Mühen und Schmerzen schienen vergebens gewesen zu sein.
Nun da die Sonne dort steht wo man sie nie sieht, mussten ihn seine Söhne doch noch alleine und am Fuß verletzt in der Wildnis zurücklassen.
Nur wo um der Göttin willen, war sein Tragegestell?
Langsam erkannte der Jäger, dass er es bei seinem eiligen Aufbruch vom letzten Lagerplatz vergessen hatte.
Der Verlust war weder ihm noch seinen Söhnen aufgefallen.
Nun würde er sehr kalte Nächte ohne wärmende Felle

durchstehen müssen.

Vielleicht hatte er ja Glück. Wenn er nicht einschlief und sich irgendwie warmhielt, konnte er vielleicht die Nächte, bis er abgeholt würde, doch überleben. Dafür würde er dann versuchen am Tage, wenn es wärmer war, zu schlafen.

Jetzt galt es zuerst, diese kalte Nacht zu überstehen.

Mit der Gewissheit, dass seine Ausrüstung nicht hier an seinem Lagerplatz war, setzte der Jäger sich dicht ans Feuer.

Nach einiger Zeit ließen die beim Suchen nach seiner Ausrüstung aufgekommenen Schmerzen in seinem Fuß nach, die Ruhe tat ihm gut.

Mühsam kämpfte er gegen das Einschlafen.

Immer wieder fielen ihm die Augenlider zu. Wenn er sie dann öffnete und zu den Bäumen sah, meinte er zwischen diesen sich langsam bewegende Schatten zu sehen.

Spielte ihm sein müder Geist nun einen Streich oder bewegte sich doch etwas auf ihn zu.

Nur mit Mühe schaffte er es seine Augen etwas länger offen zu halten und als er wieder zu den Bäumen sah, stellte er erleichtert fest, dass die Schatten fort waren.

Obwohl er versuchte weiterhin wach zu bleiben, ließen ihn die Erleichterung über die nicht mehr vorhandenen Schatten und die völlige Erschöpfung seines Körpers einschlafen.

Ein Geräusch wie das Knacken zerbrechender Zweige weckte den alten Jäger.
Immer noch völlig ermattet, öffnete Weco die Augen.
Er war sicher kein ängstlicher Mensch, aber was seine Augen nun erblickten, ließ ihn voller Panik einen schrillen Schrei ausstoßen. Trotz seines Entsetzens über das was er sah, gelang es ihm nach seinem Speer zu greifen und ungeachtet seines verletzten Fußes aufzuspringen.
Aber es war zu spät; ein fürchterlicher Hieb traf ihn und warf ihn zurück gegen seinen Windschutz.

In einiger Entfernung vom Lagerplatz ihres Vaters hatten Vilo und Kaiba rechtzeitig vor Beginn der Dunkelheit den Fluss erreicht.
Am Ufer suchten sie die Furt, durch die sie auf ihrem Hinweg zur Mammutherde den Fluss durchquert hatten.
Es dauerte nicht lange und sie hatten diese Stelle gefunden.
„Was meinst du Vilo, sollen wir gleich den Fluss durchqueren?"
Vilo schüttelte den Kopf und antwortete seinem Bruder:
„Nein Kaiba, sicher erinnerst du dich daran, dass es vor sieben Sonnenaufgängen trotz der Furt recht gefährlich war. Eigentlich fing da schon das Pech unseres Vaters an. Er wäre fast von einem vorbei schwimmenden Baum mitgerissen worden. Nur mit viel Glück gelang es ihm,

dem Baum auszuweichen. Damals war es hell, kein Nebel behinderte unsere Sicht und dennoch hatten wir den treibenden Baum sehr spät gesehen. Jetzt wird es bald dunkel und der aufziehende Nebel verdeckt schon bald das gegenüberliegende Ufer. Nein Bruder, heute schaffen wir den Übergang nicht mehr. Lass uns zurück in den Wald gehen. Zwischen den Bäumen sind wir vor dem Wind geschützt und es ist nicht so kalt wie hier am Fluss. Wenn wir uns dann noch einen Windschutz bauen und Feuer machen, werden wir die Nacht gut überstehen."
Kaiba hatte seinem Bruder sehr wohl zugehört, aber er machte keine Anstalten vom Fluss in den Wald zu gehen. Der Jäger war vom Anblick der Berge, die sich bereits dicht am gegenüberliegendem Ufer aus einem Dunstschleier heraus erhoben, wie gebannt.
Er sah seinen Bruder Vilo an und antwortete ihm: „Du hast recht, in der Dämmerung sollten wir den Übergang nicht wagen. Hast du schon einmal Berge bluten sehen?"
Vilo schaute seinen Bruder leicht verwirrt an, als er ihn fragte: „Spinnst du? Berge sind aus Stein und Steine können nicht bluten."
Kaiba zeigte mit ausgestrecktem Arm hinüber zu den Bergen und fragte Vilo: „Nun, dann sag mir mal, was das ist?"
Da Vilo bisher nur den Fluss betrachtet und sein Blick zum gegenüberliegendem Ufer allein dem dort

aufziehenden Nebel gegolten hatte, waren ihm die Berge nicht aufgefallen. Als nun seine Augen Kaibas Arm folgten, sah auch er die blutenden Berge. Erstaunt über den sich ihm bietenden Anblick antwortete er: „Du hast recht Kaiba, jetzt sehe ich es auch. Bei der Göttin, seit wann gibt es denn blutende Berge?"
Lange konnten sich die Jäger dem Anblick der auf der anderen Seite des Flusses durch einen sanften Nebelschleier zu erkennenden blutenden Berge nicht entziehen.
Immer noch seinen Blick den Bergen zugewandt, sagte Kaiba: „Lass uns zurück in den Wald gehen und dort die Nacht verbringen. Im Wald ist es wärmer als hier am Flussufer."
Die Worte Kaibas brachten den immer noch staunend auf die Berge blickenden Vilo zurück in die Wirklichkeit.
„Ja", antwortete Vilo seinem Bruder: „Das hatte ich dir eben auch schon vorgeschlagen. Also los, gehen wir und suchen uns einen warmen Schlafplatz."
Langsam drehten die Brüder sich um und gingen zurück in den Wald.

Weco hatte beim Angriff des Höhlenbären unbeschreibliches Glück gehabt. Die gewaltige Pfote des Bären hatte seine Brust nur gestreift. Dennoch war der Schlag so heftig gewesen, dass er ihn vom Feuer fort gegen den Windschutz geworfen hatte.

Der Hieb hatte ihn zwar nicht getötet, aber nun kam der Bär auf seinen Hinterbeinen hoch aufgerichtet und mit wütendem Brüllen auf ihn zu.
Beim Anblick des übermächtigen Gegners umklammerte eine eisige Kälte das Herz des Jägers.
Das gewaltige Raubtier war höchstens noch zwei Schritte von ihm entfernt, als es schon wieder seine riesigen Tatzen erhob, um ihn erneut anzugreifen.
Diesen Angriff würde der Jäger nicht überleben.
Der Bär war schon viel zu nah und mit seinem verletzten Fuß konnte er dem Raubtier nicht entkommen. Zu allem Übel lag sein Speer hinter dem angreifenden Tier.
Der Jäger wusste, er war verloren und schloss entsetzt die Augen.
Plötzlich war alle Angst von dem alten Jäger gewichen.
Ruhig wartete er, noch immer mit geschlossenen Augen auf den Schmerz des Todes.
Aber wo blieb der Schmerz?
Wollte der Bär ihn zwingen die Augen zu öffnen, damit er ihn ansah bevor er den tödlichen Hieb ausführte?
Nun, dann sollte es so sein. Er würde die Augen öffnen und das Raubtier ansehen.
Langsam öffnete der Jäger die Augen. Erstaunt sah er, dass der Bär nun auf allen vier Pfoten stand und ihm den Rücken zudrehte.
Was war geschehen?
Sofort nutzte der Jäger die Möglichkeit, sich von dem

Bären zu entfernen.

Langsam und sehr darauf bedacht keine Geräusche zu machen, kroch Weco von dem Raubtier fort.

Dabei behielt er das Tier immer im Blickfeld.

Plötzlich erschallte ein lautes Brüllen aus einiger Entfernung und nun wusste der Jäger was den Bären von ihn abgelenkt hatte.

Ein weiterer Bär hatte sein Feuer erreicht.

Der fremde Bär war in das Revier des ersten Bären eingedrungen und wollte diesem die Beute, Weco, streitig machen.

Unter ohrenbetäubendem Fauchen und Brüllen kamen sich die Bären immer näher.

Bevor sie einander erreichten, stellten sich die beiden gewaltigen Raubtiere auf ihre Hinterbeine. Dann stürzten sie sich mit lautem Brüllen und weit aufgerissenen Mäulern aufeinander und kämpften um ihre Beute.

Darauf hatte Weco nur gewartet.

Zwar musste er nun auch noch den Rest seiner Ausrüstung zurücklassen, aber die Bären waren so miteinander beschäftigt den stärkeren unter ihnen auszumachen, dass sie nicht merkten, wie ihre Beute langsam von der Lichtung verschwand.

Als Weco annahm nun so weit von den Raubtieren entfernt zu sein, dass sie ihn nicht mehr sehen oder hören konnten, stand er, wegen der Schmerzen in seinem Fuß leise stöhnend, langsam auf.

Wie kam er nun weiter? Seinen Speer, auf den er sich bisher immer gestützt hatte umso seinen kranken Fuß zu entlasten, hatte er ja auf seinem Lagerplatz zurücklassen müssen.

Gehetzt schaute der Jäger umher.

Er musste bald eine Stütze finden. Nur mit ihr konnte er sich schnell genug so weit von den Raubtieren entfernen, dass sie seine Witterung nicht mehr aufnehmen konnten.

Nicht weit von seinem Standplatz sah er einen geeigneten Ast auf dem Boden liegen. Sein Fuß brannte höllisch, als er zu dem Ast humpelte.

Selbst das Hochheben des Astes vom Boden erforderte all seine Kräfte.

Nach einiger Zeit hatte er es geschafft. Jetzt hatte er endlich eine Stütze, mit deren Hilfe er hoffte den wilden Tieren zu entkommen.

Im Stillen dankte der Jäger der Göttin, dass der volle Mond die Erde beleuchtete. So konnte Weco hoffen, genug zu sehen, um die Nacht ohne zu stürzen durchzugehen. Seine Söhne würden sicher die Nacht an einem geschützten Platz verbringen und erst am Morgen weiterziehen. Vielleicht konnte er sie ja noch einholen. Dann würden sie gemeinsam eine sichere Stelle für ihn finden, wo er auf Hilfe aus dem Lager warten könnte, während seine Söhne das Fleisch ins Lager brachten.

Mit einem letzten Blick in Richtung der noch immer

kämpfenden Bären begann Weco seine beschwerliche Wanderung.

Langsam lernte der alte Jäger, den Ast als Gehhilfe richtig einzusetzen. Weco kam nun viel schneller voran. Schon bald hörte er das Brüllen der Bären nicht mehr. Dennoch musste er immer wieder eine kurze Rast einlegen, um sich von den Anstrengungen des Marsches zu erholen. Seit seinem Aufbruch war der Mond schon eine große Strecke am Himmel weitergezogen. Der Jäger hatte wieder einmal neue Kräfte in einer kurzen Rast gesammelt, als er Geräusche vernahm, die direkt auf ihn zukamen.

Täuschten einige seiner Sinne ihn?

Es war dem Jäger als höre er Stimmen, als röche er Rauch und sähe er den Schein zweier Fackeln.

Bald vernahm er ganz deutlich die Stimmen von Menschen. Es konnte nicht sein aber Weco war sich sicher die Stimmen zu kennen. Wenn er sich nicht täuschte, kamen aus dem Dickicht des Waldes seine Söhne Vilo und Kaiba auf ihn zu.

Aber das war doch einfach nicht möglich. Seine Söhne waren doch mit dem für den Stamm so überlebenswichtigem Fleisch auf dem Weg zu ihrem Lager.

Nun vernahm er die Stimmen sehr deutlich und sie kamen immer näher auf ihn zu. Nein, er hatte sich nicht getäuscht, es waren seine Söhne.

Ein Seufzer der Erleichterung entstieg seiner Brust und so laut es seine Erschöpfung zuließ, rief er: „Vilo, Kaiba, hier bin ich!"
Die Antwort seiner Söhne klang wie Musik in seinen Ohren.
Er war gerettet.
Als die beiden Jäger ihren Vater erreichten, sahen sie ihn vollkommen erschöpft auf dem Boden sitzen.
Vilo trat zu seinem Vater und zog ihn unter beiden Achseln greifend langsam und vorsichtig hoch. Dann trugen seine Söhne ihn gemeinsam zu einem Baum, an dessen Stamm sich Weco sitzend anlehnte.
Vilo schaute seinem Vater ins Gesicht und mit unterdrücktem Zorn fragte er ihn: „Was machst du hier? Warum bist du nicht auf der Lichtung geblieben? Willst du, dass dein Fuß noch schlimmer wird und du dann nie mehr richtig gehen kannst? Wenn du so weitermachst, wirst du nicht einmal mehr einen kranken und alten Hirsch jagen können."
Langsam spürte Weco wie der Schmerz in seinem verletzten Fuß nachließ.
So fiel es ihm leicht, seinen ihn immer noch wütend anstarrenden ältesten Sohn mit einem leichten Lächeln zu antworten: „Die Lichtung, auf der ihr mich zurückgelassen habt, gehört einem Bären. Da er sie nicht mit mir teilen wollte, hat er mich halt verjagt. Ihr könnt mir glauben, mit dem kranken Fuß konnte ich ihn

nicht überzeugen, sich eine andere Schlafstätte zu nehmen."

Kaiba grinste: „Das gibt es doch nicht, da laufen wir vergeblich von einem Mond zum anderen durch den Wald, um Wild für die Jagd zu finden. Müssen sogar bis zur Eiswand die den Himmel berühret gehen, um endlich Wild zur Beruhigung unserer hungrigen Mägen zu bekommen, und was macht unser Vater, der große Jäger? Er teilt sich mit so einem köstlichen Bären das Lager und lässt ihn dann auch noch laufen."

Vilo stieß seinen Bruder Kaiba an und antwortete ihm mit einem Lächeln: „Da muss ich dir wirklich recht geben, Bruder. Das dürfen wir auf keinen Fall unseren jüngsten Jägern Jeth und Taje erzählen. Die verlieren sonst jeden Respekt vor ihrem Opa."

Nun musste auch Weco lachen.

Dann schaute er abwechselnd seine Söhne an und fragte sie: „Wieso seid ihr überhaupt so schnell zurück? Wir hatten doch abgemacht, dass ihr zuerst das Fleisch ins Lager bringen solltet, bevor ihr zurückkommt, um mich zu holen."

„Beruhige dich, Vater. Das Fleisch ist in Sicherheit", antwortete ihm Vilo, „Mare und Tona kamen uns entgegen und haben das Fleisch mitgenommen. So konnten wir zurück, um dich zu holen. Aber wenn du möchtest, können wir dich hier ja noch ein wenig sitzen lassen und Mare und Tona beim Tragen helfen. Vielleicht

beansprucht der Bär ja auch noch diesen Lagerplatz."
Das Gesicht des alten Jägers legte sich in Falten und drohend schüttelte er die Faust, als er seinem Sohn Vilo antwortete: „Untersteht euch! Jetzt, da ihr schon einmal hier seid, hebt mich auf und tragt euren alten Vater zurück ins Lager. Wieso kamen euch Mare und Tona entgegen?"
Schnell hatte Vilo seinem Vater von dem Feuer in ihrem Lager erzählt und dass die anderen beschlossen hatten das Lager abzubrechen, um in ein von der Mutter Erde bestimmtes Tal zu ziehen. Mare und Tona hatten sie gesucht, um sie aufzufordern schnell ins Lager zurückzukehren.
Nachdem Vilo seinem Vater alles berichtet hatte, sah Kaiba seinen Bruder Vilo mit einem Lächeln an und sagte: „Nun Vilo, da er uns so sehr bittet ihn ins Lager zu tragen, sollten wir ihm seinen Wunsch erfüllen."
Trotz ihrer ernsten Lage hoben die beiden Jäger ihren Vater lächelnd auf und trugen ihn, immer vorsichtig auf seinen verletzten Fuß achtend, in ihr Lager zurück.

Der Gletscher

Der Schock, Taje in die Erde stürzen zu sehen, ließ Kira in ihrem Lauf jäh stoppen.
Wie erstarrt stand das Mädchen mit vor Schreck geweiteten Augen da. Kira hatte ihre Hand in den Mund gesteckt und spürte vor Sorge um ihren Freund keinen Schmerz, als ihre Zähne sich in die Hand gruben. Immer noch starr vor Schreck sah das Kind, wie Rema zu der Stelle lief, an der Taje in die Tiefe der Erde gefallen war.
Mittlerweile war die Zauberin Airam bei Kira angekommen und nahm die Kleine sanft in ihre Arme. Beide sahen und hörten wie Rema in einiger Entfernung auf dem Boden kniete, und den Kopf gesenkt, in das Innere von Mutter Erde sprach.
Die Worte des Jägers wurden von der Mutter verschluckt. So konnten sie nicht hören, was Rema ihr sagte.
Langsam und voller Sorge um Taje gingen sie auf den Jäger zu. Als sie näherkamen gab Mutter Erde die Worte des Jägers frei und sie hörten Rema sagen: „Da hat unser Tollpatsch ja mal wieder richtig Glück gehabt. Was ist Taje, kannst du aufstehen und mir deine Hände reichen, damit ich dich hochziehen kann?"
Als Kira die aus Mutter Erde kommende Antwort hörte: „Sicher, so ein kleiner Graben kann mir nichts anhaben", schrie sie vor Erleichterung, Tajes Stimme zuhören, laut auf.

Dann lief sie zu Rema, der soeben den jungen Jäger aus Mutter Erde zog.

Hatte Taje mit seiner Antwort an Rema noch so getan als könnte ihn der Sturz überhaupt nicht erschüttern, so spürte das Mädchen, als sie den jungen Jäger in ihre Arme zog, ein leichtes Zittern in Tajes Körper. Sanft drückte sie ihn etwas fester an sich und verschluckte die tadelnden Worte, die sie dem wilden Jungen noch eben sagen wollte.

Rema sah den Kindern eine Weile lächelnd zu: „Ich glaube, Kira, jetzt hast du unseren blinden Kundschafter genug getröstet. Lasst uns über den schmalen Graben springen und weiter zum Gletscher gehen." Dabei sah Rema sich den Graben etwas näher an und schüttelte dann verständnislos den Kopf: „Ich verstehe immer noch nicht, wie man in so eine schmale Spalte stürzen kann. Der Bursche muss beim Laufen geschlafen haben. Das soll uns nicht noch einmal passieren. Ab jetzt übernehme ich die Führung."

Sich an die Spitze der Gruppe setzend, lief nun Rema der Gruppe voraus.

Kira hörte wie der hinter ihr laufende Taje sagte: „Was würde ich darum geben, wenn Rema im vollen Lauf gegen die Eiswand prallen würde."

Obwohl es Kira schwer fiel mit dem vorauslaufenden Rema Schritt zu halten, konnte sie sich bei Tajes Bemerkung ein Lächeln nicht verkneifen.

Der nun auftretende feuchte Boden und die in ihm eng aneinander stehenden Schilfpflanzen ließen die Flüchtenden nicht mehr so schnell vorankommen. Immer wieder sank einer von ihnen bis tief zur Hüfte in den sumpfigen Boden und musste von den anderen mühsam herausgezogen werden.

Glücklicherweise hatten mittlerweile das nasse Schilf und der feuchte Boden das Feuer gestoppt. Taje war mit seinen Freunden nun nicht mehr der Gefahr ausgesetzt, vom Feuer erreicht zu werden. Da sich die Windrichtung vom Sumpf fort, der von ihnen bereits durchquerten Steppe hin zugedreht hatte, erreichte sie auch der Rauch des Feuers nicht mehr. Nun konnte die Gruppe auf einer Lichtung im Schilf kurz rasten und sich von ihrem anstrengenden Lauf erholen.

Die Oberkörper gebeugt und ihre Hände auf den Knien abstützend atmeten sie tief durch. Langsam beruhigten sich ihre schlagenden Herzen und ihre Blicke erkundeten die Umgebung.

Taje hatte in seinem Leben noch niemals in so einem großen Schilffeld gestanden. Er kannte somit nicht den modrigen Geruch und auch nicht die Tiere, die im Sumpf lebten.

Da hüpften vor ihm Frösche über den Boden, er sah einen großen, grauen Vogel mit einem langen Hals ganz still auf einem Fleck stehen. Plötzlich stieß der Vogel seinen langen Schnabel auf den morastigen Boden und der Junge erkannte gerade noch wie ein Frosch im Schnabel des merkwürdigen Vogels verschwand. Eine leichte Berührung von Kira ließ seinen Blick ihrem ausgestreckten Arm folgen. Er bemerkte einen Rehbock, der in einiger Entfernung an ihnen vorbeizog. Damit hatte der Junge nicht gerechnet. Bisher war er der Meinung gewesen, dass Rehböcke nur in den Wäldern lebten und diese nie verließen.

Noch immer ganz in Gedanken, was denn ein Rehbock im Sumpf suchte, ließ ihn ein schriller Schrei aus Kiras Mund erschreckt zusammenfahren. Der Junge sah, wie ein nackter Fuß des Mädchens in die Höhe schoss und ein Wurm in der Länge eines Männerarmes sich mehrmals überschlagend durch die Luft flog, um dann in einiger Entfernung mit einem lauten Klatschen, vor dem erstaunt blickenden Taje, wieder auf den sumpfigen Boden zu fallen.

Sich über den Boden kringelnd verschwand der komische Wurm im Schilf.

Als Taje Kira ansah, blickte er in ein vor Schreck gezeichnetes Gesicht.

Nur langsam beruhigte sich das Mädchen. Nach einigen tiefen Atemzügen fragte sie mit zitternder Stimme: „Was war das denn? So einen langen Wurm habe ich ja noch nie gesehen. Erst sehen wir hier einen Rehbock, der in einen Wald gehört, dann so einen komischen Vogel mit einem langen Hals der Frösche frisst und jetzt noch einen Wurm, der so dick ist wie der Ast eines Baumes. Ich habe mich jetzt genug erholt und will sofort aus diesem Sumpf mit den hohen Gräsern heraus."

Auch Taje kam alles in diesem Schilffeld so unheimlich vor. Das, was er hier im Schilf sah, war alles so neu und er wusste nicht wie er sich verhalten sollte. Natürlich konnte der Junge das nicht dem Mädchen sagen und so war er froh, als Rema lächelnd sagte: „Das war eine Schlange, Kira. Sei froh, dass Sie dich nicht gebissen hat. Ich habe schon Menschen gesehen, die an dem Biss einer Schlange gestorben sind. Warum ein Mensch an einem Biss, der so eine kleine Wunde macht und kaum blutet, stirbt, weiß ich auch nicht. Wer weiß, ob hier nicht noch mehr Schlangen leben. Kira hat recht, lasst uns schnell zum Fluss weitergehen. Es kann doch nicht mehr weit sein."

Rema hatte sich nicht geirrt, schon kurze Zeit nachdem sie das Schilffeld verlassen hatten, standen sie am Ufer des Flusses.

Was sie dort sahen, verbesserte ihre Stimmung nicht. Erst waren sie auf der Flucht vor einem Steppenbrand, dann mussten sie auf ihrem Weg zum Fluss einen Sumpf mit vielen unheimlichen Tieren durchqueren, um nun am Ufer des Flusses stehend festzustellen, dass der Weg hier zu Ende war. Der Fluss führte kein Hochwasser, aber er lag völlig in einem Nebelschleier eingebettet. Den Kundschaftern war es zwar möglich das gegenüberliegende Ufer zu erkennen, aber weiter sahen sie nichts. Das lag nicht nur an dem Nebelschleier, sondern vor allem an der gewaltigen Eiswand, die gleich am anderen Ufer bis in die Wolken reichte.

Taje hatte durch Erzählungen der Erwachsenen schon von dieser Eiswand gehört. Aber dass sie bis in die Wolken reichen würde, hatte der Junge sich nie vorstellen können. Der junge Jäger sah ebenso wie Kira, staunend hinüber zu der am gegenüberliegendem Ufer emporragenden Eiswand. Nun wusste er auch, woher das unheimliche Knacken und Ächzen, das er schon seit einiger Zeit auf ihrem Weg zum Fluss gehört hatte, kam. Es war die Eiswand, die diese Geräusche von sich gab. Es hörte sich an, als ob ein schwer beladener Schlitten über steinigen Boden gezogen würde.

Aber das konnte doch nicht sein, die Eiswand wurde von niemandem gezogen.

Immer wieder brachen riesige Stücke Eis aus der Wand, die unter lautem Getöse zu Boden stürzten und den Boden unter ihren Füßen erzittern ließen.

Sie sahen wie der Dunstschleier von dem hinter ihnen liegendem Schilffeld über ihre Köpfe zog und auf die Eiswand prallte. Dort stieg er hoch, um dann weit oben am Himmel über den Fluss in die Schilfwiese zurückzukehren. Der Nebel hatte sich auf seiner Wanderung über das Land in einem ewigen Kreislauf gefangen.

Die Kälte der Eiswand hatte Tajes Körper erfasst und ließ den Jungen zittern. Es dauerte eine ganze Weile, bis Taje seinem Blick von dem Naturschauspiel lösen konnte.
Dann sah der Junge seinen Freund Rema an. Seiner Stimme konnte man eine gewisse Furcht anmerken, als er den Jäger fragte: „Was jetzt, Rema? Ist unser Weg hier zu Ende? Wir kommen nie und nimmer diese Eiswand hoch."
Auch Rema war von der gewaltigen Größe des Gletschers wie gebannt und hatte daher Tajes Frage nicht gehört. Der Jäger hatte nur noch Augen für diese Eiswand und Ohren für deren gewaltige Geräusche.
Da Rema dem Jungen nicht antwortete, stieß Taje dem Jäger in die Seite.
Immer noch mit einem staunenden Gesichtsausdruck über das Naturschauspiel fragte Rema: „Was soll das, warum stößt Du mich?"
Taje antwortete: „Weil ich dich etwas gefragt habe und du mir nicht zuhörst. Ich habe dich gefragt wie wir über diese Eiswand kommen."
Rema schaute wieder zur Eiswand hinüber und antwortete Taje: „Ich weiß es noch nicht. Aber heute schaffen wir es sicher nicht. Es wird gleich dunkel und dann können wir keinen Weg über die Eiswand finden. Hier übernachten möchte ich aber auch nicht. So nahe bei der Eiswand ist es viel zu kalt. Daher schlage ich vor, wir suchen uns ein Stück vom Ufer des Flusses und der

Eiswand entfernt einen Lagerplatz für die Nacht."
Kira schauderte, als sie Remas Vorschlag hörte. Laut protestierte sie: „In dem nassen Land mit den hohen Gräsern und den langen Würmern? Vergiss es Rema, nie bekommst du mich da wieder hinein."
Rema lächelte das Mädchen an: „Keine Angst Kira, wir suchen uns zum Lagern eine Lichtung im Schilffeld. Dann entzünden wir ein großes Feuer und sind dadurch sicher. Kein Tier wird sich uns nähern."
Allerdings hatte der Jäger keine Ahnung, ob das auch für diese großen Würmer galt. Mit seiner Antwort hatte Rema erreicht was er wollte. Kira gab ihren Widerstand, im nassen Land die Nacht zu verbringen, auf.
Es dauerte fast bis zur Dunkelheit, bis sie einen geeigneten trockenen Lagerplatz gefunden hatten. Nachdem sie mühsam von dem feuchten Holz der wenigen Birken im Schilffeld ein Feuer angezündet und ein wenig von ihrem Trockenfleisch gegessen hatten, legten sie sich zum Schlafen nieder. Die anstrengende Wanderung des Tages ließ sie sofort einschlafen.
Der Morgen graute schon und die Sonne schien wie ein weißer Ball durch den aufgezogenen Nebel, als Taje unsanft durch eine stechende Kälte in seinen Füßen geweckt wurde.
Schnell richtete der Junge sich auf und zog die Füße dicht an seinen Oberkörper.
Er sah, dass seine Fellschuhe von einer Eisschicht

bedeckt waren.

Von seinen Füßen ausgehend zog eine eisige Kälte in seinen Beinen hoch.

Schnell sprang Taje auf und um sich zu wärmen, hüpfte er im Kreis umher.

Dabei schaute sich der junge Jäger erst jetzt ihren Lagerplatz genauer an. Dann erkannte er den Grund seiner eiskalten Füße.

Ihr Lagerplatz lag etwas erhöht auf einer Lichtung im Schilffeld und war mit einer kurzen Grasschicht bedeckt. Es wehte zwar ein unangenehmer kühler Wind über den Hügel, aber da es die einzige trockene Stelle im Schilffeld war, hatten sie ihn als ihren Lagerplatz ausgewählt.

Nun sah der Junge, dass in Richtung der aufgehenden Sonne das ganze Land unter Wasser stand. Selbst auf ihrem Lagerplatz schwappte bereits das Wasser. Es hatte die Stelle, an der eben noch seine Füße lagen, erreicht und dabei seine Fellschuhe durchnässt. Die kalte Luft hatte dann eine Eisschicht über seine Schuhe gezogen und seine Füße fast erfrieren lassen.

Nur die schmerzhafte Kälte, die von seinen Füßen seinen Körper hochzog, hatte das verhindert, als sie ihn weckte.

Mittlerweile waren auch Airam, Kira und Rema erwacht.

Sie hatten sich hingesetzt und schauten staunend auf die gestern Abend noch nicht vorhandene und sich nun vor ihnen ausbreitende Wasserlandschaft, wobei der noch immer herum hüpfende Taje ihnen ein Lächeln entlockte.

Langsam erwärmten sich die Füße und Beine des Jungen wieder, und er hörte auf wie ein Springbock umher zu hüpfen.

Kira lachte und rief Taje zu: „Was ist Taje, lernst du einen neuen Tanz?"

Taje war überhaupt nicht zum Lachen zumute, als er antwortete: „Nein, ich wärme nur meine Füße. Als ich schlief, lagen meine Füße im Wasser. Halte deine Füße ins Wasser und ich sage dir du kannst den Tanz sofort."

Mit der Hand fasste Kira in das Wasser. Sofort zog sie diese erschrocken zurück. Dabei rief sie: „Das Wasser ist ja eiskalt! Wenn meine Füße darin gelegen hätten, würde ich auch tanzen. Komm zu mir Taje, ich wärme dir die Füße."

Der Junge konnte nicht verhindern, dass sein Kopf langsam eine rote Farbe bekam.

Schnell wandte er sich Rema zu und fragte den Jäger: „Woher kommt das Wasser? Es hat doch nicht geregnet."

Seufzend antwortete Rema: „Ich weiß es nicht. Das verstehe ich auch nicht. Das Wasser ist überall."

Während Airam noch immer umherblickte, erwiderte sie dem Jäger: „Zumindest haben wir jetzt nur noch einen Weg, um nach einem Übergang über den Fluss und die Eiswand zu suchen. Alle anderen sind uns durch das Wasser versperrt."

Dabei zeigte sie mit einer Hand in die Richtung, in der die Sonne am Himmel stand und in der sie jeden Tag ihren Lauf am Horizont beginnt.

Kira, die Angst hatte, ihr Ziel den Berg im Tal der Götter nicht mehr zu erreichen, drängte zum Aufbruch, als sie der Zauberin antwortete: „Ja und wenn wir uns nicht beeilen, ist der uns auch noch versperrt. Seht ihr nicht wie das Wasser steigt?"

Gebannt schaute Rema zur Eiswand, und ohne seinen Blick abzuwenden, beruhigte er Kira: „Wir werden gleich aufbrechen. Aber schaut, wohin wir müssen." Dabei zeigte seine Speerwurfhand auf die Eiswand: „Wir haben Glück der Nebel ist fort, und dort hinten ist die Eiswand jetzt gut zu sehen. An beiden Seiten ist sie von Bergen gesäumt. Wir können wegen des Wassers nur über die Berge auf die Seite wo jetzt die Sonne steht. Aber die Berge auf dieser Seite rauchen. Immer dort wo Berge rauchen, wackelt der Boden und es tritt heißes rotes Blut aus den Bergen. Ich will dort nicht weitergehen, um das Tal mit den zwei Bergen zu finden. Sobald wir oben sind, gehen wir hinunter auf die Wand aus Eis. Über ihr laufen wir dann zu den Bergen auf der anderen Seite. Diese Berge rauchen nicht. Von dort ziehen wir weiter in das Tal der zwei Berge."

Airam hatte mit Blick auf die Eiswand und die Berge den Worten des Jägers gespannt zugehört und antwortete Rema: "Dann sollten wir jetzt sofort aufbrechen. Denn

bevor wir die Berge erreichen, müssen wir noch über den Fluss. Wenn hier schon so viel Wasser steht, wie viel mag dann im Fluss sein? Lasst uns hoffen, dass wir eine flache Stelle finden, durch die wir zum anderen Ufer gehen können."
Von den Worten Airams zur Eile angetrieben, hatten sie ihre Ausrüstung schnell zusammengepackt und machten sich auf den Fluss zu erreichen.
Als sie an seinem Ufer ankamen, ließ sie das was sie sahen vor Erleichterung tanzen.
Keiner von ihnen hatte gewusst wie sie es anfangen sollten, einen breiten und mit eiskaltem Wasser gefüllten tiefen Fluss zu überqueren. Diese Unwissenheit hatte sie sorgenvoll auf ihrem Weg zum Fluss begleitet. Als sie den Wasserlauf nun erreichten, war dieser immer noch breit. Doch das Glück hatte sie zu einer Furt geführt, aus der von einem zum anderen Ufer dicht hintereinander Felsen aus dem Wasser ragten.
Es war, als hätte Mutter Erde die Steine extra für sie in den Fluss gelegt.
Keine Algen und kein Moos bedeckten die Felsen.
So konnten die Gefährten von einem Stein zum anderen springend, mühelos das gegenüberliegende Ufer erreichen, ohne in Gefahr zu geraten auf den Felsen auszurutschen und in das eiskalte Wasser zu stürzen.
Immer noch verwundert über so viel Glück begannen sie mit einem kurzen Blick zurück zu den Felsen im Wasser,

sogleich mit dem Aufstieg zu den Gipfeln der Berge. Der Anstieg war von Beginn an recht steil und führte Taje und seine Gefährten, trotz der Nähe zum Gletscher, durch einen dichten Wald.

Einen Pfad oder gar einen Weg, den sie benutzen konnten, gab es nicht. Rema ging voran und schnitt ihnen mit seinem Steinmesser mühsam einen Weg frei. Die Arbeit war so anstrengend, dass seine Begleiter die tiefen Atemzüge des Jägers deutlich hören konnten.

Die Baumkronen des Waldes berührten sich gegenseitig und bildeten ein dichtes Dach. Kein Sonnenstrahl erreichte den Boden und obwohl es noch immer Tag war, umgab sie eine unheimliche, kalte Dunkelheit.

Ständig tropfte Wasser von den Bäumen und schon nach kurzer Zeit waren alle vollkommen durchnässt.

Noch vor nicht langer Zeit waren sie auf ihrem Weg vom sich bildenden Gletschersee zum Fluss über eine feuchte Ebene gewandert. Über dieser wehte zwar ein ständiger kalter Wind, aber auf der Ebene hatte sie zumindest die Sonne erreicht und ein wenig gewärmt.

Den Boden des Waldes hatte noch nie ein menschlicher Fuß betreten. Er war mit feuchtem Moos und vielen kleinen und großen Steinen bedeckt. Die Felsen wuchsen nicht aus dem Boden, sie kamen vom Berggipfel. Einige von ihnen waren noch nicht vollkommen mit Moos bedeckt und daher sicher erst vor einigen Monden den Gipfel hinuntergestürzt. Die Zerstörungen, die sie dabei im Wald verursacht hatten, waren noch immer an den umgestürzten Bäumen sichtbar.

Taje und seine Gefährten hatten Glück. Kein Steinschlag behinderte ihren Aufstieg.

Kurz bevor sie den Gipfel erreichten, endete der Wald und sie betraten kargen, felsigen Boden. Da sie sich nun den Weg nicht mehr freischneiden mussten und auch keine umgestürzten Bäume ihren Weg zum Gipfel behinderten, kamen sie jetzt viel schneller voran.

Als die Sonne hoch am Himmel stand, hatten sie den Gipfel erreicht.

Der sich ihnen bietende Ausblick vom Kamm des Berges war gewaltig.

„So etwas habe ich noch nie gesehen," flüsterte Kira ehrfurchtsvoll vor dem Anblick der sich ihr bot. Das leise unverständliche Gemurmel ihrer Freunde zeigte ihr, dass es ihnen ebenso erging.

Unter ihnen auf Höhe des halben Berges sahen sie den Gletscher. Die Sonne schien auf das Eis und verlieh ihm an einigen Stellen eine bläuliche Farbe. Die Eisfläche war viel breiter als sie gedacht hatten und von Rissen, die selbst vom Gipfel sichtbar waren, durchzogen. Nun erkannten sie auch, warum in der letzten Nacht so schnell ein See, der fast ihren gesamten Lagerplatz überschwemmt hatte, entstanden war. Der Gletscher war weiter vorgerückt und hatte den Fluss gestaut.

Mittlerweile war der unten im Tal liegende See so groß

geworden, dass dieser ihnen, wären sie auch nur einen Tag später gekommen, den Weg zu den Bergen versperrt hätte. Das Land, durch das sie am Morgen auf ihrem Weg zu den Bergen gewandert waren und auch der Fluss den sie erst vor einiger Zeit überwunden hatten, waren verschwunden. An deren Stellen sahen sie jetzt nur noch Wasser.

Taje war als ergriff eine eiskalte Hand sein Herz, als er erkannte was das bedeutete.

Der Junge drehte sich zu seinen Begleitern um und sah sie verzweifelt an: „Der See versperrt uns die Rückkehr zu unseren Leuten und sie können nicht zu uns. Wie sollen wir sie jemals wiederfinden?"

Airam lächelte und beruhigte den Jungen: „Unser Schamane kennt unser Ziel das Tal mit den zwei Hügeln und er kennt den Weg dorthin über die blutenden Berge. Dort in diesem Tal werden wir wieder alle zusammen sein."

Insgeheim hoffte die Zauberin, dass die blutenden Berge den Schamanen und Jeth mit den anderen Stammesangehörigen lange genug aufhalten würden, damit sie mit Kira die Hügel der Götter als Erste erreichte. Dann könnte Mutter Erde das Mädchen als Hohepriesterin einsetzen und wäre mit ihrer Zauberin Airam sicher sehr zufrieden.

Auch Kira, die ja die Pläne der Göttin Mutter Erde kannte und sich auf ihre Zukunft als Hohepriesterin freute, sah ebenfalls ihren Vorteil und trieb zur Eile.

Das Mädchen begann ohne sich umzusehen den Abstieg zum Gletscher und rief ihren Begleitern zu: „Nun haben wir genug gerastet! Lasst uns über den Gletscher zu den Bergen dort drüben gehen!"

Taje sah hinunter zum Eis und von dort zu den Gipfeln der gegenüberliegenden Berge.

Der Junge schüttelte den Kopf und sagte: „Es gibt keinen Weg hinunter zum Gletscher. Um ihn zu erreichen müssen wir klettern und kommen so nur langsam voran. Dann müssen wir noch den Gletscher überqueren und auf der anderen Seite zu den Berggipfeln hinaufklettern. Das schaffen wir heute nicht mehr. Wenn wir jetzt weitergehen, müssen wir auf dem Gletscher die Nacht verbringen. Auf dem Eis ist in der Nacht viel zu kalt. Wir könnten erfrieren. Lasst uns hier übernachten und morgen bei Sonnenaufgang weitergehen."

Rema antwortete: „Das ist ein guter Vorschlag. Suchen wir uns hier oben einen geschützten Lagerplatz."

Kira schien das aber nicht zu hören, sie begann die Felsen hinunter zum Gletscher zu klettern.

Zwar konnte das Mädchen die vielen vorhandenen Felsvorsprünge bei ihrem Abstieg nutzen, nur waren diese durch die Feuchtigkeit der Luft sehr rutschig. Dabei waren einige der dauernd dem kalten Wind ausgesetzten Vorsprünge mit einer dünnen Eisschicht überzogen, auf der man leicht ausrutschen und in die

Tiefe stürzen konnte.

Auf ihrem Weg hinunter zum Gletscher vollführte das Mädchen eine lebensgefährliche Kletterei.

Kira schien diese Gefahr aber nicht zu bemerken. Vorsichtig aber ohne zu zögern setzte sie ihren Abstieg fort.

Als nun auch Airam sich dem Mädchen anschloss, rief Rema ihnen zu: „Habt ihr nicht gehört? Wir können die Strecke bis zu den Berggipfeln auf der anderen Seite heute nicht mehr zurücklegen. Also kommt zurück und lasst uns hier übernachten!"

Airam die sich nun auch schon in der Felswand befand, hob den Kopf zu den über ihr am Abgrund stehenden Jägern und rief ihnen zu: „Dann bleiben wir die Nacht über am Rand des Gletschers. Den Abstieg schaffen wir bis zum Einbruch der Dunkelheit sicher."

Wütend antwortete ihr Taje: „Hast du mich nicht verstanden? Dort unten auf dem Eisfeld ist es auch am Rand viel zu kalt. Wir können nicht die Nacht auf ihm verbringen."

Ohne auf die Worte des Jungen der mit Rema noch immer auf dem Gipfel stand zu achten, folgte sie Kira auf ihrem Weg hinunter zum Gletscher.

Taje sah Rema ratlos an. In den Augen des Jägers erkannte der Junge, wie wütend auch sein Begleiter auf Kira und Airam war. Aber schon bald beruhigte Rema sich und sagte zu Taje: „Dass Kira die Entfernung zu den

Bergen dort drüben nicht richtig abschätzen kann und die Kälte auf dem Gletscher unterschätzt, verstehe ich ja. Aber Airam sollte in der Lage sein zu erkennen, dass wir die Berge vor Einbruch der Dunkelheit nicht erreichen werden und auch nicht auf dem kalten Gletscher die Nacht verbringen können. Ich verstehe nicht, warum sie Kira nicht zurückruft. Auf sie hätte die Kleine sicher gehört.

Alleine können wir die beiden aber nicht lassen. Hoffen wir das es noch lange genug hell bleibt und wir unten sind bevor die Nacht anbricht. Das fehlte noch, dass wir in der Felswand hängend auf den Beginn des Sonnenaufgangs warten müssen.

Ohne auf die glatten Felsen zu achten, beeilten sich die Jäger Airam und Kira einzuholen. Durch ihren schnellen Abstieg erreichten sie die beiden noch in der Felswand. Airam einen wütenden Blick zuwerfend, übernahm Rema wortlos die Führung der Gruppe auf ihrem gefährlichen Weg hinunter zum ewigen Eis.

Hatten ihnen feuchtes Moos und Geröllfelder den Aufstieg zur ersten Bergkette erschwert, so ließ sie nun der glatte, nasse Fels immer wieder ins Rutschen kommen.

Nur mit Mühe und viel Glück fanden sie im Berg immer wieder einen Halt, der ihren Sturz in die Tiefe verhinderte.

Sie hatten ihren Weg zur Hälfte zurückgelegt, als sie auf

einen Felsvorsprung stießen, der ihnen ohne sich an den Felsen klammern zu müssen, ein bequemes Stehen in der Wand erlaubte.

Von hier ging es nur noch über eine glatte in die Tiefe fallende Wand hinunter zum Gletscher.

Wie seine Gefährten sah auch Taje hinunter und betrachtete die Wand. Was er sah nahm ihm jede Zuversicht, jemals hinunter auf den Gletscher zu gelangen.

Die Wand war nicht nur steil und ragte noch dreißig Fuß in die Tiefe, sie war auch von einer dicken Eisschicht überzogen. Nirgends gab es einen Halt, der einen sicheren Abstieg ermöglichen würde.

Jede Fröhlichkeit war aus dem Gesicht des Jungen gewichen, als er mehr zu sich als zu den Gefährten sprach: „Das war es denn wohl. Jetzt müssen wir die ganze Felswand wieder hochklettern und uns einen anderen Weg zu den Bergen dort drüben suchen."

Rema legte eine Hand auf die Schulter seines Freundes und sah dann Airam und Kira mit einem Blick an, der ihnen zeigte, dass er dieses mal keinen Widerspruch dulden würde: „Nein, wir müssen nicht zurück. Wir werden hier auf dem Vorsprung übernachten und uns morgen bei Sonnenaufgang zum Gletscher abseilen."

Mittlerweile war Remas Zorn auf Airam verflogen als er weitersprach: „Mein Seil ist lang genug und reicht bis auf den Gletscher. Es sollte auch unser Gewicht halten

können." Dann lächelte er die Zauberin an: „Aber bei dir bin ich mir nicht sicher, daher wirst du als Letzte zum Gletscher hinunterklettern!"
Bevor Airam auf die Worte des Jägers antworten konnte, versuchte Kira Rema zu überzeugen weiterzugehen: „Hier oben ist es viel zu kalt. Wir sind dem Wind schutzlos ausgeliefert und haben auch kein Holz um ein wärmendes Feuer zu machen. Wenn wir uns jetzt mit dem Seil hinunterlassen haben wir dort unten auch kein Holz, aber wir müssen die Nacht nicht auf einem schmalen Vorsprung in einer Felswand verbringen. Hier oben trifft uns der kalte Wind besonders hart. Dort unten finden wir vielleicht auch noch eine Felsnische die uns schützt."
Rema sah bei seiner Antwort vorwurfsvoll die Zauberin und nicht das Mädchen an: „Dass wir hier feststecken, ist nicht die Schuld von Taje und mir. Bevor wir alle unten sind ist es bereits dunkel. Daher ist es viel zu gefährlich jetzt noch den Abstieg zu wagen. Lasst uns etwas von dem Trockenfleisch essen und dann dicht zusammenrücken. So werden wir die eisige Nacht auch hier oben sicher überstehen."
Rema behielt Recht. Die Nacht wurde eisig kalt.
So wie Rema es vorgeschlagen hatte, versuchten die Gefährten eng an einander geschmiegt etwas Schlaf zu bekommen. Doch Immer wieder wurden sie von der Kälte und dem kalten Wind aus ihrem Schlaf geweckt.

Der einzige, dessen Schlafgeräusche die ganze Nacht ununterbrochen zu hören waren, waren die von Airams Wolf Wolke, dessen dickes Fell schützte ihn vor der Kälte des Windes.

Alle waren froh, als endlich der neue Tag begann und die ersten wärmenden Sonnenstrahlen sie erreichten.

Um die Kälte der Nacht aus ihren Gliedern zu vertreiben hüpften sie, schlugen ihre Füße zusammen und rieben sich gegenseitig ihre Körper warm.

Bald schon spürten sie wie die Kälte aus ihren Körpern entwich.

So mit ihren Lebensgeistern wieder ausgestattet, ging Airam zum Felsvorsprung und schaute hinunter in die Tiefe: „Vor langer Zeit muss der Gletscher einmal bis hier oben gereicht haben. Dabei hat er durch seinen Weg durchs Tal die Felswand so glatt gescheuert. Wenn wir das Seil um den Felsvorsprung dort vorn binden, können wir uns zum Gletscher hinunterlassen."

„Toller Vorschlag, Airam", antwortete ihr Kira.

„Dann sage mir mal wie wir, wenn wir unten sind, wieder an unser Seil kommen sollen."

Taje lächelte, als er dem Mädchen antwortete: „Kein Problem Kira, das macht Geher."

„Wie?", staunte Kira.

Der Junge antwortete: „Keine Angst Kira, Geher hat das schon einmal gemacht."

„Aber wie willst du ihm das klarmachen? Sage nicht, er

versteht dich?",

„Nicht mich, aber Airam versteht er sicher, oder Airam?"

„Du bist klug, Taje", lächelte die Zauberin.

Kira verstand nichts mehr, sah aber wie Rema lächelnd das Seil vom Boden aufhob und es um den Felsvorsprung band.

„Wer geht als Erster?", rief Kira voller Ungeduld. Sie wollte endlich weiter, um schnell ihr Ziel, dass Tal mit den zwei Hügeln, zu erreichen.

„Ich Kira, schließlich habe ich das Seil auch um den Stein gebunden und sollte es daher auch ausprobieren ob es hält.", antwortete ihr Rema.

Der Jäger nahm das freie Ende des Seils, führte es unter seine Achseln durch und verknotete es vor seiner Brust. Trotz der Kälte zog Jeth seine Felljacke aus und legte sie am Boden des Felsvorsprungs auf dem das Seil in die Tiefe führte ab. So berührte das Seil nicht die scharfe Felskante und wurde durch die Belastung des an ihm hängenden Gefährten nicht durchgescheuert.

Rema stellte sich nun an den Rand des Felsvorsprungs, lehnte sich dann nach hinten und begann so, zurückgelehnt im Seil und sich mit den Füßen gegen den Felsen stemmend, den Abstieg zum Gletscher.

Ohne Schwierigkeiten ließ sich der Jäger auf den Gletscher hinunter.

Nachdem Airam als Letzte unten ankam, nahm sie Geher auf den Unterarm und flüsterte ihm etwas ins Ohr. Dann gab sie ihm einen leichten Schwung und ließ den Greif in die Luft steigen.

Geher flog die Felswand hinauf. Oben angekommen, hackte er so lange auf das Seil ein, bis es sich vom Felsen löste.

Dann flog er zurück zu Taje. Der Junge zog am Seil und es fiel zu ihnen herunter.

Fassungslos schaute Rema zu Airam.

Taje lächelte.

„Schau nicht so, Rema. Wenn du nicht so wütend auf Airam wärst, würdest du erkennen, wer sie ist."

„Ich habe sie genau erkannt. Ich weiß, dass sie uns Böses will", murrte der Jäger.

„Lass es gut sein Taje, irgendwann wird Rema mich mögen. Jetzt müssen wir weiter. Nach der kalten Nacht möchte ich nicht auch noch auf dem Gletscher übernachten müssen."

„Aber erst, wenn Geher mir meine Jacke vom Felsvorsprung holt."

Nachdem Airam dem Greif klargemacht hatte, die Jacke seines Herren zu holen und diese den frierenden Taje wieder wärmte, begannen sie mit ihrem gefährlichen Weg über den Gletscher.

Hatte der Gletscher an seinen Rändern, die die Felsen berührten, noch eine glatte Oberfläche, so wurde diese zur Mitte hin schon nach einigen Metern rauer. Risse in verschiedenen Breiten und Längen zogen sich quer über die Oberfläche. Einige dieser Risse waren bis zu einhundert Fuß tief.

Schnell spürte die kleine Gruppe, dass es deutlich kühler wurde. Das lag nicht nur am kalten Gletscher. Ein heftiger, kalter Wind wehte aus Richtung Norden über den Fluss aus Eis.

„Damit die Kälte von unseren Füssen nicht in den Körper zieht, sollten wir unsere Fellschuhe anziehen.", schlug Airam ihren Begleitern vor.

Diese Idee schien allen einzuleuchten. Schnell hatten die Freunde aus ihren Rucksäcken die Fellschuhe herausgeholt und über ihre Schuhe aus Elchleder gezogen.

Mit ihnen besser vor der Kälte geschützt, setzten sie ihren Weg über den Gletscher fort.

Bewundernd sah Taje, wie Airams Wolf Wolke ganz ohne Schutz an seinen Pfoten über das Eis lief. Das Tier schien die Kälte nicht zu spüren.

Je weiter sie auf dem Gletscher vorankamen, umso breiter und tiefer wurden die Risse.

Airam hielt an.

„Rema, gib mir das Seil. Wir müssen es uns umbinden. Wenn jemand von uns in so eine Spalte stürzt, können ihn die Anderen dann halten und wieder hochziehen."

„Das ist doch Unsinn, Airam. Wir sehen doch die Risse."

„Meinst du, Rema? Dann schau einmal genau hin."

Airam legte sich bäuchlings auf den Gletscher. Mit ihrem

Stab schlug sie heftig auf einen direkt vor ihr liegenden kleinen Schneehügel. Nach einigen Schlägen stürzte der Hügel in eine Gletscherspalte.

„Wollt ihr sehen wie tief jemand fallen würde, der versehentlich über diese lose Schneeschicht gelaufen wäre?"

Taje, Kira und Rema legten sich ebenfalls auf den Gletscher und krochen langsam zur Gletscherspalte.

Als sie hinuntersahen, wurde ihnen übel. Sie konnten den Grund der Spalte nicht sehen.

Bewundernd schauten Kira und die beiden Jäger zu Airam.

„Woher hast du gewusst, dass dort ein Riss ist?"

Airam lächelte, als sie antwortete; „Siehst du den Zweig dort? Jeder der den Gletscher überquert und so eine Spalte findet, macht diese durch Zweige kenntlich. Da Zweige nicht auf einem Gletscher wachsen, muss ihn jemand dorthin gesteckt haben, um nachfolgende Wanderer vor einer Gefahr zu warnen."

Kira lächelte, als sie der Frau antwortete: „Nun weiß ich auch, warum ich diese dünnen Zweige seit Tagen mit mir tragen muss. Das hättest du mir aber auch sagen können, als du sie mir in den Tragebeutel gesteckt hast."

Airam schaute das Mädchen an und streichelte dabei den Arm des Kindes, als sie sagte: „Wenn wir noch kältere Nächte wie die letzte oder von Regen oder Schnee durchnässt werden, können wir die Zweige auch fürs

Anzünden eines Lagerfeuers nutzen. Aber nun lasst uns das Seil um den Bauch binden, so dass zwischen uns ein Abstand von zehn Schritten besteht. Wenn dann einer von uns in eine noch nicht gekennzeichnete Gletscherspalte stürzt, können ihn die anderen halten und herausziehen.
Da ich mich auf Gletschern am besten auskenne, gehe ich vor. Rema geht zum Schluss."
So gesichert begannen sie den Gletscher zu überqueren. Sie hatten etwa die Hälfte der Wegstrecke hinter sich, als Taje im Norden eine schwarze Wolkenwand entdeckte, die schnell auf sie zukam.
„Ich glaube wir sollten uns beeilen! Es sieht aus, als würde uns ein Unwetter erreichen!", rief der Junge den anderen zu.
„Das hat uns gerade noch gefehlt! Ein Schneesturm, der uns mitten auf dem Gletscher trifft! Seht ihr, da vorne ist eine angehäufte Schneeschicht. Wenn wir die etwas feststampfen, könnten wir dahinter Schutz suchen", schlug Airam ihren Begleitern vor.
„Sollten wir nicht versuchen zur Bergkette zu kommen?"
„Das schaffen wir nicht mehr, Rema. Nein, unsere einzige Hoffnung ist die Schutzwand."
Voller Angst in der Stimme antwortete Kira: „Gut, Airam, dann müssen wir uns aber beeilen. Die Wolkenwand kommt rasch näher."
Gegen den Vorschlag des Mädchens hatten die anderen

nichts einzuwenden. So schnell sie konnten, liefen sie zu dem Schneehügel. Zum Glück stürzte auf ihrem Weg zum sicheren Schneehügel niemand in eine Gletscherspalte. Sie hatten kaum hinter dem Schneehügel Schutz gefunden, als der Sturm losbrach.

Hejo

Vom Tragen ihres verletzten Vaters völlig erschöpft, erreichten Vilo und Kaiba mit ihm das Lager. Mittlerweile war es dunkel geworden und da der Mond und auch kein Stern die dicke Wolkenschicht durchbrechen konnten, bemerkten die Anwesenden die Neuankömmlinge erst, als sie eines der Lagerfeuer aufsuchten und die beiden Jäger Weco langsam zu Boden ließen.
Da die Ankömmlinge Angehörige des Stammes waren und Jeths Berglöwe Flumi sie kannte, hatte das Raubtier zwar kurz zu den Ankömmlingen hingesehen, aber keinen Alarm geschlagen.
Von den Jägern Mare und Tona, die von Vilo und Kaiba das Fleisch am Fluss übernommen hatten, wusste der Schamane Hejo bereits von Wecos Fußverletzung.
Dennoch hatte es Hejo nicht eilig, als er langsam zum Feuer, an dem Weco lagerte, ging und sich neben den verletzten Jäger kniete. Vorsichtig entfernte er den Lederschuh vom Fuß des Jägers und noch während er ihn betrachtete, bewegte er den verletzten Fuß in seinem Gelenk.
Die Untersuchung musste dem am Lagerfeuer im Gras sitzenden Jäger große Schmerzen bereiten. Weco gab zwar keinen Schmerzenslaut von sich und auch in seinem Gesicht waren keine Bewegungen, die auf die Qualen deuten würden, zu erkennen. Seine Hände aber

hatten sich fest im weichen Gras verkrampft.

Nach einiger Zeit legte der Schamane den verletzten Fuß vorsichtig auf dem Boden ab. Dabei schaute er Weco erleichtert an: „Du hast Glück gehabt. Der Fuß ist nicht gebrochen. Allerdings schwer geprellt. Wenn du ihn schonst und mehrmals täglich ein in kaltes Wasser getauchtes Fell um den Fuß wickelst, werden die Schmerzen bald nachlassen. Dann kannst du uns in einigen Tagen folgen. Deine Söhne sollten dir einen Lagerplatz am nahen Bach errichten. Dann musst du, wenn du Durst hast und Wasser zur Kühlung deines Fußes brauchst, nicht immer zum Fluss laufen."

Ule und Nao, die die Untersuchung Wecos sorgenvoll beobachtet hatten, schauten sich bei den Worten des Schamanen verwundert an.

Nach einem kurzen Moment und immer noch über die Worte des Schamanen verwundert, fragte Ule: „In einigen Tagen gehen wir erst weiter? Ich dachte, du hättest es eilig von hier fortzukommen?"

„Ich habe gesagt, dass uns Weco in einigen Tagen nachfolgen kann. Wir anderen gehen wie wir es beschlossen haben morgen bei Tagesanbruch los."

Der Schamane hatte bei seiner Entscheidung aber nicht mit Naos starker Verbundenheit zu den Mitgliedern ihrer Familie gerechnet.

So wunderte er sich, als er den Protest der jungen Frau vernahm.

„Niemals! Wir werden nicht ohne Weco gehen. Es ist schon schlimm genug, dass mein Jüngster von mir getrennt ist. Den Großvater meiner Kinder lasse ich nicht alleine zurück."

Das Lächeln und seine abwertende Handbewegung zeigten Nao was der Schamane von ihrem Protest hielt. Beruhigend ergriff Ule die Hand ihrer Tochter und bestimmte: „Das soll Helu entscheiden. Er ist unser Anführer."

So gingen Hejo und Nao, ohne sich gegenseitig eines Blickes zu würdigen, zu Helu und trugen ihm ihre Ansichten vor.

Der Stammesführer war bei der Ankunft der Beiden vom Feuer aufgestanden und hörte ihnen aufmerksam zu. Dann sah er den Schamanen mit gerunzelter Stirn an und entschied: „Hejo, wir leben nun schon solange hier. Vor dem Unglück mit unserem Haus ist nie etwas Schlimmes passiert. Du selbst hast gesagt, dass Weco in einigen Tagen wieder ohne Schmerzen gehen kann. Ich schließe mich daher Naos Meinung an und entscheide, dass wir bis zur Heilung von Wecos Fuß hierbleiben."

Für die paar Tage stellen wir zum Schutz vor der Witterung unsere Zelte auf."

Nur mühsam seinen Zorn über die von Helu beschlossene Verzögerung ihres Aufbruchs unterdrückend, entfernte sich der Schamane von Helu und seiner Tochter Nao. Er musste in den Wald gehen.

Dort würde er dem Herrn der Tiere sagen müssen, dass durch Wecos Verletzung ihr Aufbruch in das Tal der zwei Berge erst in einigen Tagen erfolgen würde.
Nicht zum ersten Mal fürchtete sich der Schamane den Gott zu rufen. Der Herr der Tiere war in seinem Traum nicht sehr freundlich zu ihm gewesen. Der Gott hatte ihm sehr deutlich gesagt, dass er mit seinem Schamanen nicht zufrieden sei. Durch Helus Entscheidung den Beginn des Aufbruchs zu verschieben, zwang er ihn, dem Herrn der Tiere die schlechte Nachricht über den verspäteten Beginn ihrer Reise zu überbringen.
Wenn der Herr der Tiere noch immer wütend auf ihn war, konnte das für ihn böse ausgehen. Die Strafen des Gottes waren fürchterlich.
Er wäre nicht der erste Diener des Herrn der Tiere, den der Gott in eine brennende Fackel verwandeln würde. Sollte er die Begegnung mit seinem Gott überleben, würde er es irgendwann Helu und seiner Tochter Nao heimzahlen, ihm solche Probleme bereitet zu haben.
Auf der Lichtung sah Nao ihren Vater im Schein des Lagerfeuers mit sorgenvoller Miene an und sagte: „Ich glaube ich habe mir so eben einen Feind gemacht. Oh Vater, ich habe Angst vor Hejo."
Beruhigend lächelte Helu seine Tochter an: „Das glaube ich nicht. Unser alter Schamane wird dort in dem Wald ein wenig brummeln und sich dann wieder beruhigen. Du wirst sehen, wenn er zurückkommt, ist er ganz der

Alte."

Nao legte eine Hand auf den rechten Arm ihres Vaters. Von seinen Worten nicht überzeugt, antwortete sie: „Ich hoffe du behältst recht. Jetzt gehe ich zu Weco. Ich will sehen wie es ihm geht und vielleicht kann ich ihm ja irgendwie helfen."

Obwohl sie nicht wie ihr Vater davon überzeugt war, dass der Schamane die Auseinandersetzung mit ihr vergessen würde, umarmte sie ihren Vater als Dank für seinen Trost.

Nein, Helu behielt keineswegs recht.

Der Zorn des Schamanen über Helu und seine Tochter Nao saß fest in ihm.

Als Nao Weco erreichte, sah sie das sich schon der ganze Stamm um Wecos Lagerfeuer versammelt hatte. Dabei lauschten sie seinen Erlebnissen bei der Jagd und seinem Zusammentreffen mit den zwei Bären. Helu, hatte nun auch das Feuer erreicht und neben seiner Tochter stehend flüsterte er ihr zu: „Wie du siehst geht es deinem Patienten schon wieder gut. So können wir uns beruhigt zu ihm setzen und wie die anderen seine Heldentaten bewundern."

Das sich der ganze Stamm bei Weco versammelt hatte und seit einiger Zeit der Mond und die Sterne das Land in ein sanftes Licht tauchten, war Hejo sehr recht. So konnte er, ohne eine Fackel entzünden zu müssen, die kleine Lichtung im Wald aufsuchen, um mit dem

Herrn der Tiere zu sprechen.

Trotz der Kälte bedeckte frisches grünes Gras den Boden der Lichtung.

Die Lichtung wurde nicht nur von Hejo für seine Treffen mit den Göttern genutzt. Auch die Jäger gingen immer wieder dorthin, um leichte Beute unter den dort äsenden Hasen zu machen.

Durch die häufige Benutzung war der Pfad zur Lichtung recht breit und kein Hindernis versperrte den Weg.

Daher war es für den Schamanen einfach, von den Stammesangehörigen unbeobachtet die Lichtung im fahlen Licht des Mondes zu erreichen.

Auf der Wiese im Wald angekommen, umgab er diese sofort mit einem Unsichtbarkeitszauber.

Eigentlich war es kein wirklicher Unsichtbarkeitszauber. Der Zauberspruch tauchte die Lichtung in einen dichten Nebel. So entzog sich der Schamane den Blicken jedes Vorübergehenden. Jedes menschliche Lebewesen, das in diesen Nebel eindrang, wurde von einer eiskalten Feuchtigkeit erfasst und zahlreiche unsichtbare Hände zogen an seiner Kleidung und den Haaren. Unheimliche, schrille Stimmen drangen an seine Ohren. Schon bald litt der Eindringling unter starken Kopfschmerzen und Schüttelfrost. Kein Mensch oder Tier hielt es in diesem Dunst lange aus. In panischer Furcht flüchteten selbst Höhlenbären und die riesigen Mammuts aus dem Nebel. So hatte bisher noch niemand gesehen, was in dem

Nebel geschah.

Selbst für den Schamanen war der Zauber ein einziges Grauen. Auch ihn plagte die Nässe und Kälte des Nebels. Die Stimmen und Hände machten auch vor dem, der den Dunst herbeigerufen hatte nicht halt.

Zum Schutz vor den Stimmen verstopfte der Schamane seine Ohren mit zusammengepressten Birkenblättern. Den kalten Händen war der alte Mann jedoch schutzlos ausgeliefert. Dieses Mal hatten die Hände es nur auf seinen Kopf abgesehen. Sie wühlten in seinen Haaren bedeckten die Augen und immer wieder drückte eine Hand die Nase des Schamanen zu.

Nur ein großes Feuer, das in seiner Umgebung die feuchte Luft und damit den Nebel vertreiben würde, konnte den Schamanen vor dem Grauen schützen. Schnell hob der Zauberer in der Mitte der Lichtung eine kleine Grube aus. Dann tastete er sich, vom Dunst in seiner Sicht behindert und von den kalten Händen verfolgt, bis zum Rand der Lichtung vor. Dort sammelte der alte Mann dünne Zweige vom Boden. Mit seinem Steinmesser schnitt er anschließend einen schlanken Ast von einer Birke.

Aus einem kleinen Fellbeutel, den der Schamane um den Hals trug, entnahm er Fasern von trockenen Birkenrinden, die er für das Anzünden eines Feuers immer mit sich führte, und legte ein wenig davon in die Grube. Den Ast der Birke bog er zu einem Bogen. An den beiden Enden befestigte er eine Mammutsehne. Schnell hatte er so einen Feuerbogen hergestellt.

Aus einem Fellsack, den er an einer dicken Elchsehne um seine Hüfte geschlungen hatte, nahm er ein Holzbrett und einen dickeren, an einem Ende angespitzten Ast. Beides hatte der Schamane auf einer seiner Wanderungen in den Süden aus dem Baum einer Pappel gefertigt.

Das Holzbrett war an einer Seite mit vielen kleinen Einkerbungen versehen.

Dieses Brett legte der alte Mann dann in das Erdloch und klemmte es an den Rändern der Grube fest. Den angespitzten Ast drückte er in eine der Kerben im Brett. Dann wickelte er den Feuerbogen um den Ast. Der Ast ließ sich so schnell im Brett drehen. Durch die Drehungen entstand an der Spitze des Astes und um die Kerbe im Brett eine große Hitze. Schnell legte er die trockenen Fasern der Birkenrinde an die glühende Kerbe. Dann blies er auf die Rinde. Schon bald züngelten aus den Fasern kleine, rasch größer werdende Flammen. Nun legte Hejo die dünnen trockenen Äste auf das Feuer. Als auch diese brannten, schichtete der Schamane nun die großen Holzstücke auf die schnell höherschlagenden Flammen. Endlich brannte das Feuer so heftig, dass es den Nebel vom Feuer verdrängte. Mit dem Nebel verschwanden auch die Hände und Stimmen, die dem alten Schamanen so fürchterlich zugesetzt hatten.

Von den Plagegeistern befreit, setzte sich der Alte mit einem Seufzer und in Gedanken schon bei der Begegnung mit seinem Gott an das Feuer. Bald übermannte ihn ein heftiger Zorn auf sich selber. Er hätte das Feuer vor dem Zauberspruch entfachen sollen. Er wusste doch, was nach dem Zauberspruch auf ihn zukam. Es war wohl die immer noch vorhandene Wut auf Helu und Nao, die seinen Verstand beeinträchtigte.
Er musste seinen Zorn unterdrücken und seinen Verstand wieder klar arbeiten lassen.
Denn vor dem nächsten Schritt hatte selbst der erfahrene Zauberer Angst.
Dem Herrn der Tiere zu sagen, dass sein Plan nicht aufgehen würde, konnte für jeden Schamanen schlimm ausgehen.
So graute es Hejo davor den Herrn der Tiere herbeizurufen um ihm mitzuteilen, dass der Wettlauf in das Tal der zwei Berge schon verloren war, bevor er begann. Airam war mit Kira nun schon seit zwei Sonnenaufgängen unterwegs. Selbst wenn die Wand aus Eis die Zauberin aufhielt, war es schwer den Lauf zu gewinnen. Ganz unmöglich war es, wenn er mit Jeth und den anderen erst, wie von Helu beschlossen, nach der Heilung von Wecos Fuß in das Tal der zwei Berge aufbrechen würde.
Diese Nachricht würde den Gott nicht eben erfreuen. Je häufiger er darüber nachdachte, umso größer wurde sein

Zorn auf Nao und ihren Vater.

Aber so sehr sich Hejo auch sträubte den Herrn der Tiere zu rufen, er musste es tun.

Einen tiefen Seufzer ausstoßend griff er in den kleinen Lederbeutel und holte mit dem Daumen, Zeigefinger und Mittelfinger ein weißes Pulver hervor. Dann ließ er das Pulver in seine Handfläche gleiten und streute es in die Flammen.

Immer wenn der Schamane diese Handlung durchführte, staunte er über die Wirkung, die das Pulver auf das Feuer ausübte.

Es war als wichen die Flammen dem Pulver aus. Waren die höchsten Flammen eben noch im Zentrum des Feuers, so bildeten sie nun einen Kreis am Rand der Grube. Selbst dort wo kein Holz lag, schlugen die Flammen hoch in den Himmel.

Aus der Mitte der Grube hatten sich alle Glutstücke und alle Flammen verflüchtigt.

Der Zauberer wusste was jetzt geschah. Hejo seufzte erneut auf, als er auf die hohen Flammen am Rande der Mulde schaute.

Als weißer Rauch aus der Mitte der Grube aufstieg, rutschte Hejo ein wenig vom Feuer zurück. Der vollkommen geruchlose Rauch bündelte sich und stieg vom Boden der Feuergrube als schmale Säule hoch. Obwohl vom Feuer aufsteigend, ging von dieser Säule eine Eiseskälte aus. *D*ennoch fror der Schamane nicht.

Die Kälte griff nur nach seinem Herzen und machte es zu einem Eisklotz. Jede Gefühlswärme war von ihm gewichen.

Langsam wurde die Säule breiter und höher. Dabei nahm sie die Form eines aufrecht stehenden Höhlenbären an. Der Zauberer hatte schon öfter den Herrn der Tiere gerufen und wusste daher genau was nun kam, dennoch erschreckte ihn die Situation immer wieder. Voller Angst und mit vor Furcht weit geöffneten Augen rutschte er noch ein Stück vom Feuer fort. Dann vernahm der alte Mann die ihm wohlbekannte dunkle Stimme, vor der er sich so fürchtete und die immer wieder sein Blut gefrieren ließ: „Hast Du Wicht mich gerufen um dem Herrn der Tiere dein Versagen mitzuteilen? Glaubst du etwa, ich wüsste nicht, was meine Knechte so anstellen? Ich kann nicht glauben, dass wegen eines verletzten Fußes und deiner Unfähigkeit ihn zu heilen, mein Auserwählter nicht vor Airam und Kira im Tal der zwei Berge ankommt. Du weißt, dass in dem Tal nur ein Hohepriester oder eine Hohepriesterin geweiht werden kann. Auch, dass nur der Gott des Hohepriesters über die Menschen, Tiere und Pflanzen in dem Tal herrschen kann, ist dir bekannt. Wehe dir, wenn du es nicht schaffst, Jeth als Hohepriester des Tals zu weihen."

Die Furcht ließ ein Zittern durch Hejos Körper fließen und er wagte nicht, die Rauchsäule anzusehen.

„Ich habe doch alles versucht, um Helu, den

Stammesführer, zu überzeugen ohne Weco aufzubrechen. Aber er hört ja nur auf seine Tochter."
Donnernd antwortete ihm der Gott: „Ich sollte dich wieder zu einem Zauberlehrling machen. Kein Stammesführer lässt eines seiner Mitglieder nur wegen ein paar Tagen alleine zurück. Helu ist nicht dumm. Verliert er Weco, würde er den Stamm schwächen. Ein gesunder Weco ist für den Stammesführer viel zu wertvoll. Er würde bei der Jagd und den Zwistigkeiten mit anderen Stämmen fehlen. Das solltest du eigentlich wissen. Mit deinem Vorschlag, den Jäger alleine zurückzulassen, hast du dir keine Freunde gemacht. Kein Stammesangehöriger wird dir jetzt noch vertrauen. Jeder wird nun Angst davor haben, dass er der Nächste sein könnte, den du bei einer Krankheit zurücklassen würdest.
Was denkst du, soll ich jetzt mit dir machen? Für meine Ziele bist du nun nutzlos!"
Die letzten Worte des Gottes ließen das Herz des alten Schamanen fast stillstehen.
Sollte sein Versagen auch gleichzeitig sein Ende sein?
In seine Überlegungen drangen die nächsten Worte des Gottes: „Aber ich gebe dir eine letzte Möglichkeit deinen Fehler wieder gut zu machen. Siehst du die rot blühenden Pflanzen dort links auf der Lichtung?"
Die Augen des Schamanen folgten dem ausgestreckten Arm des Gottes.

Noch immer voller Angst um sein Leben antwortete der alte Mann: „Ja, ich sehe die Pflanzen. Was soll..." Bevor der Schamane seine Frage aussprechen konnte, hörte er wie der Herr der Tiere sprach: „Koche aus den Blüten einen Sud. Dann reibe noch heute Abend den Fuß des Jägers damit ein und Weco wird euch morgen ohne Schmerzen begleiten können. Wenn deine Leute sehen, wie schnell du den Jäger geheilt hast, werden sie dir hoffentlich wieder vertrauen und dir über die blutenden Berge in das Tal mit den zwei Bergen folgen."
Mit den letzten Worten des Gottes sank die Rauchsäule zusammen und wie von Geisterhand erlosch das Feuer. Als der Herr der Tiere sich zurück in sein Reich begab, wurde die Lichtung nur noch vom Mond und den Sternen beleuchtet.
Der Schamane war noch lange Zeit von dem Gespräch so gebannt, dass er nicht sah, wie ein weißes Wesen vom Rand der Lichtung in den Wald verschwand.
Als das Wesen aus dem Nebel trat, schüttelte es die Nässe des Dunstes von seinem Fell bedeckten Körper und lief wie der Wind über Felder und Wiesen seinem Ziel entgegen. Geher der Falke des jungen Jägers Taje folgte ihm hoch am Himmel.
Auf der Lichtung löste sich langsam der Nebel auf.
Nach einiger Zeit hatte der alte Schamane sich von der Anstrengung des Zaubers erholt.
Sorgfältig verwischte der Zauberer auf der Lichtung die

Spuren seiner Anwesenheit.
Niemand sollte jemals erkennen, dass er auf der Lichtung mit einem Gott gesprochen hatte.
Dann ging Hejo zu den Pflanzen, die der Herr der Tiere ihm gezeigt hatte. Schnell streifte er von ihnen die roten Blüten ab.
Damit er auch nicht ein Blütenblatt verlor, stopfte er sie vorsichtig in den um seinen Hals hängenden Fellbeutel. Mit einem letzten Blick zu den Pflanzen vergewisserte der Zauberer sich, dass er keine Blüte übersehen hatte.
Dann eilte Hejo zurück ins Lager, um mit einem Sud aus den Blüten Wecos Fuß zu heilen.
Im Lager angekommen, zeigte Hejo seinen Leuten die Blüten und sagte ihnen: „Die Götter sind uns wohlgesonnen, denn sie haben mich zu diesen Blüten im Wald geführt. Wenn ich aus ihnen einen Sud koche und damit Wecos Fuß einreibe, sollte unser Pechvogel morgen wieder laufen können."
Hejo ließ sich von Ule einen vom Beben verschonten irdenen Topf geben. Mit ihm ging er zum nahegelegenen Fluss und füllte ihn bis zum Rand mit Wasser. Wieder bei Weco angekommen, schüttete er die Blüten in den Topf. Dann stellte er diesen in die Glut des Feuers.
Hejo hatte gelogen, als er in der Versammlung des Stammes gesagt hatte, er wüsste wie er das Heilmittel herstellen müsste. Er hatte keine Ahnung, wann aus den Blüten der Sud im Topf fertig war und er damit den Fuß

des Jägers einreiben konnte.

Gebannt schaute er deshalb in das inzwischen kochende Wasser und sah wie die in ihm schwimmenden Blüten aufquollen und langsam auf den Boden des Topfes sanken. War am Anfang das Wasser noch rot vom Saft der auf ihm schwimmenden Blüten, so wurde es nach einiger Zeit immer dunkler. Dabei verdickte sich das Wasser immer mehr und ein entsetzlicher Geruch stieg aus dem Topf. Schnell nahm der Schamane vom neben dem Lagerfeuer liegenden Holz einen dicken Stock. Mit ihm rührte er die inzwischen immer fester werdende Flüssigkeit um.

Der Sud war dick und kleberig geworden. Das verhinderte aber nicht den entsetzlichen Geruch, der noch immer aus dem Topf aufstieg.

Dieser Geruch war es auch, der inzwischen alle Stammesmitglieder, die ihn neugierig bei seinem Tun beobachtet hatten, vom Feuer forttrieb. Nur der verletzte Weco konnte nicht fliehen und ertrug mit verzogenem Gesichtsausdruck heldenhaft den üblen Geruch.

Der Zauberer hoffte, dass die Heilsalbe nun fertig wäre. Um sich nicht an dem heißen Topf zu verbrennen, klemmte er diesen zwischen zwei Holzstäbe und hob ihn damit vom Feuer. Dann nahm er eine ebenfalls vom Beben verschonte, aus dem Geweihblatt eines Elches hergestellte flache Schale und füllte sie mit dem Sud aus dem Topf. Mit der Schale drehte er sich zu Weco. Völlig überrascht bemerkte Hejo, dass der Jäger verschwunden war. Trotz der großen Schmerzen in seinem Fuß hatte Weco sich wegen des üblen Geruchs der Medizin vom Feuer des Schamanen, zum weiter entfernten zweiten Feuer des Lagers geschleppt. An diesem Feuer war mittlerweile der ganze Stamm versammelt. Als sich nun der Schamane mit seiner Medizin dem Feuer näherte, sprangen die beiden Jäger Vilo und Mare auf, ergriffen den verletzten Weco und trugen ihn zurück zum Feuer des Schamanen.

Auch der Jäger Kaiba war aufgesprungen und lief dem Zauberer entgegen. Als er den alten Mann erreichte, drehte er ihn um und schob ihn, vom Geruch der Medizin halb ohnmächtig, zurück zu seinem Feuer. Dabei warnte er den Medizinmann: „Wage dich mit deiner fürchterlichen Medizin ja nicht zu uns ans Feuer. Der Geruch verjagt ja selbst unsere Tiere. Reibe Wecos Fuß damit ein. Dann bleibst du bei ihm und hältst heute Nacht bei ihm Wache. Erst wenn Weco diese übel riechende Salbe nicht mehr benötigt, dürft ihr zurück an unser Feuer kommen."

Als der Schamane sich mit der Salbe Weco näherte, vergaß der Jäger alle Schmerzen. Er hielt sich die Nase zu und atmete durch den Mund weiter. Der Zauberer kniete sich neben dem Jäger nieder und wickelte den Fellschuh vom verletzten Fuß. Der Fuß des Jägers sah übel aus. Er war stark angeschwollen und schimmerte in den Farben des Regenbogens. Hejo nahm mit den Fingern etwas von der Salbe aus dem Topf und strich damit den Fuß des Jägers ein. Schon die Berührung des geschwollenen Fußes schmerzte den Jäger sehr. Nur mit Mühe unterdrückte er ein schmerzvolles Stöhnen. Der Jäger wollte nicht, dass der Zauberer seine Schmerzen bemerkte.

Als der Schamane den verletzten Fuß dick mit der Salbe eingestrichen hatte, wickelte er noch ein Fell um den Fuß. So blieb die Salbe immer am Fuß und der üble Geruch stieg Weco und dem Schamanen nicht so stark in die Nasen. Schließlich nahm der Zauberer den Topf, in dem noch immer ein Rest der Salbe war, deckte ihn mit einem Stück Fell zu und grub ihn dann in einiger Entfernung von den Feuern in die Erde ein.

Nachdem der Topf in der Erde verschwunden war und ein Fell Wecos Fuß mit der fürchterlichen Salbe abdeckte, roch es am Feuer des Schamanen nicht mehr so schlimm. Endlich konnten Weco und der Zauberer wieder frei atmen.

Schon bald bemerkte Weco, dass von der Salbe eine wohlige Wärme in seinen Fuß zog und die Schmerzen nachließen.

Es dauerte nicht lange und der erschöpfte Jäger schlief ein.

Inzwischen war es Nacht geworden. Der ganze Stamm hatte sich an den Feuern in Felle eingewickelt und zum

Schlafen niedergelegt. Kein Jäger musste nachts die Wache des Lagers übernehmen. Die übernahmen in jeder Nacht die Tiere des Stammes. Da sich aber Wolke, der Wolf der Zauberin und Geher, der Falke Tajes mit ihren Herren nicht im Lager aufhielten, übernahm Jeths Berglöwe Flumi in dieser Nacht die Wache des Lagers alleine. Der Löwe streifte die ganze Nacht im und um das Lager herum. Kein Tier oder Mensch würde die an den Feuern schlafenden Menschen erreichen, ohne von Flumi bemerkt und verjagt zu werden.

Jeth wunderte sich immer wieder wie die Tiere es auf den Wanderungen des Stammes schafften, nachts das Lager zu bewachen und am Tag mit dem Stamm weiterzuziehen. Sicher, bei jeder Rast am Tage legten sich die Tiere gleich hin und schliefen sofort ein. Aber da die Pausen immer sehr kurz waren, konnten die Wächter der Nacht nur wenig schlafen und doch waren sie für ihre Aufgabe in der Nacht immer hellwach.

Dank Flumis Nachtwache erhoben sich bei Sonnenaufgang alle Angehörigen des Stammes ausgeschlafen und gesund von ihren Schlafstätten.

Hejos erster Gedanke galt dem Fuß Wecos. Wollte er es noch schaffen, mit Jeth vor Airam und Kira das Tal mit den zwei Bergen zu erreichen, musste der Stamm noch am frühen Morgen aufbrechen. Da sich aber alle weigerten ohne Weco weiterzuziehen hoffte er, dass die Salbe den Fuß über Nacht geheilt hatte.

Voller Sorge, dass ihr Aufbruch verschoben werden müsste, eilte der Schamane zu dem verletzten Jäger. Weco empfing den Zauberer mit den Worten: „Was hast du mir denn da auf den Fuß geschmiert? Ich habe keinerlei Schmerzen mehr und das Gefühl, dass er auch nicht mehr so dick ist."
Von den Worten des Jägers etwas beruhigt, begann Hejo den Fuß aus dem Fell zu wickeln. Überrascht stellte der Zauberer dabei fest, dass kein übler Geruch mehr von dem Fell ausging.
Die Salbe roch nicht mehr.
Dann hatte der Zauberer den Fuß des Jägers ausgewickelt.
Nichts, überhaupt nichts mehr, war von einer Verletzung des Fußes zu sehen.
Die Schwellung war vollkommen zurückgegangen und der Fuß schimmerte auch nicht mehr in den Farben eines Regenbogens.
Vorsichtig fasste der Schamane den Jäger unter die Arme und stellte ihn langsam auf die Füße.
Dann sagte der Zauberer unter den Blicken aller: „Versuch einmal mit dem Fuß aufzutreten."
Ganz vorsichtig trat der Jäger mit dem verletzten Fuß auf. Kein Schmerz fuhr durch seinen Körper. Er machte ein paar Schritte, auch dabei war er vollkommen schmerzfrei. Weco begann schneller zu gehen. Als der Jäger immer noch keine Schmerzen verspürte, begann er

zu laufen und zu hüpfen. Noch immer verspürte Weco keinerlei Schmerzen.,

Staunend sahen alle dem noch gestern so schwer verletzten Jäger bei seinen Übungen zu.

Helu, der Stammesälteste wandte sich zum Zauberer und fragte: „Was für ein Heilmittel war das? Wir leben nun schon seit Jahren hier und weder du noch Airam habt jemals einen von uns bei so einer Verletzung mit der Salbe aus den roten Blüten behandelt. Ihr habt immer andere Kräuter genommen und es dauerte ewig lange bis die verletzte Stelle geheilt war."

Vilo, der sich mittlerweile zu Hejo und Helu gestellt hatte, nickte bei den Worten Helus an den Schamanen und sagte recht aufgebracht: „Ja, das hätte ich auch gerne gewusst. Als ich vor sechs Monden so eine Verletzung hatte, hast du meinen Fuß nicht mal mit Kräutern, sondern nur mit dem kalten Wasser des Sees gekühlt. Einen ganzen Mond lang hat es gedauert bis ich wieder richtig gehen konnte. Warum hast du mich nicht mit diesen Blüten behandelt? Den üblen Geruch hätte ich schon ausgehalten. Ich sollte dich dafür in das kalte Wasser des Sees werfen."

Mit den letzten Worten drehte sich Vilo um und ging immer noch schimpfend zum Feuer, an dem sich Mare, Kaiba und Baka niedergelassen hatten.

Der Schamane schaute Helu an und sagte: „Damals konnte ich Vilos Fuß nicht mit dem Saft der Blüten behandeln. Man findet sie nur sehr selten und es war auch nicht die Zeit ihrer Blüte. Es war reines Glück, dass ich sie gestern beim Kräutersammeln im Wald sah."

Der alte Schamane Hejo dachte überhaupt nicht daran, Helu zu erzählen wie er an die Blüten gekommen war. Das fehlte noch, das Helu und der Stamm ihn für einen Schamanen hielten, der nur aufgrund der Eingebungen von Göttern heilen konnte.

Da nun dem Aufbruch des Stammes ins Tal der zwei Berge nichts mehr im Wege stand und daher alle mit dem Packen ihrer Sachen beschäftigt waren, dachte auch bald niemand mehr an die Wundersalbe des alten Schamanen.

Helu ging immer wieder von einem zum anderen und trieb die Packenden zur Eile an. Er wollte unbedingt noch heute aufbrechen, um bald wieder mit Airam und ihren Gefährten vereint zu sein.

Mit den Gedanken ganz bei ihrem beschwerlichen Weg zum Tal der zwei Berge beschäftigt, bemerkte er nicht, dass der Schamane an ihn herangetreten war.

Die Worte des Schamanen brachten ihn zurück in die Gegenwart: „Helu, wir können Airam nicht folgen. Das habe ich in der letzten Nacht ganz deutlich im Traum gesehen. Der Weg auf dem Airam, Rema und die Kinder zu den Bergen gingen, ist uns durch einen See versperrt."

Die Worte des Schamanen machten Helus Sorgen nicht

geringer.

Besorgt schaute er den alten Schamanen an. Dabei bemerkte er, wie Hejo seinem Blick nur mit Mühe standhielt.

Diese Reaktion des Schamanen war Helu vollkommen neu. Er konnte sie nicht einschätzen. Helu hatte bisher niemals an den Worten des Schamanen gezweifelt. Aber vielleicht war der alte Zauberer sich nicht sicher, ob er seinen Traum richtig gedeutet hatte. Daher fragte Helu den Zauberer: „Bist du dir sicher? Wie soll plötzlich in so kurzer Zeit zwischen Airam und uns ein See entstanden sein? Dabei hat es doch nur ein wenig geregnet."

Der Schamane bemerkte das Misstrauen des Stammesführers sehr wohl. Inzwischen hatte er sich aber gefangen und antwortete seine Augen fest auf Helu gerichtet: „Deine Frage kann ich nicht beantworten. Im Traum habe ich nur gesehen, dass als Airam und die anderen die Berggipfel erreicht hatten, sich das ganze Tal am Fuße der Berge mit Wasser füllte."

Diesen Traum hatte der Schamane tatsächlich gehabt. Er hatte aber auch gesehen, dass der See sehr flach war. Obwohl das Wasser eiskalt ist, hätte der Stamm keine Mühe gehabt den See zu überqueren. Aber dann wäre er mit Jeth niemals vor Airam und Kira im Tal der zwei Berge angekommen. Auch hatte der Herr der Tiere ihm ja befohlen, den Weg über die blutenden Berge zu nehmen. Mittlerweile hatte sich Helu von dem

Schamanen abgewendet und ging zu den anderen, um ihnen den Traum des Schamanen mitzuteilen.

Der Schamane sah Helu nach und ärgerte sich sehr über die anfänglich gezeigte Unsicherheit bei seinem Gespräch mit dem Stammesältesten.

Ein Glück, dass er die Fassung so schnell wiedergewonnen hatte. Er war sich sicher, die dadurch bei Helu entstandenen Zweifel an seinem Traum zerstreut zu haben.

Nun musste er seinem Stammesführer schnell zu den anderen folgen. Er musste alle davon überzeugen sofort aufzubrechen. Um dann gemeinsam den Weg über die blutenden Berge zu nehmen. Dann auf ihrem Weg in das Tal der zwei Berge würde er Jeth von seinem Plan, ihn zum Hohepriester des Gottes Herr der Tiere zu weihen, erzählen. Der Schamane war sich sicher, dass der Junge davon begeistert sein würde. Es kam dem alten Mann überhaupt nicht in den Sinn, dass Jeth vielleicht lieber ein Jäger werden würde.

Ganz in Gedanken versunken, hatte Hejo die Beratungsfeuer des Stammes beinahe erreicht, als ihn plötzlich ein gewaltiges Beben fast zu Boden warf.

Verzweifelt versuchte der alte Mann auf den Beinen zu bleiben. Obwohl er ganz damit beschäftigt war nicht zu stürzen, hörte und erblickte er die umstürzenden Bäume am Waldrand. Mit Entsetzen sah er, wie ihre beim ersten Beben noch stehengebliebene Vorratshütte in einer

Wolke aus Staub zusammenstürzte. Von dem Schmutz in seiner Sicht behindert, bemerkte Hejo dennoch, wie ein Riss im Boden bei der ehemaligen Vorratshütte entstand und rasend schnell die ganze Lichtung in zwei Hälften teilte.

Die Erde schrie wie ein von einem Speer verwundetes Tier auf.

Doch so plötzlich das Beben der Erde begonnen hatte, war es auch wieder vorüber. Eine unheimliche Stille legte sich über das Land. Kein Windzug war zu spüren und der Gesang der Vögel war verstummt.

Erst nach einer Weile spürte der Schamane wie der Wind wieder seinen Körper streichelte. Voller Unruhe vernahm der alte Mann nun wieder die Geräusche umstürzender Bäume aus dem nahen Wald. Selbst als das Beben der Erde aufgehört hatte, forderten die letzten umstürzenden Bäume noch immer ihre Opfer unter den Waldbewohnern.

Als der Schamane bei den Stammesangehörigen ankam, sah er wie aus dem Nichts Tajes Falke Geher vom Himmel hinunterstürzte. Am Rande der Lichtung landete der Vogel auf einem eben umgestürzten Baum.

Auch der junge Jäger Jeth hatte den Greif gesehen und lief auf ihn zu. Er hielt den rechten Unterarm vor der Brust des Vogels. Sanft hüpfte Geher auf den ihm angebotenen Platz. Vorsichtig strich Jeth mit seiner linken Hand über Gehers Kopf. Der Junge hoffte, dass der Vogel ihn verstehen würde als er den Greif fragte: „Kommst du von Taje? Warum hast du ihn allein gelassen?"

Der Vogel drehte sein Gesicht zu Jeth und dann zum Lager. Dem Jungen war, als ob sich Geher alles im und um das Lager genau ansah.

Plötzlich stieß der Vogel sich vom Unterarm des Jungen ab, stieg hoch auf zum Firmament und verschwand in der Weite des Himmels.

Neben ihrer Mutter Ule stehend hatte Nao ihren Sohn Jeth und Geher beobachtet.

Als der Junge nun vom Rand der Lichtung zurück ins Lager kam, rief sie ihm schon vom Weiten zu: „Jeth, war das nicht Geher?"

„Ja, Mutter", antwortete ihr Jeth: „Er hat mir gesagt, dass es Taje und den anderen gut geht."

Der Jäger Mare schaute Jeth an und schüttelte den Kopf: „Klar hat er das gesagt und du hast es auch genau verstanden. Hat er dir auch gesagt, wann die Erde das nächste Mal bebt? Jetzt ist der Bursche total verrückt geworden, behauptet doch, er könne Geher verstehen. Dabei bezweifle ich, dass der Vogel überhaupt sprechen kann."

Wütend sah Jeth den Jäger an. Als er ihm antwortete, konnte er seinen Zorn kaum unterdrücken: „Ich habe nicht gesagt, dass Geher sprechen kann, ich fühle was er mir sagen will."

Mare sah den Schamanen Hejo verschmitzt an und sagte: „Wie ich sehe, ist deine Nachfolge als Schamane des Stammes geklärt. Niemand in unserem Stamm eignet sich besser als Jeth, der Vogelversteher, zum Schamanen."

Hejo erkannte und nutzte auch sofort die ihm zufällig durch Mares Bemerkung dargebotene Möglichkeit, Jeth und dem Stamm schon jetzt vorsichtig auf die vom Herrn der Tiere zugedachte Rolle Jeths als Hohepriester vorzubereiten. Mit einem Lächeln sah der Schamane Jeth an und so laut, dass alle ihn verstehen konnten, sagte er: „Du hast recht Mare, ich beobachte Jeth schon lange. Nur als Schamanen würden wir seine Kräfte vergeuden. Er ist eher geeignet, der Hohepriester des Gottes der Tiere zu werden."

Mare lachte laut auf: „Sicher doch, ich frage mich, ob Jeth nicht gleich den Gott ablösen sollte? Vor allem, da er mit dem Berglöwen Flumi schon einen tierischen Begleiter hat und wie wir gesehen haben mit den Vögeln sprechen kann."

Kopfschüttelnd wandte Mare sich an Helu den Stammesältesten: „Ich glaube Helu, wir sollten diesen Platz schnell verlassen. Mutter Erde zerstört ihn und unseren Schamanen macht er verrückt. Bevor mich der Zauberer auf diesem Platz noch zum Gott des Donners vorschlägt, sollten wir hier verschwunden sein. Was ist Helu, brechen wir noch heute auf?"

Mit einem Kopfnicken bejahte Helu die Frage des Jägers. „Gut", erwiderte Mare: „Dann gehe ich jetzt meine Sachen holen."

Jeth schaute Mare an und sagte: „Ich komme mit dir, denn ich muss noch einiges zusammenpacken."

Mare schaute den Jungen an und lächelte: „Welche Ehre wird mir einfachem Jäger zuteil. Ein Hohepriester begleitet mich. Aber wenn du glaubst, dass ich jetzt deine Sachen packe, nur, weil diese niedrige Arbeit eines Hohepriesters nicht würdig ist, hast du dich geirrt."

Jeth sah Mare wütend an, als er ihm erwiderte: „Ich will…"

Mit einer energischen Handbewegung unterbrach der Stammesälteste Helu die Diskussion und sagte: „Ob nun Jeth ein Jäger, ein Schamane oder gar ein Hohepriester wird, darüber entscheiden die Götter. Jetzt müssen wir zuerst festlegen, welchen Weg wir auf unserer Wanderung nehmen sollen."

Schnell hatte Helu den Traum des Schamanen, von dem See, der ihnen den Weg zu Airam versperrte, dem Stamm erzählt.

Da Weco, Vilo und Kaiba berichteten, dass sie bei ihrer Rückkehr von der Jagd keine Probleme bei der Überquerung der blutenden Berge gehabt hatten, beschloss der Stamm den Weg in das Tal der zwei Berge über die blutenden Berge zu nehmen.

Niemand sah das Lächeln des alten Schamanen. Wenn

sie jetzt aufbrachen und sich nirgendwo lange aufhielten, musste es ihm gelingen vor Airam und Kira das Tal der zwei Berge zu erreichen.
Helu sah den Schamanen lange an und sagte dann zu allen: „Hoffen wir, dass die Götter uns wohlgesonnen sind. Jetzt lasst uns noch den Rest packen und dann sofort aufbrechen. Weco, du bist mir für die Vorräte verantwortlich."
Im Vorbeigehen klopfte Weco seinem Stammesführer auf die Schulter und beruhigte ihn: „Mach dir keine Sorgen. Ich werde unsere Vorräte sorgsam verpacken und bewachen."
Nun begaben sich alle zu den Feuern und verpackten noch den Rest ihre wenigen vom Brand verschonten Sachen in große Fellsäcke.
Die Säcke waren mit Lederriemen versehen und konnten so über der Schulter getragen werden.
Jeth beeilte sich seine Sachen zu packen. Er wollte unbedingt vor ihrem Aufbruch noch mit Mare alleine sprechen. Der Jäger musste ihm helfen, dass ihr Schamane den Gedanken Jeth zum Schamanen oder gar zum Hohepriester zu machen, verwarf. Als er den Fellsack aufhob, verzog er mit einem Ächzen sein Gesicht. In der Eile hatte der Junge seinen ganzen vom Brand verschont geblieben Besitz eingepackt. Obwohl so viel zerstört worden war, war das, was er noch besaß, zu schwer um auf die Wanderung mitgenommen zu werden.

So nahm er die Gegenstände, auf die er seiner Meinung nach während der Wanderung verzichten könnte. wieder heraus und ließ sie liegen. Sollte nach ihnen jemand diese Lichtung betreten, würde er sich sicher über viele irdene Gefäße, Schleudern, einen großen Vorrat an Kieselsteinen aus dem nahen Fluss und einiges mehr erfreuen. Da auch seine Gefährten nicht anders handelten, war die Lichtung bald zu einem Platz voller Schätze geworden.

Mit dem so von vielen Sachen befreiten Fellsack beeilte sich Jeth nun Mare aufzusuchen, um mit ihm noch alleine sprechen zu können.

Der Jäger war eben dabei seinen Fellsack zu schultern, als er den auf ihn zu eilenden Jungen erblickte. Mit gespielter ernster Miene sagte er: „Welch eine Ehre, der Hohepriester besucht mich persönlich. Was darf ich für dich tun? Soll ich dein Gepäck tragen?"

Der Junge verzog das Gesicht und erwiderte: „Hör auf zu spotten, Mare. Ich brauche dich. Du musst mir helfen dem Schamanen diesen Blödsinn auszureden. Ich will kein Schamane oder schlimmer noch ein Hohepriester werden.

Ich will ein Jäger werden!

Was ist überhaupt ein Hohepriester?"

Mare sah Jeth an und aus seinem Gesicht war aller Spott verflogen, als er dem Jungen antwortete: „Wieso weißt du, dass du kein Hohepriester werden willst, wenn du

noch nicht einmal weißt was das ist? Aber wie auch immer, genau weiß ich das auch nicht. Aber wie ich von Hejo gehört habe, vertritt der Hohepriester einen Gott bei den Menschen. Alle, die an den Gott glauben, verehren seinen Hohepriester und bringen ihm Geschenke, damit er den Gott bittet ihnen zu helfen. Aber wenn du es genau wissen willst, musst du Hejo fragen. "
Jeth sah Mare eindringlich an und erwiderte: „Ach das ist mir egal! Sollen sie so viele Geschenke bringen wie sie wollen. Hejo soll sehen, wo er seinen Hohepriester herbekommt. Ich werde es nicht."
Mare nahm den Jungen in seine Arme und sagte: „Ich werde dir helfen. Nur leicht wird es nicht. Man kann den Wunsch eines Schamanen nicht einfach ignorieren. Dabei musst du nicht nur dem Zauberer deine Unfähigkeit, ein Schamane oder Hohepriester zu werden, beweisen. Du hättest mal deine Oma Ule sehen müssen, als Hejo erwähnte, du könntest sogar ein Hohepriester werden. Sie ist glatt um eine Speerlänge gewachsen. Ich sehe sie schon ihrer Freundin vom Stamm der Bienen über deinen Aufstieg berichten. Über deren Eifersucht würde Ule sich ein Leben lang freuen."
Jeth lächelte, als er antwortete: „Das werde ich ihr schon austreiben. Wenn ich ihr sage, dass ich als Hohepriester von ihr verlangen werde, für mich täglich einen Baum zu einem Bienenstock hoch zu klettern. Aus dem Stock hat

sie mir dann eine Handvoll Honig zu bringen. Ich bin überzeugt, dann ist es ganz schnell vorbei mit ihren Träumen, mich als einen Hohepriester oder Schamanen des Tales zu sehen."
Vor Mares Augen traten die Bilder einer, von einem Bienenschwarm verfolgten, den Baum hinunterrutschenden kreischenden Ule auf. Laut lachend schlug er sich mit den Händen auf die Oberschenkel. Tränen der Freude liefen über seine Wangen.
Schnell wurde er wieder ernst, als ihn sein Blick zu den Feuern erkennen ließ, dass die anderen bereit zum Aufbruch waren.
„Ich glaube wir sollten jetzt zu den Feuern gehen. Nao und Ule löschen diese bereits. Sieht so aus, dass der Aufbruch in unser neues Land beginnt."
Nachdem die beiden sich ihren Stammesangehörigen angeschlossen hatten, sagte Helu zu seinem Stamm: „Indem unsere Mutter Erde hier den Boden beben und die Berge rauchen und bluten lässt, zeigt sie uns, dass wir von hier fortziehen sollen. Unsere beiden Schamanen hatten denselben Traum über unsere neue Heimat. Wir sollen in ein Tal mit zwei Bergen ziehen und uns dort niederlassen. Airam ist mit Kira, Taje und Rema schon vorausgegangen. Wie Hejo uns sagte, können wir ihr aber nicht folgen, da uns ein erst gestern entstandener See den Weg versperrt. Somit bleibt uns nur der Weg über die blutenden Berge. Weco, Kaiba und Vilo sind

diesen Weg erst vor zwei Sonnenaufgängen gegangen und hatten keine Probleme die Berge zu überqueren.
So lasst uns nun unsere Sachen aufnehmen und in die neue Heimat aufbrechen.
Weco, wer trägt die Vorräte?"
„Mare und Kaiba. Ich werde mit Vilo vorausgehen und den Weg erkunden."
Mit einem Kopfnicken erklärte sich Helu mit dem Vorschlag des Jägers einverstanden.
Schon bald hatte der Wald die Wanderer verschluckt.

Remas merkwürdiger Freund

Zwei Sonnenaufgänge von der Lichtung ihres Stammes entfernt, wurden Airam, Kira, Rema und Taje selbst hinter ihrer Schutzwand aus Eis und Schnee vom Eisregen, der aus über ihnen hinweg jagenden dunklen Wolken auf sie herab prasselte, schmerzlich getroffen. Die Wolken stürmten so tief über die Gefährten dahin, dass Taje das Gefühl hatte, er müsse nur einen Arm heben, um sie greifen zu können. Während der Eisregen auf die Freunde niederfiel, tobte um sie herum ein fürchterlicher, die Ohren betäubender und an ihrer Kleidung zerrender Sturm.
Selbst die aus dichten Mammutfellen genähten Umhänge boten ihnen nur geringen Schutz vor den, aus den Wolken auf sie herabstürzenden, immer größer werdenden Eiskörnern.
Schnell hatte sich auf ihre Kleidung ein dicker Eispanzer gelegt.
Airam zog Kira dicht an ihren Körper. Sofort erkannten auch Rema und Taje den Sinn von Airams Tun. Schnell schmiegten sich alle vier aneinander. Selbst Airams Wolf Wolke, der soeben von seinem Lauschposten beim Treffen des Schamanen Hejo mit seinem Gott zurückgekehrt war, suchte Schutz bei den Menschen. So ein wenig durch die gegenseitige Wärme ihrer Körper geschützt, hofften sie die Kälte des Eissturms zu

überleben.

Gegen die so schmerzhaft auf sie prasselnden Eiskörner hatten sie keinen Schutz.

Der immer heftiger werdende Sturm ließ die Gefährten nur mühsam atmen. Es war, als ob vom Sturm aller Sauerstoff aus der Luft gezogen würde.

Wie ein Vorhang umhüllte der Eisregen die Gefährten.

Als Taje die von der Kälte fast betäubten Augen mühsam öffnete, konnte er keinen seiner dicht aneinander knienden Begleiter erkennen. Schnell schloss der Junge seine Augen und drückte sich noch fester an Rema.

Airam spürte, wie die Kälte alle Wärme aus ihrem Körper zog und fürchtete nun doch, dass sie das Unwetter nicht überleben würden.

Die Schneewand schützte sie nur vor dem Wind aus dem Norden. Da die Windrichtung sich aber ständig änderte, wurden sie immer wieder von dem eiskalten Sturm mit seinem mitführenden Hagel getroffen.

Selbst unter diesen unmenschlichen Umständen machte die Zauberin sich große Sorgen um die Kinder. Sie war dem Stamm für ihre Sicherheit verantwortlich. Die Kinder hatten noch nicht ihre oder Remas Kraft und Zähigkeit, um so einem Unwetter lange zu widerstehen.

Es war ja nicht nur die Verantwortung für das Leben der Kinder und die Liebe zu ihnen, die sie so um die Kinder bangen ließ. Sie musste Kira im Auftrag der Göttin Mutter Erde in das Tal mit den zwei Bergen bringen. Dort

sollte das Mädchen zur Hohepriesterin geweiht werden.
Die Schwierigkeiten den Auftrag der Göttin zu erfüllen wurden für sie ja nicht weniger. Besonders nachdem sie den Bericht ihres Wolfes vom Treffen Hejos mit seinem Gott gehört hatte.
Wie sollte sie der Göttin je wieder unter die Augen treten, wenn sie jetzt das Mädchen verlöre.
Schon seit einer Weile hatte Airam kein Lebenszeichen mehr von den Kindern gespürt.
Fest griff sie in die steif gefrorenen Felljacken der Kinder und drückte sie noch enger an sich. Trotz des tosenden Sturms glaubte sie, ein leises Stöhnen aus Tajes Mund zu hören.
Kräftig schüttelte sie die Kinder. Sie durften auf keinen Fall einschlafen.
Das Blut in den kleinen Körpern würde sich dann nicht mehr gegen die Kälte wehren und die Körper wärmen.
Das würde die Kinder töten!
Beruhigt sah Airam, wie Taje und Kira langsam ihre Augen öffneten.
Schläfrig fragte Taje: „Airam, was tust du?"
„Ich halte dich wach. Wenn du jetzt einschläfst, wirst du erfrieren."
Taje versuchte zu lächeln: „Keine Angst, ich schlafe nicht ein."
Sie sah, wie auch Kira ihre rechte Hand hob und trotz des Sturms hörte sie die Antwort des Mädchens: „Ich bin

so wach wie eine Eule in der Nacht. Du musst mich nicht dauernd schütteln."

Die Zauberin musste trotz der Kälte des heulenden Sturms und der Schmerzen, die die immer noch auf sie herab prasselnden Hagelkörner ihrem Körper antaten, bei den Worten des Mädchens lächeln.

So plötzlich wie der Sturm sie erreicht hatte, war er auch wieder vorbei. Langsam löste leichter Schneefall den Eisregen ab.

Behutsam lösten sich die Gefährten voneinander. Um die Kälte aus ihren Körpern zu vertreiben, stampften sie mit ihren Füssen fest auf den Boden. Dabei rieben und schlugen sie mit ihren Händen jede Stelle ihres Körpers warm. Endlich spürten sie ein immer stärker werdendes Kribbeln in ihren Füßen und Händen. Voller Freude bemerkten sie, wie ihr Blut die fast erfrorenen Stellen ihrer Körper wieder erwärmte.

Jetzt waren sie wieder in der Lage klare Gedanken zu fassen. Tajes ganze Sorge galt sofort seinem Greif Geher. Mit sorgenvollem Gesicht schaute der Junge umher.

„Habt ihr Geher gesehen?", fragte er seine Gefährten.
Rema antwortete ihm: „Nein Taje, aber bevor der Sturm uns erreicht hat, flog er zu der Bergkette die auch wir erreichen wollen. Um ihn musst du dir keine Sorgen machen. Er wird dort in den Bergen einen sicheren Schutz vor dem Sturm gefunden haben."

Mit einem Lächeln schaute der Jäger Airam an. Dann sagte er zu ihr: „Airam, ich glaube, ich muss mich bei dir entschuldigen. Wenn du uns Böses gewollt hättest, so wäre das hier auf dem Gletscher und bei dem Unwetter eine gute Gelegenheit gewesen. Stattdessen hast du uns mit deinen Vorschlägen, Schutz hinter dem Schneehügel zu suchen und uns mit unseren Körpern gegenseitig Wärme zu spenden das Leben gerettet."
Mit einem Lächeln aber ohne ein Wort zu sagen, nahm Airam Rema in ihre Arme.
Als die Kinder das sahen, vergaßen sie die Schmerzen an ihren vom Eisregen geschundenen Körpern. Sie hüpften vor Freude über das Ende der Feindschaft zwischen dem Jäger und der Zauberin wild umher.
Selbst Tajes Sorgen um Geher verhinderten nicht seinen freudigen Ausruf: „Jetzt da ihr nicht mehr böse aufeinander seid, kann uns nichts mehr passieren! Nun lasst uns Geher suchen und dann den Aufstieg zu den Bergen finden!"
Mit einer Hand zeigte Rema hinüber zu der Bergkette und rief: „Schau Taje, ich glaube, da kommt unser Held angeflogen! Bringt sich in Sicherheit und lässt uns im Sturm auf dem Gletscher alleine."
Taje lächelte verschmitzt als er Rema antwortete: „Ja Rema, er ist halt ein schlauer Vogel. Aber das ist ja bei seinem Herrn, der ihm so viel nützliche Sachen beibringt, auch nicht anders zu erwarten."

Erstaunt sah Kira Airam an: „Sind Streiche nützliche Sachen?"

„Ich glaube nicht."

„Bei der Göttin, warum sagt er dann, er bringt Geher nützliche Sachen bei?"

Lachend antwortete Rema dem Mädchen: „Das wird wohl für immer sein Geheimnis bleiben. Oder Taje, verrätst du uns dein Geheimnis?"

„Ich weiß überhaupt nicht was ihr wollt," murrte der Junge mit einer wegwerfenden Handbewegung, dabei beobachtete er weiter den heranfliegenden Vogel.

Es war wirklich Geher, der da auf sie zugeflogen kam. Der Vogel landete kurz vor Tajes Füßen. Dann legte er seinen Kopf leicht zur Seite und watschelte die letzten Meter völlig unbeholfen auf seinen Herrn Taje zu.

Kopfschüttelnd bemerkte Airam: „Unglaublich, es sieht so aus als hätte er wirklich ein schlechtes Gewissen uns hier im Sturm allein gelassen zu haben und als möchte er sich entschuldigen."

Aber Geher musste sich nicht entschuldigen. Der Vogel spürte schnell, dass ihm niemand ernstlich böse war. Als dann auch noch Airams Wolf Wolke zu ihm lief und ihn vorsichtig anstupste, war die Welt des kleinen Greifs wieder in Ordnung.

Taje nahm Geher auf und setzte ihn auf seinen linken Unterarm. Dabei streichelte er leicht über Kopf und Nacken seines gefiederten Freundes.

Rema sah mit einem Lächeln wie der junge Vogel Tajes Zärtlichkeiten genoss und sagte: „Jetzt, da wir alle wieder so glücklich vereint sind, sollten wir uns aufmachen, um den Weg auf die Berggipfel zu finden."
Die gegenüber liegenden Berge am Rande des Gletschers betrachtend, antwortea Airam: „Ja Rema, lasst uns endlich gehen".
Auf der anderen Seite des Gletschers angekommen, standen die vier vor einer glatten, steil nach oben aufragenden Felswand.
Es gab nichts in der Wand woran man sich beim Hinaufklettern hätte festhalten können. Keine Bäume, Sträucher oder Vorsprünge, nicht einmal Risse.
Sorgenvoll sah Taje seine Begleiter an.
„Da kommen wir nie hoch", stöhnte der Junge.
Airam lächelte den jungen Jäger an und bemerkte: „Glaubst du, ich führe euch hierhin ohne sicher zu sein, dass wir die Gipfel der Berge auch erreichen? Hier in der Nähe gibt es eine Rinne, in der ein Bach von den Bergen auf den Gletscher fließt. Der Weg in der Rinne hinauf zu den Gipfeln ist zwar auch nicht leicht, aber machbar. Ich weiß nur nicht mehr, wo genau sie ist."
Rema fragte die Zauberin: „Airam, du hast uns doch erzählt, dass du schon einmal auf diesen Bergen warst. Bist du da nicht die Rinne hinaufgestiegen?"
„Doch Rema, das bin ich. Wie sollte ich bei diesen glatten Bergwänden auch sonst auf die Gipfel gekommen

sein? Aber seitdem hat sich hier durch Schneestürme und das Fließen des Gletschers ins Tal einiges verändert. Es sieht jetzt alles so anders aus."

Rema schaute die steil vor ihnen aufragende glatte Felswand hoch. Es kam ihm vor, als reiche die Wand bis in den Himmel. Voller Ehrfurcht vor diesem hohen Hindernis murmelte er seinen Begleitern zu: „Es wird uns nichts anderes übrigbleiben, als die Rinne zu suchen. Wir teilen uns auf. Airam und Kira gehen den Gletscher hinauf. Taje und ich gehen ihn hinunter. In Abständen lassen wir Geher zwischen uns hin – und herfliegen. Wer die Rinne gefunden hat, bindet ihm einen Faden um sein Bein."

Kira lächelte und antwortete: „Gute Idee Rema, aber woher weiß unser Bote, dass er immer zu einem von uns fliegen soll? Vielleicht hat er ja mal Lust auf eine Jagd und macht sich für einen Tag auf und davon. Dann stehen wir schön dumm da."

„Airam wird es ihm sagen. Oder, Airam?", beruhigte Taje das Mädchen. Dabei sah der Junge die Zauberin hoffnungsvoll an.

Verschmitzt lächelte Airam: „Ja sicher, Taje, ich hoffe nur er hört auch auf mich. Auf die Idee mit der Jagd könnte er tatsächlich kommen. Schließlich ist er nicht nur so schlau wie sein Herr, sondern hat auch noch dessen Eigensinn."

Dann ging die Zauberin zu Geher, der noch immer auf

Tajes Unterarm stand. Sie beugte sich zu ihm hinunter und flüsterte ihm etwas in einer für Rema und die Kinder fremden Sprache zu. Dabei strich sie leicht über Kopf und Rücken des Vogels. Als sie die Hand von dem kleinen Greif nahm, stieg dieser sofort von Tajes Unterarm auf und flog den Gletscher hinunter.

Seinen müden Arm, den Geher als Ruheplatz genutzt hatte, schüttelnd stöhnte Taje: „Airam, ich dachte schon, du würdest Geher deine Lebensgeschichte erzählen. Lange hätte ich ihn nicht mehr halten können."

„Entschuldigung mein schlauer Krieger, ich konnte ja nicht wissen, dass deine Schwäche so groß wie deine Klugheit ist."

Dann schaute Airam zufrieden und nicht ohne Stolz ihre Begleiter an: „Jetzt können wir mit der Suche nach der Rinne beginnen. Geher wird eine Weile Rema und Taje begleiten und dann zu Kira und mir fliegen."

Plötzlich hatte Taje eine Idee. Sein Gesicht hellte sich auf und voller Stolz auf seinen Einfall sagte er zu Airam: „Wenn er dich verstanden hat, können wir uns doch die Suche sparen. Du kannst ihm doch sagen, er soll die Rinne suchen und uns dann zu ihr führen."

Rema sah Airam lächelnd an: „Sieh einmal an Airam, kaum ist die Müdigkeit aus Tajes Arm gewichen, arbeitet sein Verstand so schnell wie der Flug eines Pfeiles. Ich glaube Airam, da hat uns unser junger Freund ein wenig beschämt. Darauf hätten wir auch kommen können.

Bleiben wir hier bis Geher zurück ist. Dann lassen wir ihn den Aufstieg alleine suchen."

Kira schmunzelte, als sie mehr zu sich als zu ihren Begleitern murmelte: „Und hoffen, dass der Vogel versteht, was wir von ihm möchten."

Nach einiger Zeit kam Geher zurück und als er wieder auf Tajes Arm stand, brachte Airam ihn dazu, die Suche nach der Rinne aufzunehmen.

Die Zauberin schaute ihre Gefährten an und sagte: „Warten wir also auf unseren Kundschafter. Es kann nicht lange dauern. Der Aufstieg muss hier ganz in der Nähe sein."

„Ich hoffe du hast recht. Ich will möglichst schnell vom Gletscher herunter. Mir ist eiskalt und ich spüre meine Füße kaum noch", stöhnte Taje.

„Nicht nur dir, Taje. Es geht uns allen so", antwortete ihm Rema, während er mit den Händen seine Oberarme warm rieb und dabei sein Gesicht schmerzvoll verzog.

Wie, um Remas Worte zu bestätigen, fing nun auch Kira an ihren Körper warm zu reiben und hüpfte dabei immer einige Schritte auf den Gletscher hin und her.

Die Zauberin sah ihre Freunde mit sorgenvoller Miene an, als sie zu ihnen sagte: „Ich möchte auch, dass Geher die Rinne bald findet. Der Aufstieg in ihr ist nicht ungefährlich. Es wird bald dunkel. Dann können wir sie nicht hinaufklettern."

Der Gedanke, eine Nacht ohne einen Unterschlupf auf

dem Gletscher zu verbringen, behagte Taje überhaupt nicht und ließ seinen Körper noch mehr fröstöln. Fieberhaft suchte er eine Lösung. Auf seiner jungen Stirn bildeten sich kleine Falten. Dann glaubte er, die Lösung gefunden zu haben. Sein Gesicht hellte sich auf. Er sah Airam an und teilte ihr voller Stolz über seine Klugheit seine Idee mit: „Warum klettern wir die Rinne überhaupt hinauf? Es reicht doch, wenn wir sie gefunden haben. Dann kehren wir zurück zu den Anderen, führen sie zum Einstieg und gehen sie gemeinsam hoch."
Noch bevor der Junge die Antwort der Zauberin erhielt, sah er an ihrem Gesichtsausdruck, dass sie mit seinem Vorschlag nicht einverstanden war.
„Aber Taje, wir können nicht mehr zu den Anderen. Hast du den See vor den Bergen vergessen? Er versperrt uns den Rückweg. Wir müssen alleine das Tal der zwei Berge finden."
Der Junge hatte tatsächlich nicht mehr an den See gedacht. Seufzend wandte er sich der steilen, glatten Felswand zu und murmelte, während er sorgenvoll zu ihr hoch blickte: „War ja nur so ein Gedanke Airam, vergiss ihn".
Während Taje noch immer enttäuscht die Felswand ansah, rief Rema plötzlich: „Seht, dort kommt Geher. Vielleicht hat er den Aufstieg schon gefunden!"
Wie immer schaffte der Greif es nicht, auf dem für ihn ausgestreckten Arm Tajes zu landen. So umflog er in

einer Art Notlandung den Kopf des Jungen und stürzte vor Tajes Füssen ab.

Der junge Jäger nahm seinen Freund, über die hingelegte Landung seines Freundes den Kopf schüttelnd, auf den Unterarm und als der Vogel keinerlei Anstalten mehr machte wieder davonzufliegen, verkündete Taje stolz: „Sieht so aus, dass er den Aufstieg gefunden hat. Lasst uns also den Gletscher hochgehen. Denn von dort, wo die Sonne nie ist, kam mein schlauer Vogel. Also muss dort auch die Rinne sein."

Lächelnd sah Kira ihren jungen Freund an, als sie ihm antwortete: „Pass nur auf Taje, dass Geher nicht irgendwann schlauer wird als du."

Laut lachend schlug Rema seinem jungen Freund auf die Schulter und rief: „Ich sehe schon wie der Vogel Taje beibringt ihm das Futter zu suchen."

„Oder für ihn landet", lachte Kira.

Auf die Zauberin schien die Fröhlichkeit der Gefährten nicht ansteckend zu wirken. Sie schaute zur mittlerweile wieder scheinenden Sonne. Besorgt stellte sie fest, dass es nicht mehr lange dauern konnte, bis die wärmende Scheibe die Erde verlassen und nach ihr die Dunkelheit und Kälte Mutter Erde beherrschen würde. So unterbrach sie den Spaß der Freunde und mahnte zum Aufbruch: „Jetzt sollten wir aber den Aufstieg suchen."

Voller Hoffnung, nun doch noch im Schein der Sonne die

gefährliche Rinne hinauf klettern zu können, nahmen sie ihre wenigen Sachen auf und gingen den Gletscher bergauf.

Begeistert vom Farbspiel, wenn das Eis des Gletschers immer wieder seine weiße Farbe ins bläuliche wechselte, jauchzte das Mädchen fröhlich auf.

Aber manchmal lief auch ein Schauer durch Kiras Körper, wenn sie die wenigen, von keiner Schneeflocke getrübten durchsichtigen Stellen des Gletschers betrachtete.

An diesen Stellen war das Eis klar wie ein Spiegel, hin und wieder erkannte das Mädchen in ihm nicht nur ihr Ebenbild, sondern auch vom ewigen Eis eingeschlossene Bäume, Felsen und einmal sogar einen Fuchs. Sie betrachtete das Tier sehr genau. Ihr war, als hielte der Fuchs im ewigen Eis nur einen Winterschlaf und als würde das Tier bei den nächsten warmen Sonnenstrahlen seinen Schlaf beenden und das Eis verlassen.

Die Sonne hatte ihren Stand am Firmament noch nicht verändert, als Rema der am Anfang der Gruppe ging, mehrere Speerwurf weit vor ihnen einen kleinen Bach erblickte, der von den Bergen auf den Gletscher floss.

Am Rande des Gletschers rauschte der Bach auf dem Eis hinunter ins Tal, bis er in der Nähe der Gefährten in eine tiefe Gletschermühle stürzte.

Vorsichtig, mit großem Abstand zu der Gletschermühle,

aus denen ihre Ohren immer lauter das hinunterstürzende Wasser vernahmen, gingen die Gefährten weiter. Schon bald nachdem sie die gefährliche Stelle hinter sich gelassen hatten, erreichten sie die von ihnen so sehnsüchtig erwartete Rinne.
Airam schaute wie ihre Gefährten den Graben der zum Gipfel des höchsten Berges führte empor. Was sie sah, ließ die Zauberin erleichtert aufatmen: „Wir haben mächtiges Glück. Die Rinne führt nicht sehr viel Wasser. Wenn sie sich seit meiner letzten Anwesenheit nicht verändert hat, sollten wir den Gipfel noch vor Einbruch der Dunkelheit erreichen."
Freundschaftlich klopfte ihr Rema auf die Schulter und antwortete lachend: „Dann wollen wir keine Zeit verlieren und sofort mit dem Aufstieg beginnen. Wer weiß, wie lange wir mit dir für den Aufstieg brauchen. Schließlich bist du ja nicht mehr die Jüngste."
Über den Spaß des Jägers nicht ernsthaft böse, hob Airam drohend ihren Stock, und nur mühsam ein Lachen unterdrückend schimpfte sie: „Zeige mir gegenüber Respekt mein Junge oder du lernst meinen Stock kennen."
Der Jäger tat erschrocken als er vor Airams Stock zur Seite sprang: „Gnade meine Schöne, habe Mitleid mit einem armen Wanderer!", rief er der Zauberin erbarmungsvoll zu.
Beim Anblick der beiden zum Schein Streitenden, sank

Taje auf die Knie. Der Junge schlug mit den Fäusten in den Schnee. Dabei lachte er bis er sich verschluckte. Hustend und mit einem vor Anstrengung geröteten Gesicht stand Taje auf. Dann schaute der junge Jäger die Rinne hoch und sagte zu Rema: „Auf, mein Freund, schleppen wir unsere alte Frau nach oben." Dabei ergriff er Airams Hand und zog sie zum Aufstieg.
Die Zauberin lachte, dabei aber entzog sie dem Jungen ihre Hand, als sie immer noch lachend ihren Begleitern antwortete: „Keine Angst ihr Helden, den kleinen Berg schaffe ich schon noch alleine."
Nun begann für die Vier der Aufstieg zu den Gipfeln der Berge.
Airam war sehr glücklich. Außer, dass die Rinne nur wenig Wasser führte, hatte sie sich auch nicht verändert. Es sollte ihnen nicht schwerfallen, die Berggipfel zu erreichen.
Am Anfang des Aufstiegs säumte nur loses Gestein die steilen Ufer der Rinne. Aber schon bald wurden diese von bis an die Ufer ragenden Bäumen abgelöst. Anfangs waren es wegen der Kälte des nahen Gletschers, noch einzelne kleine verkrüppelte Bäume. Je höher sie aber die Rinne hinauf kletterten, umso häufiger, größer und kräftiger wurden die Bäume. Schon bald bildeten sie am Ufer des Wasserlaufs einen dichten Wald.
Ganz so leicht wie Airam es sich vorgestellt hatte, war der Aufstieg nicht.

Die im Bachlauf liegenden Steine waren ebenso wie das Bachbett mit einer dicken Schicht Algen bedeckt. Immer wieder rutschte einer der Gefährten aus. Nur mit Mühe schafften sie es, nicht ins eiskalte Wasser zu fallen.
Den Bachlauf verlassen konnten sie nicht, dazu waren die Ufer zu steil. Auch begann der Wald, der mittlerweile dicht ans Ufer heran ragte, immer undurchdringlicher zu werden.
So blieb ihnen nichts anderes übrig, als auf ihren vom eisigen Gipfelwasser umspülten eiskalten Füßen den Gipfeln der Berge entgegen zu stolpern.
Als vom Gletscher dichter Nebel die Rinne hochzog und die aufkommende Dämmerung den Beginn der Nacht anzeigte, erreichten sie völlig erschöpft den Berggipfel.
Schwer atmend sanken sie zu Boden. Rema erholte sich von den Anstrengungen des Aufstiegs am schnellsten.
Der Jäger stand langsam auf als er zu Taje sagte: „Hier oben wird es in der Nacht sicher sehr kalt. Noch ist es hell genug, um Holz für ein Feuer zu sammeln. An ihm können wir dann unsere kalten Füße wärmen und die Schuhe trocknen. Hilfst du mir, Taje?"
Ächzend erhob sich Taje und folgte Rema mit seinen vor Nässe quietschenden Schuhen in den Wald.
Einige Zeit später hatten sich auch Airam und Kira von den Strapazen erholt.
Sie hatten ihre Schuhe ausgezogen und rieben mit den Händen ihre Füße warm.

Dabei sah Kira hinunter in das auf der anderen Bergseite liegende Tal: „Airam, schau dir dieses grüne Tal an. Siehst du den Fluss dort unten. Er glänzt so hell in der Abendsonne wie mein Glücksbringer um meinen Hals. Sieh nur, wie friedlich die Tiere zwischen den zwei Wäldern dort unten das Gras genießen. Ich glaube es sind Rehe, aber sie sind zu weit weg als dass ich es bestimmt sagen könnte. Oh, Airam, in diesem Tal würde ich gerne leben. Aber ich sehe nicht die zwei Berge die wir suchen. So ist es sicher nicht das Tal das die Göttin für uns bestimmt hat!"

Tröstend legte Airam ihren Arm um die Schulter des Mädchens als sie ihm antwortete: „Leider hast du recht. Es ist nicht das Tal welches wir suchen. Nun sei aber nicht traurig, das Tal in dem wir leben werden, ist noch viel schöner als dieses dort unten."

Von den Worten der Zauberin getröstet, lehnte das Mädchen sich an die Schulter der Frau und betrachtete mit eine tiefen Seufzer und voller Bewunderung das grüne Tal.

Airam legte ihren Arm um die Schulter des Mädchens und zog Kira sanft an ihren Körper.

Als Rema und Taje, jeder von ihnen mit Feuerholz schwer beladen, in das Lager zurückkehrten, gruben sie eine Mulde in den weichen Boden und zündeten in ihr ein Feuer an.

Sehr nahe setzten sich die Gefährten um das Feuer, und

schon bald spürten sie wie die Wärme der Flammen ihnen ihre Lebensgeister zurückbrachte.
Rema sah lächelnd seine Begleiter an: „Ich will ja nicht die Gemütlichkeit am Feuer stören, aber wir sollten uns mit einem Windschutz gegen den kalten Wind schützen."
Es fiel allen schwer sich vom so herrlich wärmenden Feuer zu lösen. Aber jeder wusste wie recht Rema hatte. Das Feuer alleine würde die Kälte der Nacht nicht von ihnen fernhalten. So standen die Gefährten auf und richteten aus jungen Baumstämmen und Zweigen voller Laub einen Windschutz her.
So vor der Kälte und vom Lagerfeuer zusätzlich vor den Raubtieren geschützt, legten sie sich zum Schlafen nieder.
Der Schneesturm auf dem Gletscher, die Suche nach der Rinne und dann noch der Aufstieg in ihr zu den Gipfeln der Berge hatte die Gefährten so ermüdet, dass sie sofort einschliefen.

Ein lautes Fauchen weckte Taje.
Der Junge hatte von den älteren Jägern gelernt, in so einer Situation ruhig liegen zu bleiben und bevor man sich von seinem Lager erhob erst die Umgebung zu beobachten um die Ursache des Geräusches festzustellen.
Ein plötzliches Aufspringen würde Raubtiere oder feindliche Jäger nur zum sofortigen Angriff verleiten.

Eine drohende Gefahr abzuwehren, war viel erfolgversprechender wenn man ihr ruhig entgegentrat. Aber so sehr Taje sich auch bemühte, er konnte nicht feststellen welches Tier das Fauchen ausgestoßen hatte. Unruhig sah Taje zu Rema hinüber.
Im Dämmerlicht des Mondes sah der Junge, wie Rema seinen Speer ganz langsam zu sich heranzog.
„Rema, Rema", flüsterte der Junge: „Was war das?"
„Sei still Taje, dort im Wald ist ein Säbelzahntiger. Er schleicht um unser Lager. Ich hoffe, dass ihn unser Feuer fernhält."
Nun zog auch Taje seinen Speer zu sich und lauschte weiter in den nächtlichen Wald hinein. Aber er hörte nur noch den durch die Äste streichenden sanften Wind. Schon bald vernahm der Junge wieder Remas ruhige Atemzüge.
Taje bewunderte den Jäger. Da schlich ein Säbelzahntiger um ihr Lager und Rema schlief dabei ruhig ein.
Was machten eigentlich Airams Wolf Wolke und sein Falke Geher? Warum hatten die beiden den Säbelzahntiger nicht verjagt oder sie zumindest gewarnt?
Im Schein des Feuers suchte Taje von seinem Schlafplatz aus ihr Lager nach den Beiden ab. Aber von dem Wolf und dem Greif war nichts zu sehen.
Durch Remas ruhigen Schlaf ein wenig beruhigt,

versuchte auch Taje wieder einzuschlafen.

Es gelang ihm nicht.

Das um ihr Lager schleichende Raubtier ließ ihn nicht zur Ruhe kommen. Nun war sich Taje auch wieder sicher, den Säbelzahntiger dort in dem dunklen Wald zu hören. Mal hörte er die von dem Raubtier verursachten Geräusche ganz in der Nähe und dann wieder weit entfernt.

Nach einiger Zeit, er musste trotz seiner Unruhe eingeschlafen sein, schreckte ihn ein Stupsen an seinem rechten Bein auf. Die von ihm eben noch so tapfer umgesetzte Regel in solchen Fällen die Ruhe zu bewahren vergessend, setzte sich der Junge ruckartig auf. Erstaunt sah er im Schein des Lagerfeuers einen kleinen, noch sehr jungen Säbelzahntiger an seinem Bein schnüffeln. Sofort zog der Junge beide Beine an seine Brust.

Das fehlte ihm noch, ein Biss ins Bein!

Die schnelle Bewegung erschreckte das Tier. Mit einem Satz und dabei ein leises Fauchen ausstoßend, verschwand der kleine Räuber in die Dunkelheit der Nacht.

Nun war für den großen und heldenhaften Jäger Taje die Nacht endgültig vorbei.

Wer weiß, so dachte er, was noch alles passiert, wenn ich wieder einschlafe.

Ich habe keine Lust beim nächsten Erwachen, einen

ausgewachsenen Säbelzahntiger an meinen Beinen knabbern zu sehen. Nein, ab jetzt werde ich wach bleiben und damit ich besser sehen kann was auf unserem Lagerplatz geschieht, mehr Holz auf das Feuer legen.

Taje hoffte, dass nebenbei die höheren Flammen weitere ungebetene Gäste von ihrem Lager fernhalten würden und ihm so eine weitere Begegnung mit einem Säbelzahntiger erspart bliebe.

Es kam dem jungen Jäger wie eine Ewigkeit vor, bis endlich der Morgen dämmerte. Leichter Nebel stieg vom Boden auf und umhüllte den Jungen und seine schlafenden Gefährten.

Immer dichter wurde der Nebel und schon bald konnte Taje den Rand der Lichtung, auf der sie ihr Lager aufgeschlagen hatten, nicht mehr erkennen.

Der Dunst hatte den Wald seinen Blicken nun vollständig entzogen, und die aus dem Nebel herausschallenden Laute steigerten seine Furcht vor dem Unbekanntem in seiner Nähe.

Schon seit einer Weile unterdrückte der Junge den immer stärker werdenden Wunsch seine Gefährten zu wecken, um nicht mehr alleine den Geräuschen des Waldes ausgesetzt zu sein.

Plötzlich erreichte ein tiefes Brummen seine Ohren.

Das war nun entschieden zu viel für den tapferen, jungen Jäger.

Mit einem Satz, als ob seine Oma Ule zum Essen gerufen hätte, sprang Taje von seinem Schlafplatz auf, lief zu Rema und schüttelte seinen Freund aus dem Schlaf.
Mit keinem Wort wollte der Junge seine am Morgen durchlittene Angst vor dem Jäger preisgeben. Daher benutzte er den Vorwand möglichst schnell ihr Ziel erreichen zu wollen, für das Wecken des Jägers.
„Rema, es wird hell. Lass uns etwas essen und dann das Tal mit den zwei Bergen suchen."
Verschlafen rieb sich Rema die Augen und gähnend fragte er: „Na, mein Freund, hast du gut geschlafen?"
Damit sein Gesicht dem Freund nicht den wahren Grund des plötzlichen Weckens verriet, drehte der Junge dem Jäger bei seiner Antwort den Rücken zu:
„Selbstverständlich oder glaubst du, so ein Säbelzahntiger kann mir meinen Schlaf rauben?"
Taje sah nicht wie Rema lächelte, als er sagte: „Natürlich glaube ich das nicht, du großer Jäger. Es war nur eine höfliche Frage."
Inzwischen war auch Airam aufgewacht. Sie hatte die Unterhaltung der beiden mit angehört und konnte nur mühsam ein lautes Lachen unterdrücken.
Immerhin schaffte sie es, den Jungen mit den Worten zu beruhigen: „Aber Taje, selbstverständlich wissen wir, dass du dich nicht vor einem Säbelzahntiger fürchtest. Nur weil du das Lager mit uns geteilt hast, konnten Rema, Kira und ich ruhig schlafen. Oder, Rema?".

„Du hast recht, Airam. Ohne Tajes Anwesenheit, hätte mich selbst dein Zauber zum Schutz des Lagers nicht ruhig schlafen lassen. Das war nur durch die Wache unseres kleinen Helden möglich."
Taje runzelte die Stirn. Mittlerweile war er davon überzeugt, dass die beiden ihn nicht ernst nahmen. Daher zwang der Junge sich mit einem Lächeln zu antworten: „Es freut mich, dass ihr durch mich eine ruhige Nacht hattet. Dafür könnt ihr ja jetzt Kira wecken und das Essen zubereiten. So eine Wache macht nämlich recht hungrig."
Laut lachend rief Rema: „Ja Airam, das müssen wir dann ja wohl. Da hat uns dieser Bursche doch glatt überlistet."
Auch Airam musste wieder lachen, als sie Rema antwortete: „Ja, das hat er wohl. Aber schaut dort kommen unsere Tiere. Wie ich am Maul von Wolke sehe, haben die beiden schon gefrühstückt."
Ohne ihre menschlichen Freunde zu beachten, suchten sich der Wolf und der Falke in der Nähe des Feuers einen Ruheplatz.
Unterdessen entnahm Airam aus einem Ledersack eine größere Menge Eichelmehl. Aus dem Mehl würde sie ein Brot backen. Das Mehl stellte sie aus den geschälten Früchten der Eichenbäume her. Damit die Früchte genießbar wurden, kochte sie diese mehrmals in frischem Wasser ab. Dann zerstampfte sie die Eicheln und ließ das so gewonnene Mehl von der Sonne

trocknen.

Jetzt mischte sie das Mehl mit Wasser und knetete daraus einen geschmeidigen Teig. Den Teig legte sie dann in die heiße Asche des Feuers.

Es dauerte nicht lange und sie hatte für sich und ihre Freunde vier leckere Brote gebacken.

In der Zwischenzeit hatte Rema aus dem Fluss Wasser in ein Tongefäß geschöpft. So genossen die Gefährten, indem sie abwechselnd aus dem Krug das frische Flusswasser tranken und ihr köstliches Brot aßen, den Beginn des neuen Tages.

Nachdem Taje sein Brot verzehrt hatte, verspürte er Appetit auf einen leckeren Nachtisch. Er schaute Airam an und fragte sie: „Hast du noch einige von den gerösteten Regenwürmern?"

Bedauernd schüttelte die Zauberin den Kopf: „Nein, leider nicht. Das Brot muss reichen. Es wird auch Zeit, dass wir aufbrechen."

Die Antwort war nun nicht nach Tajes Geschmack. Dennoch lächelte der Junge, als er zu Rema sagte: „Wir sollten uns eine Zauberin suchen, die in der Lage ist Regenwürmer zu zaubern. Airam können wir dann ja immer noch als Köchin behalten."

Die Zauberin hob ihren Stab, zeigte damit auf Taje und drohte dem Jungen: „Warte Bursche, deine Köchin verwandelt dich gleich in einen Regenwurm. Dann stecke ich dich zum Braten in die heiße Asche und wenn du schön knusperig bist, werde ich dich genüsslich verspeisen."

Rema lächelte, als er die beiden Streitenden zum Aufbruch mahnte.

Nachdem Taje das Feuer gelöscht hatte, gingen sie zurück zur Wasserrinne, um von ihr aus auf die andere Seite der Berge, den Weg in ihre neue Heimat anzutreten.

Noch immer hatte der Nebel sich nicht aufgelöst. Langsam drang die Feuchtigkeit durch ihre von Ule und Nao aus Mammutfellen hergestellten Kleider. Sie spürten wie die Kälte ganz allmählich von ihren Körpern Besitz ergriff.

Taje kam der Rückweg zur Rinne viel länger vor als am Vortag.

Die Kälte ließ die Stimme des Jungen zittern, als er die Zauberin fragte: „Airam, bist du sicher, dass wir auf dem richtigen Weg sind? Ich kann in dem Nebel nichts erkennen."

Die Zauberin blieb stehen, legte ihre rechte Hand auf die Schulter des Jungen und antwortete ihm: „Vertraue mir Taje, gleich wirst du das Rauschen des Wassers in der Rinne hören."

Airam sollte recht behalten, schon nach kurzer Zeit hörten sie das Rauschen des Wassers.

Aber nicht nur den Lärm des die Rinne herabstürzenden Wassers vernahmen sie. Ein leises Fauchen aus einem zwischen zwei Bäumen stehenden Strauch zwang die Gefährten stehen zu bleiben. Schnell hatten sie den Strauch umstellt. Rema flüsterte seinen Begleitern zu: „Lasst uns nachsehen, was für ein Tier sich in dem Busch versteckt hat. Ich möchte in diesem dichten Nebel nicht aus dem Hinterhalt von einem Raubtier angegriffen werden."

Seinen Jagdspeer mit beiden Händen haltend, und die Spitze auf den Strauch gerichtet, antwortete Taje dem Jäger: „Du hast recht, sehen wir nach."

Noch immer ihre Speere zum Stoß bereithaltend, gingen sie von verschiedenen Seiten langsam auf den Strauch zu.

Dicht vor dem Busch stehend hob Rema einen faustgroßen Stein auf. Kraftvoll warf der Jäger den Stein in das Gebüsch. Die Gefährten hatten erwartet, dass nach dem Steinwurf ein Tier aus dem Strauch stürzen würde um davonzulaufen oder sie anzugreifen.

Aber außer einem kläglichen Fauchen aus dem Busch geschah nichts.

Bevor seine Gefährten es verhindern konnten, hatte Taje die dünnen Zweige des Strauches auseinandergebogen. Mit sanftem Griff holte der Junge eine kleine Katze aus dem Busch.

Kira, die an Tajes Seite stand, staunte: „Was ist denn das für ein merkwürdiger kleiner Löwe? Ich habe noch nie einen mit so langen Zähnen gesehen".

Selbst die Zauberin Airam hatte so ein Tier noch nicht gesehen und antwortete dem Mädchen: „Gesehen habe ich auch noch keines. Aber von ihnen gehört. Es muss ein Säbelzahntiger sein. Allerdings ist es ein noch recht junges Tier. Ich wundere mich nur, dass die beiden Reißzähne von dem jungen Tier schon so lang sind."

Auch Rema hatte sich die kleine Katze genau angesehen und fragte Airam:

„Airam, kannst du ihm helfen? Es hat überall Kratz - und Bisswunden."

Die Zauberin befühlte die Wunden des kleinen Raubtieres und beruhigte Rema:

„Die Wunden sind nicht tief. Ich werde sie mit einer Salbe aus Kräutern einreiben. Danach sollte unser merkwürdiger Freund bald gesund werden. Bindet ihm die Füße und das Maul. So kann er uns nicht verletzen, während wir ihn behandeln."

So vor dem Kratzen und Beißen des kleinen Raubtieres geschützt, nahm Rema den kleinen Tiger auf die Arme und hielt ihn Airam hin.

Während die Zauberin die Wunden des kleinen Säbelzahntigers versorgte, legte das junge Raubtier seinen Kopf dicht an Remas Schulter. Der kleine Tiger hatte die Augen geschlossen, und sein sanftes Schnurren ließ die Gefährten lächeln.

Nachdem Airam die Wunden versorgt hatte, wollte Taje

den Kleinen von seinen Fesseln befreien.
Rema legte eine Hand auf Tajes Schulter und sagte: „Lass den Kleinen gefesselt Taje, ich nehme ihn mit. Binde ihn auf meinen Rücken."
„Oh nein", stöhne Airam: „Bald haben wir eine ganze Herde verschiedener Raubtiere in unserem Stamm. Ich sehe Ule schon in Ohnmacht fallen, wenn sie unser neues Stammesmitglied kennenlernt."
Taje konnte ein Schmunzeln nicht unterdrücken, als er antwortete: „Vielleicht lehrt sie ihn wie meinem Greif Geher das Fliegen."
Airam lächelte Taje an: „Da bin ich mir nicht sicher, Taje. Ich glaube eher, er landet in ihrem Kochtopf."
„Hört auf!", schimpfte Rema: „Ihr seid nur neidisch, dass ich so ein seltenes Tier als Freund habe."
Airam legte eine Hand auf die Schulter des immer noch finster dreinschauenden Jägers: „Ob er dein Freund wird, muss sich noch zeigen. Aber beruhige dich, es war doch nur Spaß". Auch Taje versuchte Rema zu versöhnen indem er versuchte ihn von Airams Spaß abzulenken: „Ich frage mich, woher dein Freund die Wunden hat? Sie sind frisch und müssen von einem Kampf stammen. Könnte das der Lärm in der letzten Nacht gewesen sein? Wenn ja, fürchte ich, dass das Tier, das unserem jungen Raubtier die Wunden geschlagen hat, noch in der Nähe ist. Ich meine, wir sollten den Kleinen als Lockvogel benutzen. Wenn der Angreifer sich dann auf ihn stürzt,

können wir ihn töten. So wären wir vor einem Angriff des Säbelzahntigers aus dem Hinterhalt sicher."

„Wie kommst Du darauf Taje, dass der Angreifer der unseren Kleinen hier so zugerichtet hat ein Säbelzahntiger war?" fragte Airam.

Taje sah die Zauberin besorgt an: „Weil Rema gestern Nacht einen Säbelzahntiger gehört hat."

Rema schüttelte heftig den Kopf und erwiderte: „Nein Taje, niemals werde ich ein verwundetes, hilfloses Tier als Lockvogel benutzen. Ich bin mir auch sicher, dass der Säbelzahntiger schon weit fort ist."

„Ja und was ist, wenn du dich irrst?", fragte ihn Taje: „Schau dich doch um, Rema. Der Nebel ist noch immer so dicht, dass man den Rand des Waldes nicht sieht. Wenn uns dort der Säbelzahntiger auflauert, sind wir tot, bevor wir überhaupt merken, dass wir angegriffen werden."

Airam hatte den beiden Jägern bisher ruhig zugehört. Nun erwiderte sie: „Taje, es mag ja stimmen was du sagst. Aber wir haben keine Zeit mehr dem Säbelzahntiger eine Falle zu stellen. Wir müssen jetzt hinunter von diesen Bergen. Oder willst Du hier oben noch eine Nacht verbringen?"

Der Junge schaute Airam an. „Nein!", antwortete er ihr: „Das will ich nicht, aber ich spüre, dass wir es bereuen werden weiterzugehen, ohne den Säbelzahntiger vorher getötet zu haben."

Rema hatte Tajes Einwand schon nicht mehr wahrgenommen und war mit Kira ein Stück vorausgegangen.

Da Airam den beiden nun schweigend folgte, gab Taje seinen Plan, dem Säbelzahntiger eine Falle zu stellen, auf.

Der Junge spürte, dass etwas sie aus dem Wald heraus beobachtete. Mochten die anderen denken was sie wollten, er wusste, dass ihnen ein Angriff bevorstand. Damit ihn seine Ausrüstung bei einem Angriff nicht behinderte, zurrte Taje seinen Fellsack auf seinem Rücken fest. Den Speer hielt er kraftvoll in beiden Händen.

Sein Blick huschte ständig zu den im dichten Nebel liegenden dunklen Waldrändern.

Er sah wie sich Rema zu seinen Begleitern umdrehte und ihnen zurief: „Lasst uns Abstand halten. Sollte Taje recht behalten und wir von einem Raubtier angegriffen werden, kann es nur einen von uns angreifen. Die anderen können dann zu Hilfe kommen."

So, sich gegenseitig sichernd, schritten sie weiter durch den Wald.

Remas Vorschlag und das Airams Wolf Wolke vor ihnen herlief und über ihnen sein Falke Geher kreiste, konnten den Jungen nicht wirklich beruhigen. Als die beiden tierischen Helden in der letzten Nacht das Lager bewachen sollten, hatten sie jedenfalls jämmerlich versagt.

Taje wurde den Verdacht nicht los, dass die beiden anstelle das Lager zu bewachen, sich im Wald die Bäuche vollgeschlagen hatten.

Als der Junge sah, dass in einiger Entfernung vor ihnen niedriges Gras den Wald ablöste, beruhigten sich seine Nerven. Der Schweiß verschwand aus seinen Handflächen. Jetzt war der Nebel auch nicht mehr so dicht. Ein Raubtier würde sie dort vorne im Gras nicht mehr überraschen können.

Beruhigt von dem Wissen, dass sie nun in übersichtliches Gelände kamen, entrann dem Jungen ein erleichterter Seufzer. Er wollte eben Rema seine Beobachtung zurufen, als er entsetzt sah, wie sich völlig lautlos ein riesig langer, mit zwei langen Zähnen bewaffneter Schatten aus dem mannshohen und dicht am Waldrand stehenden Farn auf seinen Freund Rema stürzte.

Kira, die dicht hinter Rema ging, reagierte sofort und lief laut schreiend zur Seite.

Da der Jäger, ebenso wie Taje, so kurz vor dem übersichtlichen Gelände keinen Angriff mehr erwartet hatte und die Attacke rasend schnell erfolgte, gab es für ihn nicht die geringste Möglichkeit den Angreifer abzuwehren.

Bei dem Überfall des Raubtiers, das Rema trotz der in ihm aufsteigenden Panik als einen ausgewachsenen Säbelzahntiger erkannte, rutschte der Jäger auf einem mit Algen bewachsenen Stein aus. Mit einem Aufschrei ging er zu Boden.

Der Sturz rettete dem Jäger das Leben, da durch ihn der Säbelzahntiger über Rema hinweg ins Leere sprang.

Nur kurz war der Schock, der Taje wie gebannt bei der Überrumpelung Remas durch den Säbelzahntiger tatenlos zusehen ließ. Dann hatte der Junge sich gefangen, und laut schreiend: „Verschwinde, lass meinen Freund in Ruhe!", stürzte Taje sich furchtlos auf den Angreifer.

Laut brüllend drehte sich das Raubtier wieder Rema zu. Ohne auf den heranstürzenden Taje zu achten, griff der Tiger den noch immer am Boden liegenden Jäger erneut an.

Taje sah, dass er Rema nicht mehr rechtzeitig zu Hilfe kommen konnte.

Dennoch lief er, den Speer in beiden Händen zum Stoß bereithaltend, an der vor Schreck wie erstarrt stehenden Kira vorbei, Rema zu Hilfe.

Der Junge hatte den Säbelzahntiger fast erreicht, als er sah wie ein heißer Lichtstrahl das zum tödlichen Sprung auf Rema ansetzende Raubtier traf. Der Blitz ließ den Säbelzahntiger in seinem Sprung erstarren und mit lautem Brüllen zusammenbrechen.

Erstaunt stoppte der Junge seinen Lauf. Wie gebannt starrte Taje auf das tödlich getroffene Tier.

Erst dann wandte der Junge sich seinem Freund zu. Voll

Grauen sah Taje das blanke Entsetzen in Remas Gesicht. Zögernd reichte der Junge seinem Freund die Hand und zog ihn vorsichtig auf die Beine: „Was ist mit dir, Rema? Warum zitterst du so? Dich hat doch nicht zum ersten Mal ein Raubtier angegriffen!"
Mit noch immer zitternder Hand zeigte Rema auf Airam. „Sieh doch Taje, sieh zu Airam."
Der Junge drehte sich um und sah die Zauberin von einem hellen Licht erstrahlt. Der noch immer auf das tote Raubtier zeigende Stab in ihrer Hand hatte an seiner Spitze eine rotglühende Farbe angenommen.
Aus dem Wald wehten jetzt wieder dichter werdende Nebelschwaden. Es war gespenstisch anzusehen, wie der Nebel sich an die Zauberin schmiegte und sie völlig umhüllte.
Langsam löste sich der Nebel von Airam und schwebte auf Kira und die beiden Jäger zu. Er konnte es sich nicht erklären, aber Taje spürte, dass von dem Dunst nichts Gutes kam. Er spannte seine Muskeln an und wollte davonlaufen. Aber etwas hielt ihn fest, der Junge konnte sich nicht bewegen und der schreckliche Nebel kam immer näher.
Dann hatte der Nebelschleier die drei Gefährten erreicht. Wie oft hatte Taje schon so ein Schleier umweht! Nie hatte er deswegen Furcht empfunden.
Noch immer hatte der Junge keine Erklärung dafür, aber dieser Nebel lehrte ihn das Fürchten.

Als der Nebel Taje völlig umhüllt hatte, war ihm, als ob eine wohlige Wärme in seinen Körper einzog und sofort verspürte er keine Furcht mehr. Er hörte aus den Nebelschwaden eine wunderschöne Melodie und ihm wurde ganz leicht zumute. Alle ängstlichen Gedanken, die ihn schon seit ihrem Einstieg in die Rinne verfolgt hatten, waren von dem jungen Jäger gewichen.
Langsam legte sich der Nebel, und die Wärme aus seinem Körper verschwand. Die wunderschöne Melodie wurde vom Rauschen des Wassers in der nahen Rinne abgelöst.
Dann hörte er Airams Stimme: „Was machen wir mit dem toten Säbelzahntiger, lassen wir ihn hier im Wald liegen?"
Die beiden Jäger sahen sich an und Rema antwortete der Zauberin: „Ja sicher, glaubst du ich mache mir die Mühe und vergrabe ihn. Lasse ihn für die Vögel und Raubtiere liegen, sie werden sich über eine so leichte Beute freuen."
Airam zeigte auf das Raubtier und sagte: „Ich möchte wissen wie er zu Tode gekommen ist. Dir Taje, scheint das ganz egal zu sein. Du siehst ihn dir nicht einmal richtig an."
Der Junge antwortete der Zauberin: „Aber Airam, warum sollte mich das interessieren? Glaubst du, ich habe noch nie ein totes Raubtier gesehen? Ich hoffe aber, dass er schon länger dort liegt. Wenn das so ist, haben wir Glück. Er ist nicht angefressen, daher ist wohl kein

weiteres Raubtier in unserer Nähe und wir müssen keine Angst vor einem Angriff haben."

Als Airam bemerkte, dass ihre Gefährten sich nicht mehr an den Nebel und an den Angriff des Säbelzahntigers erinnern konnten, seufzte sie erleichtert auf. Der Nebel des Vergessens hatte seine Wirkung bei ihren Gefährten getan.

So konnten sich weder Taje, Rema noch Kira daran erinnern wie die Zauberin den Angriff des Säbelzahntigers abgewehrt hatte.

Zufrieden mahnte Airam zum Weitergehen: „Ihr habt recht, lassen wir ihn liegen und gehen weiter. Ich spüre den kalten Wind, der vom Gletscher hochzieht, schon sehr heftig. Wir sollten sehen, dass wir schnell auf der anderen Seite der Berge in das grüne Tal hinunterkommen.

Das Tal des Nebels

Nachdem Jeth und seine Gefährten den an ihrem ehemaligen Lager angrenzenden Wald durchquert hatten, kamen sie an den See, von dessen Ufer aus Jeth und Taje vor einigen Tagen die blutenden Berge gesehen hatten.

Die Blicke der Wanderer gingen über den See zu den Bergen und was sie dort sahen, ließ sie erschaudern. Noch immer hatten sich die Wunden der Berge nicht geschlossen.

Als die jungen Jäger vor einigen Tagen zu den Bergen hinübersahen, lief das Blut nur in wenigen dünnen Bahnen die Berge hinab. Als die Gefährten nun hinüberblickten, standen die Berge vom Blut überströmt am Horizont. Vom Schauspiel der Berge verstummt sahen sie wie an den Seiten der Berge immer neue Wunden aufbrachen und aus ihnen das Blut der Berge strömte.

Jeth schaute Mare an und fragte den Jäger: „Wie lange können die Berge noch leben, wenn sie so viel Blut verlieren? Die Berge bluten schon seit Tagen. Jeder Mensch oder jedes Tier wäre schon verblutet und lebte bereits im Reich der Götter."

Der Jäger legte seine rechte Hand auf die Schulter des Jungen und sah dabei noch immer voller Staunen hinüber zu den Bergen: „Ich weiß es nicht, Jeth! So etwas

habe ich noch nie gesehen. Lass uns zu Helu und unserem Schamanen gehen. Sie stehen dort am Rand des Sees. Wenn ich sehe, wie sie dort ihre Worte mit den Armen und Händen unterstützen, scheint es mir, dass unsere beiden Führer auch keine Antwort für das Geschehen dort drüben haben und nicht wissen, wie wir über die Berge kommen sollen."
Als die beiden bei den Anführern des Stammes ankamen, hörten sie noch, wie Helu zu dem Schamanen sprach: „… da drüben ist die Bergkette zu Ende. Wir können dort an den blutenden Bergen vorbei unsere Wanderung fortsetzen."
Der Schamane schüttelte heftig seinen Kopf: „Wenn wir den Weg wählen, würden wir zum Tal der zwei Berge sicher drei Sonnenaufgänge länger benötigen."
Mare kam die Eile des Schamanen schon seit einiger Zeit seltsam vor. Daher erwiderte er dem Zauberer: „Was soll die Eile? Helu hat schon recht, wir sollten nicht über diese Berge gehen. Auch mit diesem Umweg erreichen wir das Tal der zwei Berge bevor der Winter kommt."
Der Schamane sah mit besorgter Miene erst Helu, den Häuptling des Stammes und dann Mare, den Jäger an. Der neben ihm stehende Jeth war für ihn noch ein Kind und so beachtete er den Jungen überhaupt nicht.
„Es ist ja nicht nur die Zeit, die wir verlieren. Ich kenne den Weg den du vorschlägst Helu. Der Weg führt uns in das Tal des Nebels. Dort leben die Krieger des Mondes.

Ich habe noch nie gehört, dass ein Jäger, der dort hineinging, wieder zu seinem Stamm zurückkehrte." Mittlerweile war auch Helus Frau Ule zu den Männern und Jeth gekommen und hatte die Worte des Alten gehört.

Sie versuchte den immer unruhiger werdenden Zauberer zu beruhigen, als sie ihm erwiderte; „Vor ein wenig Nebel und ein paar Kriegern fürchte ich mich nicht. Sie sollen nur kommen. Mit der Hilfe unserer Göttin Mutter Erde und vor allem hiermit", dabei schüttelte sie einen vier Fuß langen und armdicken Stock wild umher, „werde ich sie schon ordentlich begrüßen. Die blutenden Berge aber fürchte ich."

Die Drohung seiner Oma mit dem Ast und das dabei von Ule aufgesetzte wilde Gesicht ließen Jeth laut auflachen. Durch das Lachen des Jungen spürte der Schamane, dass selbst der junge Jäger seine Bedenken nicht ernst nahm. Er schaute den Jungen wütend an: „Leider kann ich nicht wie Jeth darüber lachen. Dein Stock hilft dir gegen die aus dem Nebel kommenden Krieger nichts. Denn unsere Götter haben im Tal der Nebel keine Macht. Dort herrschen andere Götter. Die helfen nur dem Volk im Tal des Nebels. Ich sage euch nochmals, wir können nicht durch das Tal, denn dort verlieren wir alle unser Leben."

Der alte Mann hatte guten Grund sich vor dem Volk im Tal der Nebel zu fürchten. Vor langer Zeit war er schon einmal dort gewesen. Anfangs hatten ihn die Krieger des

Nebels freudig aufgenommen. Nach dem plötzlichen Tod ihres Schamanen gab es niemanden mehr, der ihnen den Ausgang einer Jagd oder das Wetter vorhersagen konnte. Sie hatten seitdem auch niemanden mehr der ihnen bei Krankheiten oder Verletzungen half und ihre Bitten an die Götter richten konnte. Deshalb waren sie hoch erfreut, als sie Hejo in ihrem Tal aufspürten und feststellten, dass der Gefangene ein Schamane war.

Eines Tages aber bemerkte ein Krieger, wie Hejo seinen Gott, den Herrn der Tiere, anflehte ihm bei seiner Flucht aus dem Tal zu helfen. Danach schlug die Herzlichkeit der Krieger zu ihrem Zauberer in Wut um. Der alte Mann wäre von ihnen fast dem Nebelgott geopfert geworden. Nur mühsam und mit der Hilfe eines Zaubers entkam er den wütenden Kriegern.

Hejo, der Schamane hatte somit allen Grund das Tal des Nebels zu meiden. Würden die Krieger ihn jemals wieder fangen, so wäre sein Leben verwirkt.

Er wusste nicht warum, aber etwas hinderte ihn, den Anderen von seinem Abenteuer im Tal des Nebels zu erzählen.

Als Häuptling war Helu für die Sicherheit seines Stammes verantwortlich. Er nahm daher die Bedenken des Schamanen sehr ernst. Aber wie sollte er entscheiden?

Sie mussten das Tal der zwei Berge erreichen. Nur dort gab es für den Stamm genug Wild, Früchte und Kräuter und schließlich war es auch der Wille der Göttin Mutter

Erde.

Von dem Wettlauf zwischen seiner Zauberin Airam und seinem Schamanen Hejo zum Tal der zwei Berge ahnte Helu nichts.

Den Weg, den Airam mit ihren Begleitern genommen hatte, konnten sie nicht gehen. Dieser Weg war von den vielen Erdbeben zerstört worden, das hatten sie ja alle kurz vor ihrem Aufbruch in ihrem Lager erlebt. So blieb ihnen nur noch der Weg über die blutenden Berge oder durch das Tal des Nebels.

Der ganze Stamm stand mittlerweile vor Helu und wartete gespannt auf seine Entscheidung.

Ihm war überhaupt nicht wohl zumute, als er seine Entscheidung dem Stamm mitteilte. Über die blutenden Berge konnten sie nicht und im Tal des Nebels würde sein Stamm vielleicht in einen Kampf mit dem dort wohnenden Volk verwickelt. Seine Verzweiflung darüber für sein Volk keinen sicheren Weg zu kennen, durften die Gefährten nicht spüren. Sie sollten ja ohne Furcht ihren Weg fortsetzen. Daher lächelte Helu, als er dem Stamm seine Entscheidung mitteilte: „Wir gehen durch das Tal des Nebels! Dort müssen wir nur gegen Nebel und im schlimmsten Fall gegen feindliche Krieger kämpfen. Beides haben wir schon oft getan und sind immer unversehrt davongekommen. Aber noch nie sind wir über blutende Berge gegangen. Was ist, wenn sie sterben und umfallen, begraben sie uns dann unter sich?

Nebel und fremde Krieger kennen wir und fürchten sie nicht. Die Gefahren, über blutende Berge zu gehen, kennen wir nicht. Da der Winter naht, haben wir auch keine Zeit mehr Kundschafter über die Berge zu schicken, um Antworten auf unsere Fragen zu erhalten. Es bleibt dabei, unser Weg führt uns durch das Tal des Nebels."

Als der Schamane die Entscheidung vernahm, entrann sich seiner Brust ein leises Stöhnen. Er ahnte, dass die Entscheidung ihres Stammesführers für ihn nichts Gutes bedeutete.

Erleichtert, dass Helu endlich eine Entscheidung getroffen hatte, rief Mare: „Also lasst uns weitergehen! Ich bin schon sehr gespannt auf die furchterregenden Krieger des Mondes." Der Jäger sah dabei seinen Gefährten Vilo an und fragte ihn: „Was meinst du Vilo, sollen wir schon vorausgehen und einen dieser Krieger fangen, damit er unseren ängstlichen Schamanen trösten kann?"

Vilo beantwortete die Frage seines Freundes mit einem Lachen.

Trotz seiner Wut über Mares Worte schaute der Schamane ruhig in die Gesichter der beiden Jäger. Mit einer Stimme so klirrend kalt wie Eis antwortete er ihnen: „Ihr werdet einen Krieger des Mondes nicht einmal sehen, wenn er direkt vor euch steht und sein Speer euch schon gefunden hat."

Unbeeindruckt von den Worten des alten Mannes begaben sich die beiden Jäger zu ihren Gefährten Kaiba und Baka.

Über die Furcht des Zauberers lächelnd, hatte Jeth dem Streit zwischen den Jägern und dem Schamanen zugesehen.

Helu dagegen nahm die Worte des Zauberers sehr ernst und mahnte zum Aufbruch. Schon bald setzte der Stamm seinen Weg zum Tal der zwei Berge fort. Ein von beiden Seiten mit hohen Kiefern gesäumter Wildpfad ersparte ihnen das mühsame Freischneiden eines Weges durch den dichten Wald.

Der Pfad führte sie steil hinauf zu einer Anhöhe. Schon bald spürte Jeth die auf seinen Schultern ruhende Last seines Gepäcks. Das Atmen fiel dem Jungen immer schwerer, und seine Beine schmerzten höllisch.

Keuchend blieb Jeth, der direkt hinter dem führenden Jäger Mare ging, stehen. Dann sah sich der Junge nach seinen zurückgebliebenen Gefährten um.

Der Stamm mühte sich in einer langgezogenen Reihe den steilen Pfad hoch.

Mare und Jeth waren den anderen schon weit voraus.

Auch Mare war nun stehengeblieben.

Der Jäger lächelte, als er zu Jeth sagte: „Schau dir einmal diese Schwächlinge an. Es wurde Zeit, dass wir mal wieder auf Wanderschaft gehen. Die geruhsame Zeit im Langhaus hat alle verweichlicht."

Mit hochroten Köpfen und vom Schweiß gezeichneten Gesichtern erreichten die Nachzügler die beiden Wartenden.

Mare sah Ule an und lachte, als er spottete: „Was ist Mutter? Soll ich dich den Berg hinauftragen? Dein Kopf leuchtet so rot wie das Blut der Berge dort drüben."

Völlig außer Atem, dabei den Oberkörper gebeugt und die Hände in den Hüften abstützend, war Ule nicht in der Lage ihrem Sohn eine passende Antwort zu geben. Dafür antwortete ihre Tochter Nao ihrem Bruder Mare: „Musst du so schnell laufen? Unten im Tal hast du doch noch zu unserem Schamanen gesagt, dass wir es nicht so eilig hätten."

Der Jäger antwortete: „Ich wusste nicht, dass ihr im Langhaus so schwach geworden seid. Aber bitte Schwester, führe du uns."

Mittlerweile war auch Ule wieder bei Kräften und konnte ruhig durchatmen.

Lächelnd sah Helu, wie seine Frau den Mund öffnete. Bevor Ule ihrem Sohn kräftig die Meinung sagen konnte, legte er ihr die Hand auf die Schulter und beruhigte sie: „Lass es gut sein, Ule. Schone deine Kräfte. Wenn du Mare bestrafen willst, kochst du ihm heute Abend eine Suppe ohne Fleisch."

Nach den Worten seines Vaters sah Mare seine Mutter erschrocken an: „Das machst du doch nicht wirklich, Mutter? Ich werde auch nie wieder über deine

Schnelligkeit lästern."

Mares entsetztes Gesicht und die Bitte um ein vollwertiges Essen brachte den ganzen Stamm zum Lachen.

Ule aber setzte ihre Last zu Boden, ergriff einen mit Fleischstücken gefüllten irdenen Krug und reichte ihn Mare.

Sie verzog keine Miene, als sie ihrem Sohn antwortete: „Wenn du, mein kräftiger und schneller Sohn für mich diesen Krug auf unserer Wanderung trägst, bekommst du auch Fleisch zu essen."

Mare schaute seiner an ihm vorbeigehenden und nun vorausgehenden Mutter nach: „Was ist, wenn ich es nicht tue?"

Ule drehte sich zu ihrem Sohn und sagte: „Dann, mein Sohn, trage ich ihn. Du aber, hast dann gestern Abend das letzte Mal Fleisch von mir bekommen."

Jeths Berglöwe Flumi stand bei den Worten Ules vor Mare und schaute mit treuem Blick zum Jäger hoch. Der Jäger konnte das Gefühl nicht loswerden, dass der Löwe sich schon auf Mares Fleischanteil freute.

„Was hältst du davon Flumi, wenn ich dir den Krug auf den Rücken binde. Du bekommst dann auch heute Abend ein Stück Fleisch von mir."

Die Antwort des Löwen war nur ein kurzes Knurren.

Dann folgte er Ule.

Die Möglichkeit, die zusätzliche Last jemandem anderen

aufzulasten, war für Mare vertan. Seufzend entrann dem Mund des Jägers ein: „Oh, diese Mütter. Hätte ich doch nur geschwiegen." Dann ergriff er den Krug und folgte den mittlerweile an ihm vorbeigegangenen lächelnden Gefährten.

Auf ihrem Weg zum Gipfel traten sie bald aus dem Wald auf eine Wiese. Der Wildpfad war auch auf der Wiese gut zu erkennen und fest ausgetreten. Da der Pfad nun auch nicht mehr so steil war, kamen sie viel schneller voran. Schon bald standen sie an der höchsten Stelle der Anhöhe.

Ihr Blick wanderte in das unter ihnen gelegene Land. Was sie dort sahen, gefiel ihnen überhaupt nicht und entlockte selbst dem Berglöwen Flumi ein warnendes Knurren.

War der Weg hinunter ins Tal anfänglich noch gut erkennbar, so konnten sie vom letzten Stück des Weges und vom Tal so gut wie nichts erkennen. Das Tal war vollständig in Nebel getaucht. Vereinzelt ragte aus dem Nebel die Spitze einer Fichte. Die Sonne, die ihnen eben noch wie ein strahlender goldener Ball vorgekommen war, hatte nun die Farbe der Milch einer Mammutkuh angenommen.

Über dem Nebel kreisten riesige schwarze Vögel. Niemand von ihnen hatte jemals solche Vögel gesehen. Immer wieder stürzte sich eine Gruppe der Vögel hinunter in das vom Nebel umschlungene Tal. Dabei stießen sie ein unheimliches „Uruk, Uruk" aus und eine graue Wolke Falter stieg aus dem Nebel in die Luft.

Darauf schienen andere der über dem Nebel kreisenden schwarzen Vögel nur gewartet zu haben. Mit ihrem lauten „Uruk", „Uruk" stürzten sie sich auf die Falter.

Voller Panik versuchten die Insekten wieder zurück in den unter ihnen liegenden rettenden Wald zu flüchten. Aber dort warteten schon die wieder aus dem Nebel auftauchenden Vögel.

So von unten und oben angegriffen, gab es für die Falter kein Entkommen.

Schaudernd drehte sich Nao ihrem Vater Helu zu: „Ich glaube unser Schamane hat recht. Wir sollten dieses Tal meiden."

Jeth hatte seinen Blick vom grausigen Geschehen am Himmel genommen und folgte mit seinen Augen dem unten im Tal liegenden Wildpfad, der in das Tal des Nebels führte.

Auf dem Pfad am Rande des Nebels erkannte der junge Jäger Menschen.

„Seht dort unten, ist das nicht Airam mit Rema, Taje und Kira?", rief er seinen Begleitern zu. Dabei zeigte er mit seiner ausgestreckten Hand auf die Gruppe im Tal.

Alle Blicke folgten der ausgestreckten Hand des jungen Jägers.

Aber so sehr sich Jeths Begleiter auch anstrengten, sie sahen unten im Tal nur dunkle Punkte.

Mare antwortete daher dem Jungen: „Du musst die Augen eines Falken haben Jeth. Ich sehe dort unten nur ein paar Punkte. Allerdings sehe ich einen Punkt mehr als meine Hand Finger hat. Daher können es nicht unsere Freunde sein.
"Aber seht doch, aus dem Nebel läuft Wolke auf die Gruppe dort unten zu. Auch wenn ihr sie nicht erkennen könnt. Es sind unsere Freunde."
Plötzlich zeigte auch der Jäger Baka auf die Gruppe unten im Tal und rief: „Seht, zwei trennen sich von der Gruppe dort unten und kommen auf uns zu! Jeth, du musst dich irren, es können nicht unsere Leute sein. Denn schau, außer den Zweien die auf uns zukommen, gehen die anderen aus der Gruppe weiter in das Tal des Nebels."
Schon bald konnten Jeth und seine Begleiter nur noch zwei Punkte, die aus dem Tal langsam auf sie zukamen, erkennen.
Es dauerte nicht lange und sie erkannten in den zwei Punkten ihre Kundschafter Weco und Vilo.
Jeth wollte den beiden Kundschaftern schon entgegenlaufen, als Helus Ruf ihn stoppte.
Der Junge sah Helu verwundert an. Daher erklärte ihm Helu: „Lauf niemals deinen Kundschaftern entgegen. Du weißt nicht, was sie für Nachrichten bringen. Es könnte doch auch sein, dass sie uns davor warnen wollen, uns den Menschen im Tal zu zeigen."

Die Krieger des Mondes

Der Rat des Stammesführers bewirkte, dass alle geduldig auf die Ankunft ihrer Kundschafter warteten. Helu hatte es sich angewöhnt, seinen Kundschaftern ein paar Schritte entgegenzugehen. So konnte er sich ihren Bericht alleine anhören und musste seinen Leuten nur das mitteilen, was er für richtig hielt. Schon oft hatte er bei schlechten Nachrichten so eine Panik unter seinen Gefährten vermieden.
„Weco, wenn ich dich so ansehe denke ich mir ich sollte ich dich von der Aufgabe eines Kundschafters entbinden. Aber sag, wie sieht es dort unten im Tal aus und wer waren die Menschen die ihr dort unten getroffen habt?"
Weco, vom schnellen Aufstieg noch immer vollkommen erschöpft, wischte sich mit der rechten Hand den Schweiß von der Stirn: „Der Weg hinunter in das Tal ist leicht zu gehen. Der Boden ist fest und es gibt weder hohes Gras noch einen Wald, aus dem uns Raubtiere oder feindliche Jäger angreifen können. In das Tal des Nebels sind wir einen halben Tagesmarsch eingedrungen. Ich glaube ich spreche auch für Vilo, wenn ich sage, ich bin froh wieder aus dem Tal heraus zu sein."
Helu sah wie Vilo mit heftigem Kopfnicken die Worte seines Vaters bestätigte.
In keinster Weise zeigte Helu den beiden seine Sorgen,

als er ihnen antwortete: „Ihr wisst, dass wir, um in das Tal der zwei Berge zu gelangen, durch dieses Tal des Nebels müssen. Nun sagt mir, was ist so schlimm da unten, dass sich zwei von meinen Jägern davor fürchten."
Wecos Augen funkelten zornig, als er die Worte Helus hörte.
Sein Sohn Vilo bemerkte das Gemüt seines Vaters. Um ihn zu beruhigen legte er ihm eine Hand auf die Schulter. Vorwurfsvoll sah er Helu an: „Helu, du weißt genau, dass wir uns nicht fürchten. Das mein Vater und ich froh sind, aus dem Tal heraus zu sein, ist nichts anderes als unsere Fröhlichkeit, wenn der Frühling den Winter ablöst. Es hat nichts mit Angst zu tun. Ich will damit sagen, es gibt Schöneres als dieses Tal."
Helu sah den beiden kurz ins Gesicht. Die Jäger spürten, dass ihr Stammesführer von den Worten Vilos nicht überzeugt war.
„Dann frage ich nochmals, was ist so schlimm in dem Tal?"
Mit unterdrücktem Zorn antwortete Weco: „Wie du schon von hier oben sehen kannst, liegt das Tal vollkommen im Nebel. Während wir dort unten waren, hat sich der Nebel nicht aufgelöst. Dieser Nebel ist nicht nur feucht, er ist auch kalt und dringt selbst durch unsere Felle bis auf die Haut. Hat er die Haut erreicht, so brennt er auf ihr wie unvorsichtig angefasste Brennnesseln. Sieh

hinunter, Helu. Es gibt dort unten nicht nur die Kiefern, die du von hier oben durch den Nebel ragen siehst. Beim Betreten des Tals sind wir sofort in einen Wald gekommen. Bis zum Ende des Waldes sind wir nicht gegangen. Ich glaube, der Wald füllt das ganze Tal aus."
Erstaunt sah Helu von Weco zu Vilo. Dann unterbrach er den Jäger in seinem Bericht; „Was soll das heißen, du glaubst? Habe ich das richtig gehört, ihr seid nicht vollständig durch das Tal gegangen?"
Helu bemerkte, wie Vilo seinen Vater vorwurfsvoll ansah. Ihm war sofort klar, was dort im Tal zwischen den beiden vorgefallen war.
Trotzig antwortet Weco: „Warum sollten wir noch weitergehen? Wir sind schließlich einen halben Tag im Tal gewesen, und außer was ich dir eben gesagt habe, gibt es nichts Weiteres über das Tal zu berichten."
Wütend schaute Helu Weco an: „Möge dir die Göttin gnädig sein, wenn uns durch euren Leichtsinn, das Tal nicht vollständig zu erkunden, etwas zustößt. Denn sei sicher ich werde es nicht sein."
Beim letztem Wort drehte sich Helu um und ging zurück zu den Anderen. Die Beiden Kundschafter folgten ihm in einigem Abstand und hörten noch wie Helu zu seinen Leuten sagte: „….der Nebel im Tal ist sehr unangenehm. Aber Weco hat mir versichert, es droht uns dort unten keine Gefahr."
Jeth sah seinen Großvater Helu an: „Wer waren die

Menschen, die dort in das Tal gegangen sind?"
Weco sah sofort die Gelegenheit, Helu in Verlegenheit zu bringen. Er sah Helu voller Hohn an und antwortete dem Jungen: „Wir konnten es Helu noch nicht sagen, er hat uns mitten im Bericht unterbrochen und ist zu euch zurückgegangen. Ich habe mich schon gewundert, dass er diese wichtige Frage nicht gestellt hat. Nun, jeder macht mal einen Fehler.
Es waren Airam, Kira, Taje und Rema. Wir haben ihnen gesagt, dass sie auf uns warten sollen. Aber Airam und Kira wollten unbedingt sofort weiter. Taje und Rema die auf uns warten wollten, haben sie dann zu ihrem Schutz begleitet."
„Das verstehe ich nicht, warum haben sie nicht gewartet?", fragte Ule.
Jeth schüttelte leicht seinen Kopf: „Das kann doch nur bedeuten, dass sie vor uns das Tal der zwei Berge erreichen wollen. Aber warum?"
Niemand merkte die Unruhe, die den Zauberer erfasst hatte, als er hörte das Airam mit ihren Begleitern schon im Tal des Nebels unterwegs war.
Nur mit Mühe konnte der Zauberer seine Unruhe verbergen: „Dann lasst uns jetzt auch gehen. Vielleicht erreichen wir Airam und ihre Gefährten ja noch."
Mare lächelte, als er die Worte des Schamanen hörte und konnte es sich nicht verkneifen den Alten zu verhöhnen.
„Hört, hört, unser großer Zauberer hat seine Angst vor

dem Nebel und den gefährlichen Kriegern besiegt."
Vorwurfsvoll schaute Ule ihren Sohn an und ermahnte ihn: „Sei nicht so respektlos mein Sohn."
Lächelnd legte Helu seiner Frau die Hände auf die Schulter und schob sie in Richtung Tal.
Die anderen folgten ihnen und schon bald hatten sie den Rand vom Tal des Nebels erreicht.
Helu winkte Vilo und Kaiba zu sich: „Da wir nicht sicher sein können, dass uns im Tal keine Gefahr auflauert, geht ihr voraus, erkundet und wenn nötig, markiert den Weg. Wir werden euch in einem Abstand von etwa fünfhundert Schritten folgen."
Kaiba schaute Helu erstaunt an und erwiderte: „Aber Weco und Vilo haben das Tal doch schon erkundet und uns gesagt, dass für uns in dem Tal keine Gefahr besteht. Warum sollen sie also vorangehen?"
Helu lächelte Kaiba an. „Dass unsere Kundschafter im Tal waren, ist schon eine Weile her. Wer weiß, was jetzt im Nebel dort vorgeht."
Helu hatte bisher kein Wort darüber erwähnt, dass Weco und Vilo das Tal leichtsinnigerweise nicht vollkommen erkundet hatten, so dass sie nicht wussten, ob ihnen dort nicht doch noch Gefahren auflauerten. Daher schaute Vilo Helu dankbar an und antwortete seinem Bruder: „Helu hat ganz recht, wir sollten den Weg durch das Tal wirklich nochmals erkunden."
Dann zog er Kaiba in den Nebel. Schon bald waren die

beiden im Dunst des Tals verschwunden.

Als der Stamm nach einiger Zeit seinen Kundschaftern in den im Nebel liegenden Wald folgte, spürten sie schon bald wie die Feuchtigkeit durch ihre Kleider drang und ihre Haut zum Brennen brachte. Das Brennen war zwar nicht so schlimm, wie Weco es Helu beschrieben hatte, aber dennoch sehr unangenehm.

Jeth sah hinüber zu den Bäumen, die den Rand des Waldes bildeten. Es handelte sich in der überwiegenden Anzahl um Fichten. Nur vereinzelt erkannte er auch einzelne Birken. Alle Bäume hatten eines gemeinsam, die Höchsten erreichten nur die Höhe zwei übereinanderstehender Männer. Dabei hatte keiner der Bäume eine Spitze. Es sah aus, als wäre allen Bäumen die Spitzen von einer Axt geraubt worden. Zwischen den Bäumen wuchs dichter mannshoher Farn. In der Luft schwirrten Mücken, Fliegen und auch einzelne Libellen, die doppelt so groß waren wie ihre Art außerhalb des Waldes. Erleichtert sah Jeth, dass keine Moskitos, Wespen oder gar Hornissen unter den Insekten waren. Die Mücken die immer wieder versuchten von ihm und seinen Gefährten ein wenig Blut abzuzapfen, reichten ihm vollkommen.

Seine Umgebung noch immer genau betrachtend, hatte der Junge nicht bemerkt, wie der vor ihm gehende Baka stehengeblieben war und so lief er ihn fast um.

Er wollte sich eben bei dem Jäger entschuldigen, als

dieser ihm die Hand auf den Mund legte.
„Sei ruhig Jeth, hörst du nichts?", flüsterte Baka.
Jeth lauschte und nun hörte er es auch.
Leises Wispern in einer fremden Sprache drang aus dem Farn zwischen den Bäumen.

Der Junge sah, dass der ganze Stamm stehen geblieben war und in den Wald hinein lauschte.
„Was ist das?" flüsterte Jeth Baka zu.
Mare, wie immer von allem unbeeindruckt, sagte im normalen Tonfall: „Fragen wir doch unseren ängstlichen Zauberer. Der war doch schon einmal in diesem Wald."
Nao lächelte ihren Bruder an: „Dann such ihn mal, Bruder. Ich sehe ihn nicht mehr."
Mare schüttelte den Kopf: „Hätte nicht gedacht, dass er so ängstlich ist. Unser Held hat sich sicher auf einem der Bäume versteckt. Komm Jeth lass uns ihn suchen."
Helu war damit überhaupt nicht einverstanden: „Wir haben keine Zeit uns mit der Suche nach Hejo zu beschäftigen. Wir wissen auch nicht, wie lange wir noch brauchen, um aus dem Wald und dem Tal hinaus zu kommen. Auf keinen Fall sollten wir darin die Nacht verbringen."
Dabei sah er Weco vorwurfsvoll an. Jetzt erkannte auch Weco, dass es ein Fehler gewesen war den Wald nicht voll erkundet zu haben.
Dann entschied Helu: „Egal, wem die Stimmen gehören.

Wir müssen weiter. Vilo und Kaiba machen den Weg vorne für uns frei. Du Weco gehst bitte ans Ende und passt auf, dass wir keine Überraschung in unserem Rücken erleben oder noch jemanden verlieren."
„Warum ich?" murrte Weco, „es gibt Jüngere und Schnellere, die das machen können."
„Sicher", antwortete Helu dem Jäger, „aber deiner schlechten Aufklärung haben wir es zu verdanken, dass wir so gut wie nichts von dem Wald und Tal wissen."
Ule trat neben ihren Mann und flüsterte: „Musste das sein? Jetzt hast du nicht nur Hejo, sondern auch noch Weco gegen dich. Oder glaubst du, dass er dir diese Bloßstellung vor dem Stamm verzeihen wird."
Beruhigend legte Helu Ule die Hand auf ihren Arm: „Ach Ule, ich hätte den Schamanen und auch Weco schon lange zurechtweisen sollen. Ihre ständigen Bedenken und Fehler werden uns irgendwann noch teuer zu stehen kommen."
„Du willst mir doch damit nicht sagen", antwortet Ule, „dass du den Schamanen nicht suchen lässt, weil du froh bist, ihn los zu sein? Muss ich annehmen, dass du Weco aus eben diesem Grund alleine an das Ende der Gruppe gehen lässt? An die gefährlichste Stelle?"
„Natürlich nicht, Ule. Aber irgendjemand muss ja diesen Platz einnehmen. Sei beruhigt, er wird ja nach einiger Zeit abgelöst."
Zweifelnd schaute Ule ihren Mann an. Dann drehte sie

sich um und ging zu ihrer Tochter Nao.
An der Spitze durch ihre Kundschafter und am Ende von Weco gesichert, drang die Gruppe nun tiefer in den Wald ein. Schon bald merkten sie, dass es immer kühler wurde. Die Bäume waren vollständig von gefrorenem Morgentau überzogen. Riesige Spinnennetze spannten sich zwischen den Ästen. Jeth schauderte und ein Kribbeln lief über seine Haut, als er überlegte wie groß wohl deren Besitzer sein mussten. Der Göttin sei Dank, noch hatte er keine dieser Spinnen zu Gesicht bekommen. Da der Nebel immer dichter wurde und der junge Jäger nur noch vier Fuß weit sehen konnte, würde er die Spinne wohl auch erst sehen, wenn er in deren Netz hing.
Seit einiger Zeit wehte ihnen nun auch noch ein unangenehmer und frischer Wind entgegen. Der Nebel wurde weiterhin immer dichter und die Luft roch plötzlich nach verfaultem Wasser.
Mare, der die Gruppe anführte, blieb plötzlich stehen. Als die anderen ihn erreicht hatten, fragte er sie: „Kommt es euch auch so vor, als ob wir beobachtet würden?"
Er hatte den Satz eben erst ausgesprochen, als plötzlich aus dem Nebel ihr Schamane Hejo mit schmerzverzerrtem Gesicht auf sie zu stolperte und Ule in die Arme sank.
Ein tiefes Stöhnen drang aus der Brust des Zauberers.

Langsam ließ Ule Hejo zu Boden gleiten. Erst jetzt spürte sie die Feuchtigkeit an ihren Händen. Entsetzt sah sie ihre von Blut verschmierten Hände an. Helu kniete sich neben den Schamanen und sah mit Grauen wie Blut die Felljacke langsam rot färbte. Vorsichtig entblößte er den Oberkörper des Schamanen. Nun sahen alle die vielen kleinen blutenden Wunden in der Brust des Zauberers. Langsam erhob sich Helu und flüsterte Ule zu: „Kannst du ihn retten?"

Den Blick noch immer starr auf den Verletzten gerichtet, schüttelte Ule den Kopf. Dabei antwortete sie ihrem Mann: „Tut mir leid. Nein, ich kann nichts für ihn tun. Vielleicht könnten Airam und Kira, die beide als Heilerinnen ausgebildet sind, Hejo helfen.
Ich kann es nicht!"

Nao hatte sich mittlerweile neben Hejo gekniet und bat Jeth: „Siehe in meinem Tragebeutel nach. In ihm befindet sich ein kleines Tuch aus Bärenfell und ein Ledersäckchen. Bring mir beides mit dem Ledersack, in dem wir unser Wasser mitführen. Aber bitte beeile dich."
Ule sah verwundert ihre Tochter Nao an. Nao, die den Blick ihrer Mutter spürte, sagte: „Mutter, bitte hole mir etwas von dem Schachtelhalm dort zwischen den Bäumen. Ich hoffe ich kann damit die Blutungen stillen." In der Zwischenzeit hatte Jeth Nao das Gewünschte gebracht. Diese nahm das Tuch, goss etwas Wasser darauf und fing an die Wunden des Schamanen

zu reinigen. Der Verletzte hatte die Augen geschlossen und lag still auf dem mit Laub übersäten Waldboden.
Mare, der sah wie seine Schwester die Wunden reinigte und der Verwundete mit geschlossenen Augen bewegungslos am Boden lag, fragte seine Schwester: „Bist du sicher, dass unser Freund noch lebt und nicht schon bei den Göttern ist?"
Dann kniete sich Mare nieder und legte seine Hand auf das Herz des Zauberers.
Nach einiger Zeit sah er seine Schwester an: „Hör auf Schwester, du kannst ihm nicht mehr helfen. Unser Schamane ist tot."
Entsetzt wich Weco von der Gruppe zurück, dabei rief er: „Wer soll uns denn jetzt aus diesem Tal führen. Wir haben uns doch darauf verlassen, dass Hejo der schon einmal hier war, uns führen würde."
Helu sah den Jäger nur kurz an und um die Kundschafter zurückzuholen, stieß er einen schrillen Pfiff aus.
Dann sprach er zu Weco: „Warte einen Moment, gleich bekommst du die Antwort." Schon nach kurzer Zeit sah die Gruppe Vilo und Kaiba aus dem Nebel auf sie zukommen.
Helu drehte sich zu Weco: „Du mein Freund, wirst uns führen. Ich gebe dir Flumi mit. Er wird dich warnen, wenn Feinde in deiner Nähe sind."
Hatte Helu erwartet, dass der Jäger sich vor Angst weigern würde, so sah er sich jetzt getäuscht.

Ohne ein Wort und auf Flumi zu warten, verschwand Weco im Nebel.

Ule die ihren Mann genau beobachtete, sah den überraschten Gesichtsausdruck ihres Gefährten.

Mit einem Lächeln forderte sie Jeth auf, Flumi Weco nachzuschicken. Der junge Jäger wollte eben seinem Berglöwen befehlen Weco zu folgen, als die Gruppe aus dem Nebel heraus völlig lautlos durch in weiß gekleidete Krieger eingekreist wurde.

In Gefangenschaft

Jeder der Krieger hielt einen auf Helu und seinen Gefährten gerichteten Bogen in den Händen.
Nur Ule und Nao wurden von den Pfeilen nicht bedroht. Die Krieger erkannten die Frauen wohl nicht als Gegner an.
Kein Lächeln, aber auch kein Zorn war in ihren Gesichtern erkennbar. Nur an den auf sie gerichteten Bögen erkannten die Gefährten die feindselige Haltung der Fremden. Verzweifelt suchte Helu nach einer Möglichkeit, mit seinen Begleitern den sie umschließenden Kreis der feindlichen Krieger zu durchbrechen.
Doch wie er sich auch bemühte, er fand keine!
Die kleine Lichtung auf der sich der Stamm aufhielt, war von nah aneinander stehenden Bäumen und dichtem Unterholz umgeben. Zwischen den Bäumen stand jeweils ein bewaffneter Krieger des Mondes.
So waren die auf der Lichtung stehenden Gefährten von einer Wand aus Bäumen und einer Überzahl feindlicher Krieger eingeschlossen.
Bis zum Auftauchen der Krieger des Mondes, hatte die Lichtung im dichten Nebel gelegen und kein Sonnenlicht hatte sie erwärmt.
Nachdem die Krieger des Mondes die Gefährten auf der Waldlichtung eingeschlossen hatten, lag diese nun im

strahlenden Licht der Sonne.

Der Nebel hatte sich an den Rand der Lichtung zurückgezogen.

Jeth flüsterte dem neben ihm stehenden Mare zu: „Die Krieger müssen einen mächtigen Gott haben. Er hilft ihnen, uns deutlich im Sonnenlicht zu sehen."

Mare sah den Jungen an: „Ja, und die Fremden versteckt er fast vollständig im Dunst. Es ist nicht zu fassen, dass der Nebel uns eben noch umgab und uns nun die Fremden und den Rand der Lichtung undeutlich sehen lässt. So hatten wir keine Möglichkeit die Fremden frühzeitig zu bemerken."

Noch während Mare das letzte Wort aussprach, schlug vor Jeth und Mare ein Pfeil in den Boden.

Kaiba sah, wie ein Krieger des Mondes seinen Bogen fester spannte und auf Jeths Berglöwen Flumi zielte.

„Flumi, lauf!", rief Kaiba dem Berglöwen zu.

Jeth bemerkte, wie sich der Hals seines Freundes Flumi streckte und sich die Beinmuskeln des jungen Berglöwen zum Sprung spannten, als auch schon ein Pfeil auf Flumi zuflog. Bevor das Bogengeschoss den jungen Berglöwen treffen konnte, war das Raubtier zwischen einem überraschten Krieger des Mondes und dem neben ihm stehenden Baum im Unterholz des Waldes verschwunden.

Aus der Gruppe der Fremden trat ein riesiger Krieger zu Kaiba.

Ohne ein Wort zu sagen und mit ausdruckslosem Gesicht schlug der Krieger mit seiner rechten Faust den Jäger nieder.

Helu bemerkte wie Vilo seinem Bruder zu Hilfe kommen wollte. Mit eisernem Griff hielt er Vilo am Arm fest und sah ihm ins Gesicht. Vilo verstand den Blick, der ihm sagte: „Bleib ruhig, du kannst deinem Bruder im Augenblick nicht helfen. Wenn du es versuchst, trifft dich ein Pfeil bevor du Kaiba auch nur erreicht hast."

Mit einer herrischen Bewegung forderte der große Krieger Helu und seine Jäger auf, ihre Speere niederzulegen.

Immer noch voller Furcht, aber doch staunend sah Jeth wie ein noch junger Krieger des Mondes völlig lautlos zu den Waffen der Gefährten ging und diese vom Boden aufnahm. Selbst als er mit den Waffen zu seinem Häuptling ging, verursachte der junge Krieger dabei keinerlei Geräusch.

Langsam und dabei die Hände seitlich von sich gestreckt, um die fremden Krieger nicht zu provozieren, gingen Mare und Vilo zu dem sich mühsam vom Boden aufrichtenden Kaiba. Trotz ihrer vorsichtigen Bewegungen, spannten drei Krieger des Mondes ihre Bögen und zielten mit ihnen auf die drei Jäger.

Kaiba erkannte die Gefahr und schüttelte den Kopf. So zeigte er seinem Bruder und Mare, dass er ihre Unterstützung nicht benötigte. Als die drei Krieger des

Mondes sahen, wie die beiden Jäger sich Kaiba nicht mehr näherten, nahmen sie die Spannung von ihren Bögen.

Noch immer hatte keiner der fremden Krieger ein Wort gesprochen.

Mit einem Wink befahl der fremde Riese den Gefährten ihm zu folgen.

Die Krieger des Mondes bildeten mit ihren Gefangenen eine lange Reihe. Da versetzt hinter Helu und jedem seiner Gefährten ein bewaffneter Krieger des Mondes ging, war auch auf dem Marsch eine Flucht unmöglich.

Bei Jeth überwand langsam die Neugier auf das was nun geschehen würde, die Furcht vor den Kriegern des Mondes und dem ihm und seinen Freunden bevorstehendem Schicksal einer ungewissen Gefangenschaft.

Der Junge sah sich den am Anfang des Zuges gehenden großen fremden Krieger genauer an.

Der Mann war wirklich ein Riese.

Er überragte den nicht kleinen Helu um mindestens zwei Köpfe. Wie die anderen Krieger war er ganz in weißem Leder gekleidet. Sein Gesicht, die Haare und alle sichtbaren Hautstellen waren wie bei seinen Kriegern mit einer weißen Schicht bedeckt. So sehr sich Jeth auch bemühte, kein Ton drang bei ihrem Marsch von den Fremden an sein Ohr. Wie nur konnten die Krieger des Mondes so leise gehen? Selbst ein Raubtier verursacht beim Anschleichen an seine Beute mal ein Geräusch. Diese Krieger aber waren in ihren Bewegungen vollkommen geräuschlos. Dazu noch die weiße Tarnung im Nebel des Waldes. Sie erklärte dem Jungen, warum niemand von ihnen die Fremden bemerkt hatte. Erst als sie von ihnen vollständig eingekreist waren, hatten sich die Krieger des Mondes den Gefährten gezeigt. Selbst Flumi hatte die nahende Gefahr nicht erkannt. Jetzt verstand er, dass sein tierischer Freund die Krieger nicht gehört hatte. Völlig unverständlich war ihm aber, warum er die Fremden nicht gewittert hatte. Spätestens bei ihrer Umzingelung mussten doch einige Krieger im Wind gestanden haben, da hätte Flumi sie doch wittern müssen.

Der Junge ging nicht davon aus, dass ihm die Fremden sagen würden, wie sie sich vor die Witterung durch Tiere schützten. So würde es wohl immer ein Geheimnis bleiben.

Jeth hatte nicht bemerkt, dass beim Aufbruch weder seiner Großmutter Ule noch seiner Mutter Nao ein Bewacher zugeteilt wurde.

Beide Frauen wurden von den Kriegern vollkommen ignoriert. Keiner der Fremden zwang sie, ihren Gefährten in die Gefangenschaft zu folgen. Nao wollte sich dem Zug der fremden Krieger mit ihren Gefangenen anschließen, als sie von Ule zurückgehalten wurde.

„Was soll das, Mutter? Ich will wissen, wohin unsere

Freunde gebracht werden."

Ule antwortete ihr: „Das werden wir auch erfahren. Siehst du die Spuren die unsere Gefährten auf diesem feuchten Boden hinterlassen. Durch die ist es uns ein Einfaches ihnen zu folgen. Wir werden aber erst Weco und Flumi suchen. Mit ihnen zusammen können wir vielleicht unsere Freunde befreien. Wenn wir jetzt mit den fremden Kriegern und unseren Gefährten gehen, wird immer ein Auge der Fremden, sei es auch nur zufällig, auf uns gerichtet sein. Dann wird es uns niemals gelingen, unsere Freunde zu befreien."

Das traurige Gesicht der jungen Frau hellte sich ein wenig auf. Sie schöpfte nun Hoffnung, bald ihren Sohn Jeth und ihre Freunde wieder in Freiheit in die Arme schließen zu können.

Ule sah ihre Tochter lächelnd an und tröstete sie: „Die Krieger des Mondes mögen ja große Krieger sein, aber sie sind dumm. Sie beachten uns Frauen nicht. Sie glauben sicher, wir würden ohne unsere Begleiter bald hier im Wald verhungern. Nun Nao, lass uns ihnen zeigen, wie stark Frauen sein können."

Ein Stück von der Lichtung voraus, auf der Helu mit seinem Stamm in die Gefangenschaft der Krieger des Mondes geraten war, ärgerte Weco sich noch immer darüber, wie Helu ihn vor der ganzen Gruppe behandelt hatte. Er sah auch nicht ein, in diesem Tal voller Nebel als einziger Kundschafter dem Stamm vorauszugehen. Was war nur in Helu gefahren, ihn alleine als Kundschafter vorausgehen zu lassen! Helu wusste doch, dass ihr Stamm von feindlichen Kriegern verfolgt wurde. Das hatte doch der Tod ihres Zauberers Hejo deutlich gezeigt.

Würde ihm als einzigem Kundschafter etwas passieren, wäre niemand mehr da, die Nachfolgenden zu warnen. Der Jäger beschloss daher nicht weiterzugehen. Er würde Helu seine Meinung sagen und ihn auffordern einen weiteren Jäger als Kundschafter voraus zu senden.

Weco hatte sich eben an einen Baum gelehnt, um auf seine Gefährten zu warten, als Flumi aus dem Unterholz auf ihn zukam.

Der Jäger kniete sich nieder und kraulte dem jungen Berglöwen das Fell.

„Na Flumi, es ist nett, dass wenigstens du mich als Kundschafter begleiten willst."

Mit seinem Kopf stupste das junge Raubtier den Jäger an. Dann lief Flumi ein Stück in die Richtung, aus der er gekommen war. Sofort erkannte Weco, dass etwas nicht stimmte und Flumi ihn aufforderte, ihm zu folgen.

Im dichten Nebel war er dem Berglöwen erst eine kurze Strecke gefolgt, als er Geräusche von knackenden Ästen, wie sie beim Gehen durch Unterholz im Wald entstanden, vernahm.

Waren das seine Gefährten, die sich in einem

unbekannten Wald so unvorsichtig laut verhielten? Nein, das konnte nicht sein. Niemals wären die so leichtsinnig. Schon gar nicht, da sie ja wussten, dass in diesem Tal feindliche Krieger lebten.

Aber es konnten auch nicht die Fremden sein. Diese hatten schließlich Hejo gefangen und getötet. Die Krieger des Mondes waren sicher schon auf der Suche nach den Begleitern des Zauberers. Dabei würden sie niemals so einen Lärm verursachen.

Aber wer verursachte dann diesen Lärm im unheimlichen Tal des Nebels?

Ein Blick zu Flumi zeigte ihm, dass der Berglöwe sich flach auf den Boden gelegt hatte. Das war ein sicheres Zeichen, dass die Verursacher der Geräusche näherkamen. Vorsichtig und darauf achtend, dass er auf keinen Ast trat, der ihn beim Brechen verraten würde, ging er geduckt zu Flumi. Unruhig zuckten die Ohren des Löwen. Beruhigend strich er dem Berglöwen durch das dichte Fell. Sofort entspannte sich das Tier.

Die Geräusche knackender Äste kamen immer näher. Fest umfasste Weco seinen Speer und machte sich bereit einen möglichen Angriff abzuwehren.

Der Sohn des Mondes

Jeth fror erbärmlich. Die Luft wurde immer kälter. Die Feuchtigkeit des Nebels drang durch seine Kleidung und legte sich wie ein Film auf seine Haut. Hatte Weco nicht davon gesprochen, dass diese Feuchtigkeit auf der Haut brennen würde? Er hatte es nicht glauben wollen, Feuchtigkeit die brennt, so etwas gibt es doch gar nicht. Nun wusste er, dass es brennende Feuchtigkeit gibt. Die brennende Nässe schien ihn aber nicht alleine zu plagen. Der Junge sah wie seine Gefährten mit ihren Händen immer wieder über ihre Arme, ihren Oberkörper und Kopf rieben. Nur die Krieger des Mondes zeigten keinerlei Anzeichen, dass die Feuchtigkeit und Kälte für sie unangenehm war. Zu der Plage der Feuchtigkeit und Kälte, machte sich der Junge noch große Sorgen um seine Mutter und Oma. Seine Oma Ule war zwar sehr stark und völlig furchtlos, aber sie hatte nie gelernt, Spuren zu lesen. Nur so konnte man das Wild in den Wäldern aufspüren und erfolgreich jagen. Die beiden Frauen würden sich somit nur von Beeren ernähren können. Damit ihnen aber die Kräfte nicht schwanden und sie in der Wildnis überleben konnten, mussten sie zwischendurch Fleisch essen.
Da die Krieger des Mondes auch den beiden Frauen alle Waffen abgenommen hatten, waren sie auch noch den Raubtieren völlig schutzlos ausgeliefert. Nur, dass die

Fremden die Frauen überhaupt nicht beachtet hatten, beruhigte den Jungen etwas. So schien zumindest von den Menschen in diesem Tal, keine Gefahr für Ule und Nao auszugehen. Er hoffte sehr, dass seine Oma und seine Mutter schnell auf Weco und Flumi trafen. Mittlerweile hatten die Krieger des Mondes mit ihren Gefangenen eine große Lichtung im Wald erreicht. Diese Lichtung lag im Schein der Sonne und kein Nebel trübte das Sonnenlicht. Mitten auf der Lichtung stand ein Langhaus. Die Wände des Hauses waren aus aufeinandergelegten, von allen Ästen befreiten, geraden Baumstämmen gefertigt. Die Stämme hatte man jeweils auf der gegenüberliegenden Seite abgeflacht. So aufeinandergestapelt konnten sie nicht fortrollen. Die einzelnen Stämme waren mit Lianen, beginnend am untersten von außen nach innen und über den darauf liegenden Stamm wieder nach außen verbunden. Alle Stämme zusammen ergaben so eine stabile Wand. Selbst ein starker Sturm konnte das Langhaus nicht zerstören. Die vordere Wand war etwas höher als die Rückwand. Dadurch neigte sich das mit Schilf bedeckte Dach vom Eingang nach hinten und bei Regen floss das Wasser von der vorderen Wand, in der sich der Eingang befand, fort. Der Eingang war etwa fünf Fuß breit und mit Fellen behangen. Rund um das Langhaus zog sich ein etwa zehn Fuß breiter und tiefer Graben.
Über diesen Graben lag eine aus Baumstämmen

gefertigte Brücke. Damit die Baumstämme nicht rollten, waren sie auf der auf dem Boden liegenden Seite abgeflacht und durch kräftige Sehnen von Mammuts miteinander verbunden.
Diese Brücke führte von der Lichtung direkt zum Eingang des Langhauses.
Durch diesen Eingang wurden nun die Gefährten in das Innere geführt.
Der Boden des Hauses war mit Schilf ausgelegt und ergab so einen weichen Untergrund.
Jeth und seine Begleiter wurden zur Rückwand des Hauses gebracht. Jeder von ihnen musste sich neben einen in den Boden getriebenen Pfahl von etwa einem Fuß Durchmesser setzen. Dann wurden ihre Hände mit an den Pfählen befestigten dünnen Tiersehnen gebunden. Die Krieger des Mondes waren dabei nicht zimperlich. Sie hatten die Hände ihrer Gefangenen mit den Sehnen sehr fest gebunden. Die Fesselung ließ keine ausreichende Durchblutung der Hände zu, so dass Jeth schon bald in ihnen ein Kribbeln verspürte. Durch die Fesselung am Pfahl konnten die Gefährten weder aufstehen noch sich hinlegen. So warteten sie nun, ein jeder sitzend an einen Pfahl gelehnt, auf ihr weiteres Schicksal.
Jeth saß gegenüber dem Eingang und sah trotz der Fellvorhänge wie das Licht des Tages in ihr Gefängnis schien. Er bemerkte auch wie sich zwei Krieger des

Mondes ständig vor der Tür bewegten. Die Krieger des Mondes hatten ihre Gefangenen gefesselt in dem Langhaus alleine zurückgelassen. Zur Sicherheit das trotz der Fesselungen ein Entkommen der Gefangenen unmöglich war, bewachten zwei Posten den Eingang. Durch die Lücken des Vorhangs bemerkte Jeth, wie die Dämmerung des Abends den Tag ablöste.
Im Langhaus wurde es nun immer dunkler. Zu allem Überfluss zog trotz der Fellvorhänge am Eingang kalter, feuchter Nebel in das Langhaus.
Die Feuchtigkeit des Nebels legte sich auf die Gefangenen, drang durch ihre Kleidung und ließ die Gefährten heftig frieren. Nach kurzer Zeit merkten die Gefangenen, dass der Nebel auf ihrer Haut wieder ein Brennen und Jucken verursachte. An die Stämme gefesselt, waren sie diesem schutzlos ausgeliefert.
Seit Kaibas Versuch bei der Gefangennahme zu sprechen und der darauffolgenden Reaktion des Anführers der fremden Krieger hatte von den Gefährten niemand mehr ein Wort gesprochen.
Selbst Mare, der die Gruppe sonst immer wieder mit seinen Sprüchen aufheiterte, war still. Aus seinem Gesicht war alle Fröhlichkeit gewichen.
Nun aber hielt er die Stille nicht mehr aus und laut sagte er zu seinen Mitgefangenen: „Wenn ich nicht bald erfahre, was diese weißen Geister mit uns vorhaben, befreie ich mich und verschwinde. Auf so eine

Gastfreundschaft kann ich nun wirklich verzichten."
Jeth war sich sicher, dass auch die Wächter vor dem Eingang Mare gehört hatten.

Leise sagte er deshalb zu Mare: „Mare, da draußen stehen Wächter. Du kannst sie von deinem Platz nicht sehen. Ich bin sicher, dass sie dich gehört haben. Du weißt doch, was der Anführer mit Kaiba gemacht hat, als der redete."

Mittlerweile war es fast vollkommen dunkel in dem Haus. Jeth konnte somit Mare nicht sehen, als der antwortete: „Das ist mir jetzt vollkommen egal. Ich will hier raus!" Den letzten Satz hatte Mare laut hinausgerufen.

Alle Gefährten hielten den Atem an. Sie erwarteten, jeden Augenblick den riesigen Anführer der feindlichen Krieger wütend in das Langhaus stürmen zu sehen. Was dann geschah, daran mochte niemand der Gefährten denken.

Tatsächlich trat bald ein Schatten durch den Eingang. Vor Schreck atmete Jeth tief ein und hielt für einen Augenblick die Luft an.

Aber dann entspannte sich der Junge.

Durch die Fackel, die der Schatten in seiner Hand hielt, sah Jeth, dass ein kleiner, ganz in Hirschleder gekleideter Junge in das Langhaus trat.

Mit der Fackel begab sich der Junge zu verschiedenen Feuerstellen im Langhaus und entzündete sie. Dann ging das Kind mit der Fackel zu jedem der Gefährten und leuchtete mit ihr in die Gesichter der Gefangenen. Es war, als suchte der Junge jemanden bestimmten. Vor Mare blieb das Kind stehen und fragte den Jäger: „Bist du ein Kind des Mondes?" Mare wollte dem Kind antworten, als er Helus Antwort auf die Frage des Kindes hörte: „Ja, das ist Mare, er ist ein Kind des Mondes." Erstaunt sahen alle, wie das Kind vor Mare in die Knie ging und sein Gesicht an die Schulter des Jägers lehnte.

Die Gefährten hatten nur auf den Jungen geachtet, so dass niemand von ihnen bemerkt hatte, dass vor einiger Zeit der Anführer der Fremden mit einer jungen Frau in das Langhaus getreten war. Nun rief er das Kind zu sich: „Ximi, geh zu deiner Mutter. Ob der Jäger ein Kind des Mondes ist, werden wir morgen sehen!" Langsam löste sich der Junge von Mare und ging zu der jungen Frau neben dem Anführer der Krieger des Mondes. Diese nahm den Jungen bei der Hand. Mit einem lächelnden Blick sah sie Mare an. Dann verließ sie mit ihrem Sohn das Langhaus. Der fremde Krieger sah der jungen Frau nach. Als diese das Langhaus verlassen hatte, ging er langsam auf Mare zu. Neben dem gefesselten Jäger kniete sich der Krieger hin und fragte ihn: „Stimmt es, was dein Gefährte sagte, bist du ein Kind des Mondes?" Mare ahnte, dass nur die richtige Antwort den gesamten Stamm vor dem Tod retten konnte.

Aber welche Antwort war richtig?

Ja oder Nein?

Flumis neuer Freund

Nicht weit von der Stelle, an der Jeth und seine Gefährten in die Gefangenschaft der Krieger des Mondes geraten waren, lauschte Weco im Wald noch immer auf die näher kommenden Geräusche.

Weco war kein ängstlicher Jäger, aber der Vorfall mit ihrem Schamanen Hejo hatte ihn auch nicht mutiger gemacht. Was da so geräuschvoll auf ihn und Flumi zukam, konnte kein Wild sein. Als erfahrener Jäger erkannte Weco sofort, dass die immer näherkommenden Geräusche nicht von einem Tier stammten. Kein Raubtier oder Wild würde solch einen Lärm im Wald verursachen. So konnten die Geräusche nur von Menschen stammen. Um in die Richtung der auf sie zukommenden Geräusche besser sehen zu können, hob Weco etwas seinen Kopf über den Strauch, hinter dem er sich mit Flumi versteckt hatte.

Noch sahen seine Augen nicht, wer da so unvorsichtig durch den Wald lief.

Plötzlich bemerkte Weco, wie der bis jetzt still neben ihm liegende Flumi seinen Körper spannte und mit einem lauten Fauchen in das vor ihm liegende Unterholz verschwand.

Weco glaubte zu träumen, nun hatte ihn auch noch Flumi verlassen und er stand der auf ihn zukommenden Gefahr ganz alleine gegenüber.

Völlig unerwartet vernahm der Jäger plötzlich die ihm so sehr bekannte Stimme Tajes: „Nicht Flumi, nicht. Lass den Kleinen in Ruhe er ist unser Freund!"
Als der Jäger dann noch hörte, wie die ihm ebenfalls vertraute Stimme Remas rief: „Unterstehe dich du Unhold! Wenn du meinem Schützling auch nur ein Haar krümmst, brate ich dich am Spieß! Wo hast du deinen Herrn gelassen? Ich werde ihm die Ohren langziehen, wenn er nicht besser auf dich aufpasst!", erhob er sich aus seinem Versteck. Langsam ging Weco auf die Stelle im Wald zu, an der er seine Freunde vermutete.
Was Weco dann auf einer kleinen Lichtung sah, ließ ihn schmunzeln. Flumi hatte einen jungen Säbelzahntiger zu Boden geworfen und seine Schnauze um die Kehle des Kleinen gelegt. Taje war hinter den Berglöwen getreten und versuchte Flumi am Schwanz zerrend von seinem Opfer fortzuziehen. Rema kniete neben Flumi und bemühte sich mit beiden Händen sein Maul zu öffnen. Aber so sehr die beiden Jäger sich auch mühten, es war vergebens. Der Löwe ließ nicht von seinem Opfer ab.
Dann trat Kira zu Flumi und kniete sich neben ihn.
Leise flüsterte das Mädchen nur dem jungen Löwen und der Zauberin Airam bekannte Worte ins Ohr. Langsam entspannte sich Flumi, und mit einem leisen Knurren ließ er sein Opfer los.
Wer von den Gefährten nun geglaubt hatte, der kleine Säbelzahntiger würde aufspringen und schnell zu

seinem Beschützer Rema fliehen, hatte sich geirrt. Der Kleine hielt es wohl für gescheiter sich tot zu stellen. Nur ein Blinzeln seiner Augenlider verriet, dass er die Lage genau beobachtete.

Airam hatte, dass Geschehen die ganze Zeit ruhig betrachtet, als sie nun zu Rema sagte: „Ich habe dir doch gesagt, dass es nicht gutgeht, wenn wir zwei so verschiedene Katzen in unserem Stamm haben. Dabei ist Flumi noch das kleinere Übel, wartet nur ab was geschieht, wenn Ule ihn sieht", und zeigte auf den jungen Säbelzahntiger.

Dann sah die Zauberin den auf sie zugehenden Weco an und fragte: „Weco, bist du alleine? Wo sind die anderen?" Weco antwortete ihr: „Im Augenblick bin ich froh, dass wir die zwei Raubtiere haben. Sie können uns sicher helfen.

Ich bin als Kundschafter vorausgegangen und habe seitdem nichts mehr von unseren Gefährten gehört oder gesehen.

Ich vermute sie wurden von den Kriegern des Mondes gefangen genommen und fortgeführt. Hejo haben die Krieger schon kurz nachdem er den Wald betreten hatte, gefasst und zu Tode gefoltert. Niemand von uns hat etwas bemerkt als sie ihn entführt haben. Wenn wir unsere Freunde noch retten wollen, müssen wir uns schnell einen Plan ausdenken wie wir sie befreien können. Ich kann mir gut vorstellen, dass die beiden

Katzen uns dabei helfen können."
Airam und ihre Begleiter hatten dem Bericht des Jägers erschüttert zugehört. Die Zauberin hatte den Schamanen Hejo zwar nie gemocht, aber sein Schicksal bedauerte sie dann doch sehr.
Die Schamanin sah ihre Gefährten an und sagte: „Wenn es auch für meinem Wolf Wolke schmerzhaft war, so ist es doch gut, dass er sich Dornen in die Pfote getreten hatte. So mussten wir halten um die Pfote zu behandeln. Wäre das nicht passiert, würden wir wohl schon den Wald verlassen haben und hätten nie erfahren das unsere Freunde gefangen wurden.
Es ist schlimm was mit unseren Freunden geschehen ist. Wir haben aber keine Zeit mit einem Totentanz die Göttin zu bitten, Hejo bei sich aufzunehmen. Diesen Tanz werden wir nach der Befreiung unserer Freunde der Göttin darbringen."
Dann sah sie zu Weco und fragte: „Weißt du wo die fremden Krieger unsere Gefährten hingebracht haben?"
„Nicht sicher, aber ich hoffe, dass wir bald ihre Spuren finden und ihnen folgen können."
Trotz der angespannten Lage lachte Taje kurz auf, als er die anderen auf ihre zwei Raubtiere aufmerksam machte. Da lagen die beiden dich aneinander und leckten sich gegenseitig das Fell.
„Die haben aber nach Flumis Angriff schnell Freundschaft geschlossen", freute sich Rema: „Jetzt muss

Ule den kleinen Tiger bei uns dulden, denn sonst bekommt sie Ärger mit Flumi."

„Still, hört ihr das auch", flüsterte Kira, „Ich höre dort vom Rande der Lichtung Stimmen." Das Mädchen hatte die Warnung eben ausgesprochen, als Ule und Nao die Lichtung betraten.

Den Kopf heftig schüttelnd rief Ule ihren Freunden zu: „Dafür, dass wir von Feinden umzingelt sind und nicht wissen, ob sie nach uns suchen, seid ihr ziemlich laut. Ab jetzt sollten wir alle etwas leiser sein."

Dann hatten Ule und ihre Tochter die Gefährten erreicht und still fielen sich alle vor Freude über ihr Wiedersehen in die Arme.

Kira strahlte als sie Nao nach so langer Zeit wiedersah und fragte ihre Freundin: „Was habt ihr erlebt seit wir uns getrennt haben?" Nao wollte ihr eben antworten, als Ule sie unterbrach: „Dafür haben wir jetzt keine Zeit. Zuerst müssen wir unsere Gefährten aus den Händen der Krieger des Mondes befreien. Danach können wir uns ausführlich über unsere Erlebnisse unterhalten."

Rema lächelte, als er auf ihre Raubtiere zeigte: „Mit ihrer Hilfe sollte das für uns kein Problem sein. Wir schicken die beiden in das Lager der Krieger des Mondes und wenn sie alle geflohen sind, holen wir unsere Freunde da raus."

Erst jetzt sah Ule den kleinen Säbelzahntiger. „Ich fasse es nicht", stöhnte sie: „Wem gehört denn dieses Tier?"

„Mir!", antwortete ihr Rema: „Ja und du kannst machen was du willst, ich behalte ihn ebenso wie Jeth seinen Flumi."

„Ist ja schon gut Rema", beruhigte Ule lächelnd den Jäger: „Wenn er uns hilft unsere Freunde zu befreien, ist er mir sehr willkommen. Ich werde ihm dann sogar ein großes Stück Fleisch spendieren. Da ich aber mit unseren Fleischvorräten sparsam umgehen muss, bekommst Du dann eine dünne Fischsuppe."

Rema kannte seine Mutter und wusste, dass sie ihn nur ärgern wollte: „Da habe ich ja noch Glück gehabt, ich war fest davon überzeugt mit leerem Magen schlafen gehen zu müssen."

Alle lächelten über den gespielten Streit der beiden, aber schon bald schaute Taje Weco nervös und voller Unruhe an, als er den Jäger fragte: „Hast du einen Plan zur Befreiung unserer Freunde?"

Weco schüttelte den Kopf: „Nein Taje, den habe ich nicht. Ich schlage vor, wir sollten einen Plan ausarbeiten, wenn wir das Lager der Fremden gefunden und uns dort alles angesehen haben."

Rema der bei der Befreiung ganz auf ihre Tiere setzte, ging zu ihnen, streichelte sie und flüstere ihnen leise zärtliche Worte ins Ohr. Dann wandte er sich wieder seinen Gefährten zu: „So lasst uns aufbrechen. Wenn das Lager der Krieger des Mondes in der Nähe ist, möchte ich es noch vor Anbruch der Nacht ausgekundschaftet haben."

„Rema hat recht", sagte Ule: „So können wir uns noch in der Nacht einen Plan zur Befreiung unserer Gefährten ausdenken."

Ule und Nao, die einen Teil des Weges kannten, führten die Freunde von der Lichtung, zum Lager der Mondkrieger.

An der Spitze liefen Flumi und der kleine Säbelzahntiger. Tajes Falke Geher saß auf Flumis Rücken und zog völlig entspannt mit den Gefährten mit. Plötzlich breitete der Greif seine Flügel aus und stieg hoch in die Luft. Dort oben zog er seine Kreise über den Gefährten.

„Schau, Rema", sagte Taje: „Ist es nicht toll, wie unsere Tiere uns beschützen. Wir haben kein Wort zu ihnen gesagt und dennoch passen Flumi und dein tierischer Freund vorne auf. Jetzt auch noch mit Geher in der Luft sollten es die Mondkrieger schwer haben uns zu überraschen."

Airam, die vor Taje ging, antwortete: „Ja Taje, du hast recht. Wenn unsere Tiere uns begleiten, fühle ich mich auch viel sicherer."

„Unsere Tiere?", fragte Taje: „Dein Wolf Wolke scheint sich aber nicht daran zu beteiligen. Ich habe ihn schon seit Stunden nicht mehr gesehen."

Airam lächelte: „Doch Taje, er beteiligt sich sehr wohl daran uns zu beschützen. Du siehst ihn nur nicht, wenn er in einiger Entfernung von uns den Wald nach Feinden absucht."

So von den Tieren beschützt, zog die Gruppe auf der Suche nach ihren gefangenen Freunden durch das Tal des Nebels. Noch immer verdiente das Tal seinen Namen. Auch wenn der Nebel nicht mehr so dicht war und zur Freude der Gefährten die Feuchtigkeit nicht mehr auf ihrer Haut brannte.

Langsam wurde der Wald dichter und bestand auch nicht mehr nur aus Birken und Fichten. Zwischen den Birken und Fichten standen immer häufiger Buchen. Der von irgendwo her gewehte Samen der Buchen musste noch nicht lange aufgegangen sein, da die Buchen erst die Größe eines zweijährigen Kindes hatten. Dort wo die Birken standen, war der Boden mit dichtem feuchtem Moos überzogen. Leider war das der größte Teil des Waldes. So sanken die Gefährten häufig bei jedem Schritt bis an die Knöchel im morastigen Boden ein. Taje hatte wohl ein zu großes Schuhwerk an, denn schon mehrmals musste er seine Fellschuhe aus dem Moos ziehen. Die Schuhe saugten sich im Moos fest und wenn der Junge den Fuß hob, steckte der Schuh im Boden. Jetzt war er es endgültig leid, mit einem Seufzen bückte er sich, zog seine Schuhe aus dem Sumpf und ging, trotz des kalten mit vom Unterholz übersäten Bodens, barfuß weiter.

Das Moos, die Kälte, der Nebel und das zwischen den Bäumen liegende Unterholz, dem sie ständig ausweichen mussten, machten für die Gefährten das

Vorwärtskommen immer mühsamer. Schon bald durchdrang ihr Keuchen den Wald. Auch wenn sie immer wieder eine kurze Pause einlegten um ihre Lungen zu erholen, war es ihnen unmöglich, sich leise dem Lager der Mondkrieger zu nähern.

Plötzlich blieb die an der Spitze gehende Ule stehen und beim Umdrehen zu ihren Begleitern flüsterte sie: „Könnt ihr das auch hören?" Nun lauschten alle und Rema antwortete: „Ich denke ich höre aus der Ferne Trommeln. Ist es das, was du meinst, Ule?"

„Ja Rema, das ist es."

Nun hörten es auch die Anderen.

„Dann sollten wir", sagte Airam: „Kundschafter aussenden, die nachsehen wer dort die Trommeln schlägt und was das zu bedeuten hat."

Alle stimmten dem Vorschlag der Zauberin zu.

Taje und Rema boten sich als Kundschafter an und wollten sofort losgehen.

„Wartet," hielt Airam die beiden auf: „Ich werde Wolke rufen. Er wird euch begleiten und euch rechtzeitig warnen, wenn ihr in Gefahr seid."

Airam stieß einen leisen Pfiff aus und nach einer kleinen Weile tauchte Wolke zwischen den Bäumen auf. Der Wolf lief zu Airam und ließ sich von ihr, dabei wohlig knurrend, das Fell kraulen. Die Zauberin hatte sich neben ihrem Wolf niedergekniet und flüsterte ihm einige Worte ins Ohr.

Als Airam sich aufrichtete lief Wolke zu Rema und Taje. Mittlerweile wussten alle, dass Airam mit Tieren sprechen konnte. Keiner der Gefährten wunderte sich mehr, als Wolke die Gruppe in Richtung der Trommeln verließ. Schnell folgten Rema und Taje dem Wolf.
Schon bald drang der Klang der Trommeln immer lauter zu den beiden Kundschaftern.
Dann sahen die Jäger wie Wolke plötzlich stehen blieb. Als Rema und Taje den Wolf erreichten, bemerkten sie eine große Lichtung vor sich.
Die Lichtung wurde von einem Fluss in zwei Teile getrennt. Über den Fluss führte eine Brücke zum Vorplatz eines Langhauses. Das Langhaus war nicht das einzige Gebäude auf der anderen Seite des Flusses. Auf der ganzen Lichtung standen wohl an die zwanzig Hütten. Sie alle waren etwa zehn Schritte lang und fünf Schritte breit. Für den Bau der Hütten hatte man Baumstämme als Wände übereinandergelegt. Das Dach bestand aus Schilf vom Fluss. Soweit Rema und Taje sehen konnten, hatten die Hütten keine Fenster. Die Eingänge waren mit verschiedenen Tierfellen zum Schutz vor Regen und Kälte versehen. Oben aus den Dächern stieg heller Rauch auf. Die beiden Jäger konnten es nicht sehen, aber sie vermuteten, dass in den Dächern kleine Öffnungen für den Abzug des Rauchs der Herdfeuer eingelassen waren.
Die Dorfbewohner hatten sich vor dem Langhaus

versammelt und lauschten den Klängen der von jungen Männern geschlagenen Trommeln.
Plötzlich verstummten die Trommeln. Aus dem Langhaus trat eine Gruppe Mondkrieger. In ihrer Mitte führten sie an den Händen gefesselte Gefangene zu einem einzelnen Baum auf der Lichtung. Von dem Baum war nicht mehr viel vorhanden. Man hatte ihn der Krone und aller Äste beraubt und die Baumrinde entfernt. Der Stamm hatte etwa die Höhe eines ausgewachsenen Mammuts. An der Spitze des Stammes befand sich eine tiefe Kerbe die um den ganzen Stamm verlief. In die Kerbe war ein Seil eingelassen, dass am Stamm hinunter hing und dessen Ende aufgerollt auf dem Boden lag. Überall auf der Lichtung brannten kleine Lagerfeuer. Fünf Holzstapel waren in einer Entfernung von etwa zehn Schritten voneinander kreisrund um den Baumstamm verteilt.
Rema wandte sich Taje zu und flüsterte: „Ich fürchte, die Krieger des Mondes haben Schlimmes mit unseren Gefährten vor. Für einen Plan zur Befreiung unserer Freunde bleibt uns keine Zeit mehr. Lauf schnell zu den anderen und hole sie her. Vielleicht können wir die Krieger des Mondes gemeinsam mit unseren Tieren für einen Augenblick verwirren und dann unsere Gefährten befreien."
Sofort erhob sich Taje und war schon bald im Wald verschwunden.

Rema wandte sich wieder dem Geschehen auf dem Platz zu. Wolke hatte sich neben den Jäger gelegt und mit einem leisen Knurren sah er zur Lichtung hinüber.

Der Mondtanz

Inzwischen wurde Mare von zwei Mondkriegern zum Baumstamm auf die Lichtung geführt und dort von ihnen bis auf seinen ledernen Lendenschurz entkleidet.
Dann banden die Krieger seine auf den Rücken gebundenen Hände an das vom Baumstamm herunterhängende Seil.
Ganz in seiner Nähe saßen seine an den Händen und Füssen gefesselten Gefährten.
Hinter jedem der Gefährten hatte sich ein Krieger des Mondes aufgestellt und bedrohte die vor ihm Sitzenden mit einem Speer. Hilflos und voller Sorge um Mare warteten sie darauf was nun geschehen würde.
Mittlerweile war die Dämmerung hereingebrochen.
Auf der anderen Seite des Flusses konnte Rema daher nur mit Mühe das Geschehen auf der Lichtung verfolgen. Wo blieb nur Taje mit dem Rest des Stammes und ihren Tieren? Plötzlich hörte der Jäger leisen Flügelschlag und den Ruf eines Falken. Dann sah er wie Geher dicht neben ihm landete. Als der Greif den Boden berührte, stolperte er mit zwei kleinen Schritten auf Rema zu.
Der Jäger musste lächeln als er das sah und flüsterte: „Oh, Geher, wann wirst du es lernen zu landen, ohne gleich jemanden umzulaufen. Aber ich bin froh, dass wenigstens du bei mir bist. Schade das Airam jetzt nicht hier ist. Sie könnte dir sagen, dass du zu Mare fliegen

solltest. Wenn er und die anderen dich sehen würden, wüssten sie, dass wir in ihrer Nähe sind, um ihnen zu helfen."

Mit Erstaunen sah Rema, wie Geher plötzlich losflog und über den Fluss direkt auf Mare zuflog. Der Greif landete auf der Schulter des gefesselten Jägers. Das gibt es nicht, dachte Rema. Der Vogel ist zu dumm auf dem Boden zu landen, aber auf die Schulter von Mare schafft er es beim ersten Anflug.

Dass so plötzlich ein Falke auf der Schulter ihres Gefangenen landete, versetzte die Krieger des Mondes in helle Aufregung. Rema vermutete, dass die Krieger den Vorfall wohl als eine Art Zeichen sahen. Dann sah der Jäger, wie drüben ein riesiger Krieger, sich Mare und Geher näherte. Mit donnernder Stimme rief der Krieger: „Beruhigt euch! Das hat nichts zu bedeuten! Der Vogel wurde nicht vom Gott des Mondes gesandt um seinem Sohn zu helfen! Seht her!" Dann streckte der Krieger seine Hand nach Geher aus und der Greif wechselte von Mares Schulter, auf die Hand des Kriegers. „Seht ihr!", rief er: „Der Greif ist auch mein Freund! Wenn der Gott des Mondes nicht wollte, dass wir die Probe an dem Jäger vollziehen und er deshalb den Falken gesandt hätte, würde der Vogel nicht auf meine Hand kommen! Schaut, der Vollmond bricht durch die Wolken und vertreibt den Nebel.

Der Mondgott will, dass wir mit der Probe beginnen.

Zündet die Feuer an!"

Am anderen Ufer bemerkte Rema, wie der Wolf der Zauberin Airam sich neben ihn legte. Schon bald sah er erleichtert, wie seine Freunde leise durch den Wald auf ihn zukamen und sich neben ihn knieten. Der Jäger sah in ihre angespannten Gesichter, und schnell hatte er sie über alles, was auf der Lichtung bisher geschehen war, informiert.

Ule machte ein besorgtes Gesicht als sie Rema fragte: „Hast du einen Plan, wie wir unsere Gefährten befreien können?"

Verzweifelt schüttelte der Jäger den Kopf als er ihr antwortete: „Nein Ule, ich habe mir schon die ganze Zeit den Kopf darüber zerbrochen, aber ich finde keine Lösung die zur Befreiung unserer Freunde führen könnte. Es nützt auch nichts, wenn wir unsere Tiere hinüberschicken. Sie würden vielleicht für kurze Verwirrung sorgen, aber mehr würden wir nicht erreichen. Dafür sind die Feinde zu zahlreich."

Plötzlich durchbrach der Mond die Wolken und ließ die Gefährten das Geschehen am anderen Ufer deutlich erkennen.

Sie sahen, wie die um den Baumstamm verteilten fünf Feuer angezündet wurden.

Der riesige Krieger trat mit einem Tuch zu Mare und verband ihm damit die Augen.

Dann rief er laut, so dass die Krieger des Mondes und seine Gefangenen ihn hören konnten: „Der Jäger hat behauptet, er wäre der Sohn des Mondes! Wenn das stimmt, wird der Mondgott", dabei zeigte er mit erhobenem Arm auf den am Himmel stehenden strahlend hellen Vollmond: „seinem Sohn bei der Probe helfen, so dass der Sohn des Mondes die Feuer bis zum ersten Vogelschrei überspringen kann! Da erst jetzt die Nacht beginnt und die Vögel nicht vor dem Morgengrauen erwachen, liegt vor dem Jäger ein langer Lauf!
Wenn er gelogen hat und nicht der Sohn des Mondes ist, wird der Mondgott seine helfende Hand von ihm nehmen. Dann wird der Frevler in einem der Feuer verbrennen!"
Plötzlich drückten die hinter den Gefangenen stehenden Krieger ihre Speerspitzen in die Nacken der Gefährten. Dann sagte der Krieger, der Mare die Augen verbunden hatte zu den Gefangenen: „Jeder, der dem Jäger zuruft, wann er springen soll, wird sofort von dem Krieger hinter ihm getötet."
Zu den beiden bei Mare stehenden Kriegern rief er: „Fangt an!"
Jeth stöhnte leise auf: „Das schafft er nie. So lange kann niemand mit verbundenen Augen über dicht hintereinander brennende Feuer springen.
Jetzt weiß ich was ein Gottesurteil ist."

Zwei Krieger stellten sich hinter Mare und stießen dem Jäger mit den Schäften ihrer Speere immer wieder in den Rücken. So zwangen sie ihn, auf das erste Feuer zuzulaufen.

Da Mare maßlos übertrieben hatte, als er behauptete er sei der Sohn des Mondgottes, konnte er mit verbundenen Augen die Feuer nicht sehen. So versuchte er, durch die immer größer werdende Hitze zu erkennen, wann er sich einem Feuer genug genähert hatte, um es überspringen zu können. Als Mare annahm, dem ersten Feuer so nahe zu sein, dass er es überspringen könnte, sprang er.

Trotz der Bedrohung durch die hinter ihnen stehenden Krieger schrien seine Gefährten auf, als sie sahen was geschah.

Der Sprung war zu kurz und so stürzte Mare in das Feuer. Dabei stieg ein wahrer Funkenregen in den Nachthimmel.

Erleichtert atmeten seine Freunde auf, als der Jäger mit einem weiteren Sprung den Flammen entkam. Sofort trieben die beiden Krieger Mare auf das zweite Feuer zu. Auch der zweite Sprung war zu kurz, um das Feuer zu überwinden. Mare stürzte erneut in die Flammen. Ebenso entsetzt wie seine gefangenen Freunde auf der Lichtung, sahen auch seine Gefährten am anderen Ufer, Mares Stürze in die hoch auflodernden Feuer.

Dort am anderen Ufer gelang es Weco und den anderen

nur mit Mühe, Ule die zu ihrem Sohn Mare laufen wollte, festzuhalten. Als Mare auch in das dritte Feuer stürzte, brach Ule weinend zusammen.

Nun hielt es Rema nicht mehr aus, hilflos den Tod seines Bruders mit ansehen zu müssen. So leise das seine Worte nicht über den Fluss drangen rief er: „Macht euch fertig, wir greifen gemeinsam mit unseren Tieren an. Vielleicht hilft uns Mutter Erde die Krieger des Mondes so lange zu verwirren, dass wir Mare und die anderen befreien können."

Die Gefährten hatte sich eben erhoben um den Angriff zu beginnen, als plötzliches lautes Rufen von der Lichtung zu ihnen herüberdrang.

Mare hatte das vierte Feuer übersprungen.

Atemlos schauten alle auf den Läufer, der sich dem fünften Feuer näherte.

Ohne Mühe übersprang der Jäger das Feuer.

Plötzlich erschallte der Ruf eines Falken durch die Nacht.

Da Mare sich nur auf den Sprung über das nächste Feuer konzentrierte, hatte er den Ruf des Falken nicht gehört.

So näherte Mare sich wieder dem ersten Feuer, als ihn die begleitenden Krieger des Mondes festhielten.

Der große Krieger trat auf Mare zu, nahm ihm die Augenbinde ab und sagte: „Der

Ruf des Falken hat die Probe beendet. Du bist einige Mal in die Feuer gestürzt und trotz der Verbrennungen die du dir dabei zugezogen hast, bist du aufgestanden und weitergelaufen. Solange, bis der Ruf des Falken ertönte. Ich glaube zwar immer noch nicht, dass du der Sohn des Mondes bist aber du hast mutig und dabei alle Schmerzen missachtend die Probe bestanden.
Daher seid ihr frei und könnt das Tal verlassen.
Aber vorher wollen wir feiern. Sieh, da kommen noch mehr von deinen Gefährten. Auch sie sollen mit uns feiern."
Mares Augen waren von der Binde die beim Feuerspringen seine Augen bedeckt hatte noch ganz trübe. Dennoch sah er, als sein Blick dem ausgestreckten Arm des Kriegers folgte, wie Weco und der Rest des Stammes von Kriegern des Mondes über die Brücke zum Langhaus geführt wurden.
Nun gab es für die Gefährten kein Halten mehr. Froh, der Gefahr entronnen zu sein, umarmten sich alle gegenseitig. Dann fassten sie sich an den Händen und tanzten im Schein des Mondlichts und der Feuer.
Nach einiger Zeit ließen sie sich erschöpft im Gras nieder.
Beide Gruppen erzählten sich nun ihre Erlebnisse. Im Mittelpunkt ihrer Erzählungen stand Mare, der durch seine Feuersprünge ihnen allen das Leben gerettet hatte.
Helu wunderte sich noch immer wie Mare es nach den

drei Stürzen geschafft hatte, die anderen Feuer zu überspringen.

Trotz der Verbrennungen die sich der Jäger bei seinen Sprüngen über die Feuer zugezogen hatte, überzog ein Lächeln sein Gesicht, als er es Helu und den anderen berichtete: „Ob ihr es nun glaubt oder nicht, es war Geher, der mir zeigte wann ich zu springen hatte. Meine Augen waren ja verbunden und so konnte ich Geher nicht sehen. Aber ich spürte, dass Geher in meiner Nähe war. Als ich mich dem ersten Feuer näherte, hörte ich den leisen Ruf des Falken, habe ihn aber nicht beachtet. Als ich dann sprang, war ich zwar nahe genug an dem Feuer um es zu überwinden, aber der Sprung war zu kurz. Beim zweiten Feuer hörte ich keinen Ruf von Geher. Ich vermute ich bin zu früh gesprungen und stürzte daher ins Feuer. Beim dritten Feuer sprang ich wieder, als ich den leisen Ruf hörte. Aber wieder war der Sprung zu kurz. Erst beim vierten Feuer stimmte alles. Geher rief, ich sprang mit aller Kraft weit über das Feuer. Nun wusste ich, wie die Feuer zu überwinden waren. Sorgen machte ich mir jetzt noch über die Dauer des Laufes. Mir war ja klar, dass die Vögel erst im Morgengrauen singen und dann erst mein Lauf zu Ende wäre. Wie sollte ich es durchhalten, die ganze Nacht durchzulaufen und dazu noch über die Feuer zu springen.

Aber auch das schien Geher gewusst zu haben. Nach

einigen von mir übersprungenen Feuern stieß er seinen Ruf dieses Mal so laut aus, dass alle ihn hören konnten und der Lauf war beendet."

Taje lächelte und war stolz, dass sein Freund Geher sie aus der Gefangenschaft der Krieger des Mondes befreit hatte.

„Ich habe schon einen tollen Freund", sagte Taje: „Ich wusste nicht, dass er von mir so viel gelernt hat".

Als Airam das hörte, lachte sie laut auf und rief: „Wenn er nur das täte, was du ihm beigebracht hast, würde er heute noch nicht fliegen können!"

Gekränkt blickte der Junge zu Airam als er ihr antwortete: „Dann erkläre mir mal, wieso er Mare helfen konnte."

„Weil ich ihm gesagt habe, wie er Mare helfen soll", antwortete Airam.

„Hast du nicht gesehen wie Geher, nachdem er von der Hand des Kriegers zu uns über den Fluss flog, zu mir kam. Da habe ich es ihm gesagt. Aber du hast dennoch recht, Geher ist ein kluger Vogel und du kannst stolz auf ihn sein. Aber nun seid still. Dort kommt der Anführer der Krieger des Mondes mit einer Frau und einem Jungen. Ich glaube, sie wollen zu uns."

Airam hatte richtig gesehen, der große Krieger trat mit der Frau und dem Kind zu ihnen.

Die Gefährten standen auf und schauten die Ankömmlinge fragend an.

Der Krieger führte seine Hand zur Stirn und sagte: „Ihr habt ohne unsere Erlaubnis das Tal des Nebels betreten. Dadurch habt ihr nach dem Willen unseres Mondgottes euer Leben verwirkt. Mein Sohn Ximi", dabei zeigte der Krieger auf das neben ihm stehende Kind: „ist davon überzeugt, dass der Jäger Mare der Sohn des Mondes ist. Die Probe hat Mare glänzend bestanden. Auch scheinen die Vögel des Waldes auf seiner Seite zu sein. Noch nie hat ein Vogel in diesem Wald vor dem Morgen gerufen. Die Ältesten des Stammes haben meinem Spruch, euch trotz des begangenen Frevels das Leben zu schenken, zugestimmt. Wo ist euer Schamane?"

Airam sah den Krieger an, als sie ihm antwortete: „Unseren Schamanen habt ihr getötet. Ich habe seine Aufgaben übernommen."

Der Krieger nickte und sagte zu Airam: „Gehe mit meiner Frau. In unserer Hütte liegt ein Mädchen mit hohem Fieber. Ich möchte, dass du sie heilst und dann kümmere dich um die Verletzungen von Mare."

Als die Frau sich wortlos umdrehte und auf eine der Hütten zuging, folgte ihr Airam.

Feenwald

Die Hütte war wie die anderen aus aufeinander gelegten Baumstämmen hergestellt. Die Zwischenräume der Baumstämme waren zum Schutz vor dem Wind mit Lehm vom Fluss verschmiert. So blieb es selbst bei kaltem Wind und Regen in der Hütte angenehm warm und trocken.

Beim Betreten der Hütte schlug Airam eine unangenehme Hitze entgegen. Die Hütte besaß keine Fenster und durch den schweren Vorhang, der den Eingang verschloss, konnte kaum frische Luft in die Hütte gelangen. Zusätzlich herrschte im Inneren der Hütte fast völlige Dunkelheit. Nur durch das in der Mitte des Raumes brennende Feuer, war es Airam möglich, vom Inneren der Hütte etwas zu erkennen. An der Rückwand der Hütte waren vier Schlafstätten hergerichtet. Die Schlafstätten bestanden aus fest gestampftem aufgeschichtetem Lehm. Darauf hatten die Bewohner der Hütte Moos gelegt und dieses mit Fellen bedeckt. Zu einer dieser Schlafstätten ging nun, gefolgt von Airam, die junge Frau. Als die Zauberin an die Schlafstätte trat, sah sie auf ihr ein Mädchen liegen. Das Kind mochte etwa zehn Sommer alt sein und lag schwer atmend, mit geschlossenen zur Decke der Hütte gerichteten Augen auf seiner Schlafstätte. Die Kleine war bis über die Schultern in warmen Fellen eingehüllt.

Als Airam näher an das Mädchen herantrat, bemerkte sie dicke Schweißtropfen auf der Stirn der Kranken.
Airam legte der Kleinen eine Hand auf die Stirn. Beunruhigt fühlte die Schamanin die Hitze des Fiebers durch ihre Hand strömen. Wohl durch die aufgelegte Hand aus ihren Fieberträumen geweckt, öffnete das Mädchen die Augen. Dabei schaute sie Airam mit vom Fieber glänzenden Augen verzweifelt und voller Angst an. Airam erkannte die Angst in den Augen des Mädchens. Die Zauberin erfasste zart die Hand der Kleinen als sie das Kind fragte: „Meine Kleine, wie heißt du?"
Die Schamanin spürte die Anstrengung, mit der das Mädchen versuchte ihr zu antworten. Leise und unter Stocken hörte Airam den Namen aus dem Mund des Kindes: „Feen..., Feen..., Feenwald. Ich heiße Feenwald".
Lächelnd sah Airam das Mädchen an: „Feenwald! Das ist aber ein hübscher Name. Ich bin Airam, eine Schamanin. Ich werde dir helfen wieder gesund zu werden."
Dann wandte sich Airam der jungen Frau zu und fragte diese: „Bist du die Mutter der Kleinen?"
Mit einem Blick voller Sorge um ihr Kind antwortete die junge Frau: „Ja, sie ist meine Tochter. Ich habe solche Angst um sie. Kannst du ihr helfen?", flüsterte sie der Zauberin zu.
Beruhigend legte ihr Airam eine Hand auf die Schulter: „Ich hoffe es sehr. Wie ist dein Name?"

Trotz ihrer Sorgen um ihre Tochter zwang sich die junge Frau zu einem Lächeln: „Ich bin Ilo."

„Ilo, deine Tochter hat hohes Fieber und das Sprechen fällt ihr schwer. Ich nehme an, dass auch ihr Hals entzündet ist. Wenn das so ist, ist es eine leichte Krankheit und in ein paar Tagen wird sie wieder gesund sein. Damit ich in ihren Hals schauen kann, muss ich etwas Licht haben. Bitte hole mir einen brennenden Stock aus dem Feuer." Schnell hatte Ilo der Zauberin den brennenden Stock gebracht.

Zart die Wange des Mädchens streichelnd, sagte Airam zu dem Kind: „Ich möchte in deinen Mund sehen. Dafür muss ich den Stock vor deinen Mund halten. Mit dem Licht des Feuers kann ich sehen, ob dein Hals rot ist. Du musst keine Angst haben. Ich bin ganz vorsichtig und werde dir nicht weh tun. Bist du stark genug den Mund zu öffnen?"

Trotz Airams beruhigender Worte sah man dem Kind an, dass es Angst hatte, als es den Mund öffnete.

Vorsichtig führte Airam das Licht vor den Mund der Kleinen.

„Schließe deine Augen meine Tapfere. So kann das Licht dir nichts tun." Im Licht der kleinen Flamme sah die Schamanin, dass der Hals des Mädchens stark gerötet war.

Sie gab den leicht brennenden Stock wieder der jungen Frau. Lächelnd sagte sie zu ihr: „Es ist wie ich es mir

gedacht hatte. Deine Tochter hat einen entzündeten Hals und hohes Fieber. Für den Hals werde ich ihr gleich einen Trank machen, der die Entzündung heilt. Gegen das hohe Fieber werden wir kalte Umschläge auf ihre Waden legen. Ich hoffe, dass die Kleine dann in ein paar Tagen wieder gesund ist.
Zuerst sollten wir aber einige von den Fellen von ihr nehmen. Wärme ist zwar gesund und kann das Fieber vertreiben, aber sie muss auch gut atmen können. In so viele Felle eingepackt erstickt sie ja."
Gemeinsam mit Ilo nahm Airam einige der Felle von dem Kind. Dabei bemerkte die Schamanin, dass das Kind gleich freier atmete.
Dann sagte sie zu Ilo: „Hole mir etwas kühles Wasser aus dem Bach. Damit werden wir einige Lappen befeuchten und deiner Tochter um die Waden legen. Lass beim Hinausgehen die Tür auf und mache das Feuer etwas niedriger. In der Hütte ist es viel zu heiß und zu stickig. Wenn du draußen Kira siehst, das ist das junge Mädchen meines Stammes, bitte sie, zu mir zu kommen."
Airam streichelte eben beruhigend die Wange des kranken Mädchens, als Kira die Hütte betrat.
Die Zauberin drehte sich Kira zu, als sie zu ihr sagte: „Kira, bitte lass den Vorhang vor der Tür offen. So kommt frische Luft in den Raum. Dann gehe bitte zu meinen Sachen. Hole mir aus meinem großen Ledersack den kleinen Fellbeutel mit den Kräutern und die Schale

aus dem Mammutknochen. Ich will der Kleinen eine Medizin brauen, die die Entzündung in ihrem Hals vertreibt."

Mit sorgenvollem Blick auf das kranke Mädchen verließ Kira die Hütte.

Als Ilo mit dem klaren Wasser aus dem Bach in die Hütte zurückkehrte, bat Airam die junge Frau, das Wasser zu erhitzen. Ilo nahm einen irdenen Krug von einem aus Mammutknochen hergestellten Regal. Dann füllte sie den Krug mit dem Wasser und hängte ihn über das Feuer. Schnell war das Wasser heiß. Nun wartete Airam darauf, dass Kira mit den Heilkräutern zurückkehrte.

Aber das Mädchen kam nicht.

Zu Ilo gewandt sagte Airam: „Kira sollte mir Heilkräuter bringen. Ich sehe mal draußen nach, wo das Mädchen so lange bleibt. Befeuchte du mit dem restlichen kalten Wasser zwei Tücher und lege sie um die Waden deiner Tochter. Die Kühle wird das Fieber senken."

Dann verließ sie die Hütte. Schon bald sah Airam Kira nur wenige Schritte vor der Hütte entfernt, mit dem Bruder des Mädchens Ximi reden. Der Junge war sicher erst acht Sommer alt, aber Kira schien ganz vertieft in ein Gespräch mit dem Kleinen verwickelt zu sein.

Als Airam an die Kinder herantrat, hörte sie noch, wie der Kleine zu Kira sagte: „Ich habe gewusst, dass die Zauberin zu uns finden würde, um Feenwald zu heilen."

Kira schüttelte den Kopf und antwortete dem Jungen:

„Wieso konntest du das wissen? Niemand von euch konnte wissen das wir durch den Nebelwald gehen und ihr uns gefangen nehmen würdet." Nun hatte Airam die Zwei erreicht und sah Kira mit einem strengen Blick an: „Kira, warum bringst du mir nicht die Medizin? Je länger es dauert bis Feenwald sie bekommt, umso länger muss die Kleine leiden."
„Oh verzeih, Airam", sagte Kira: „Ximi hat mich gefragt, ob du seine Schwester wieder gesundmachen kannst."
Airam sah den Jungen an, als sie ihm sagte: „Das ist schön, dass du dich um deine Schwester sorgst. Aber sei sicher, sie wird bald wieder gesundwerden. Wenn du möchtest, kannst du sie morgen nach Sonnenaufgang besuchen."
Der Junge lächelte, als er Airam antwortete: „Ich möchte später der Schamane unseres Stammes sein. Deshalb gehe ich jetzt mit dir, um zu lernen wie man Kranke heilt."
Airam schluckte als sie diese Worte aus dem Mund eines so jungen Kindes hörte und antwortete ihm: „Schön, dann komm mit, ich werde deine Mutter fragen ob sie damit einverstanden ist."
Gefolgt von den beiden Kindern, ging Airam zurück in die Hütte.
Als die Zauberin mit den Kindern die Hütte betrat, spürte sie, dass die Luft in dieser durch den offenen Türvorhang und das niedrigere Feuer schon deutlich

angenehmer war. In Begleitung der Kinder ging sie auf der am Rand des Bettes ihrer kranken Tochter sitzenden Ilo zu. Sie legte der jungen Frau eine Hand auf die Schulter: „Ilo, weißt du, dass dein Sohn später einmal der Schamane eures Stammes sein möchte? Er ist mitgekommen um zu lernen wie ich Kranke heile. Bist du damit einverstanden, dass er mir hilft?"

Ilo lächelte, dann sagte sie: „Ich weiß es. Er redet ständig davon. Er war auch schon mehrere Male dabei, als unser alter Schamane noch lebte und Kranken half. Unser Schamane sagte mir, mein Sohn hätte die Gabe des Sehens und wäre auserwählt ein Schamane zu werden."

Während Ilo noch zu Airam sprach, betrat der große Krieger die Hütte und hörte den beiden Frauen aufmerksam zu.

„Aber jetzt ist unser Schamane tot und wir haben niemanden der Ximi ausbilden kann."

Der große Krieger ging zu Ilo, nahm sie in seine Arme und sagte: „Doch Ilo, jetzt haben wir wieder einen Schamanen." Dabei sah er lange Airam an.

Airam schüttelte den Kopf und antwortete ihm: „Oh nein, ich kann nicht euer Schamane sein. Die Göttin Mutter Erde wünscht, dass ich Kira in das Tal der zwei Berge führe. Es ist unmöglich, den Wunsch der Göttin nicht zu erfüllen."

Bei Airams Antwort verfinsterte sich das Gesicht des großen Kriegers, so dass Airam schon befürchtete die

eben erst gewonnene Freundschaft des Mannes wieder zu verlieren. Aber nach einer Weile lächelte der Krieger sie an und versöhnlich sagte er zu ihr: „Du tust recht daran mir meinen Wunsch auszuschlagen. Denn wollen wir nicht den Zorn der Götter auf uns ziehen, müssen wir Menschen ihren Wünschen folgen. Aber musst du sie in das Tal führen oder kann das auch Ilo? Ilo kennt den Weg in das Tal der zwei Berge."
Ohne auf die Frage des Häuptlings einzugehen, hatte Airam mittlerweile eine grüne Pflanze aus ihrem Lederbeutel genommen und in ihren Handflächen zerrieben.
Aus den Augenwinkeln sah sie, wie Ximi alles was sie tat ganz genau beobachtete.
Sie hielt dem Kind die Handfläche, in der die zerriebene Pflanze lag, hin und fragte ihn: „Weißt du, welche zerriebene Pflanze ich hier in der Hand halte?"
Der Kleine schaute die Pflanze an und sagte: „Ja Airam, das ist Brunnenkresse. Ich habe sie schon öfter an unserem Bach gesehen."
„Das stimmt", sagte Airam: „Dann sag mir doch bitte noch, welche Krankheit kann man mit dieser Pflanze heilen?"
Der Kleine überlegte nicht lange als er der Zauberin antwortete: „Mit dieser Pflanze können wir das Fieber von Feenwald senken. Ich wollte es schon gestern meiner Schwester geben, aber Mama hat es nicht

erlaubt." Dabei schaute der Junge seine Mutter vorwurfsvoll an.

Airam sagte zu Ximi: „Das war auch richtig von deiner Mama. Wie sollte sie wissen, ob die Pflanze deiner Schwester helfen würde? Noch bist du kein Schamane. Aber sei unbesorgt, du wirst ein Schamane."

Während sie mit Ximi sprach, füllte sie die Brunnenkresse in den irdenen Topf und ließ die Pflanze aufkochen. Nach einer Weile goss sie etwas von dem fertigen Sud in eine aus einem Elchgeweih hergestellte kleinen Schale. Mit ihr ging Airam zu Feenwald. Sie hob den Kopf des Mädchens vorsichtig an und gab dem kranken Kind davon zu trinken.

Dann sagte sie zu Ximi: „Bevor du heute schlafen gehst, gibst du deiner Schwester noch etwas von dem Sud zu trinken. Aufwärmen musst du es nicht. Schaffst du das?"

Ximi lächelte stolz, als er der Zauberin versprach: „Ja, das kann ich. Jetzt werde ich bei Feenwald bleiben und auf sie aufpassen."

„Das ist schön", sagte Airam und zu dem großen Krieger sagte sie: „Bitte glaube nicht, dass es Unhöflichkeit war, nicht gleich auf deine Frage zu antworten. Denn als ich die Medizin für Feenwald zubereitete, habe ich mit der Göttin Zwiesprache gehalten. Sie ist damit einverstanden das Ilo, Kira und meinen Stamm in das Tal der zwei Berge führt. Ich werde jetzt zu Helu gehen und ihm sagen, dass ich solange bei euch bleibe, bis Ximis

Ausbildung zum Schamanen abgeschlossen ist. Helus Stamm hat ja Kira, sie ist zwar fast noch ein Kind, aber schon jetzt eine ausgebildete Schamanin."
Erst nach einigem Suchen fand Airam Helu sitzend an einem der langsam ausglühenden Feuer über die Mare hatte springen müssen.
Helu hatte ihr Kommen nicht bemerkt und Airam spürte, dass ihr Häuptling tief in sorgenvollen Gedanken versunken war.
So setzte sie sich neben Helu und wartete darauf, dass er sie ansprechen würde.
Nach einer Weile schaute Helu Airam mit einem gezwungenen Lächeln an: „Ach Airam, ich habe eben über unseren Stamm nachgedacht. Ich glaube, ich habe das Alter erreicht um als Häuptling des Stammes zurückzutreten. Wenn wir das Tal der zwei Berge erreicht haben, werde ich unseren Leuten Mare als meinen Nachfolger vorschlagen. Ich bitte dich, für diese Aufgabe bei der Göttin um Stärke für Mare zu bitten."
Airam hatte schon seit einiger Zeit bemerkt, dass es Helu immer schwerer fiel seine Aufgaben als Stammesführer wahrzunehmen und versuchte daher nicht ihn umzustimmen.
Sie legte ihre Hand auf Helus Unterarm: „Ich weiß, wie dir zumute ist. Auch ich spüre, dass ich meine Aufgaben als Dienerin der Göttin nicht mehr lange erfüllen kann.
Mit Zustimmung der Göttin habe ich dem Vorschlag des

Häuptlings der Mondkrieger, hier bei ihnen zu bleiben und Ximi zu einem Schamanen auszubilden, zugestimmt."

Verwundert schaute Helu die Zauberin an: „Aber Airam, du bist unsere Schamanin! Willst du mir sagen du kommst nicht mit in das Tal der zwei Berge?"

Beruhigend antwortete Airam: „Helu, in das Tal wird euch Kira begleiten. Sie ist jetzt soweit, dass sie die Aufgaben einer Schamanin erfüllen kann. In das Tal der zwei Berge wird euch Ilo begleiten. Sie kennt den Weg und wird solange bei euch bleiben wie ich bei den Mondkriegern bleibe. Denn sobald Ximi seine Ausbildung beendet hat, werde ich zu euch zurückkehren und Kira, wie die Göttin es verlangt hat, zur Hohepriesterin der Göttin weihen. Ich bitte dich zum Häuptling der Mondkrieger zu gehen und ihm dein Einverständnis mitzuteilen."

So ging Helu zum Anführer der Mondkrieger und teilte ihm sein Einverständnis über Airams Verbleib im Lager der Mondkrieger mit.

Der große Krieger legte Helu beide Hände auf die Schulter: „Helu, du weißt, ich hätte meinen Willen auch erzwingen können. Aber so ist es mir lieber. Auch freut Ilo sich, neue Abenteuer zu erleben. Sie fiebert bereits der Wanderung in das Tal der zwei Berge entgegen. Ximi hat mir eben gesagt, dass das Fieber von Feenwald langsam fällt. Ich glaube wir haben allen Grund, die

Feuer höher brennen zu lassen und ein großes Fest zu feiern."

Dann nahm der Krieger des Mondes Helu in seine Arme. Nach kräftigem Schulterklopfen lösten sich die beiden Männer voneinander und Helu sagte: „So ist es recht, lasst uns den Beginn der Freundschaft zwischen unseren Stämmen ausgiebig feiern."

Mare, der hinzugekommen war, bemerkte: „Wie wäre es, wenn wir nach der Feier unsere Vorräte noch durch eine Mammutjagd auffrischen würden?"

Der große Krieger sah Mare an, als er ihm antwortete: „Eine gute Idee, die der Sohn des Mondes hat. Ich schlage vor, dass du uns, nachdem die Sonne zweimal den Tag erwärmte, zu einer Herde Mammuts führen wirst. Als Sohn des Mondes dürfte das Aufspüren einer Herde für dich kein Problem sein."

Dann lachte der Krieger und ging zu seiner kranken Tochter. Als der Krieger die Hütte, in der seine Tochter lag, betreten hatte, sagte Mare zu Helu: „Ich glaube, der Riese ist nicht davon überzeugt, dass ich der Sohn des Mondes bin."

Helu lächelte, als er ihm antwortete: „Sicher ist er das nicht. Aber du kannst ihn ja davon überzeugen, indem du uns zu der Mammutherde führst." Dann drehte sich Helu um und ging zu seiner Gefährtin Ule.

Mare aber begab sich schnell zu einem der Lagerfeuer, an dem sich seine jungen Freunde niedergelassen hatten. Als er ihnen von dem Auftrag des großen Kriegers erzählte, sagte Taje: „Mare als Kundschafter? Das wird nie etwas. Ich glaube der Beweis, dass du der Sohn des Mondes bist, wird dir dieses Mal nicht gelingen. Bevor uns Mare durch seine Unfähigkeit Fährten zu lesen alle ins Verderben stürzt, sollten Rema und Jeth sich aufmachen, die Herde zu finden. In der Zwischenzeit werden wir die Feier genießen. Ich hoffe Mare, es ist nicht die letzte in meinem jungen Leben. Ich werde jetzt einen Krankenbesuch machen. Die Tochter des Häuptlings liegt krank in der Hütte ihrer Eltern. Ihr Name ist Feenwald. Ein Mädchen das so einen schönen Namen trägt, muss ich kennenlernen." Dann stand der Junge auf und begab sich zur Hütte des kranken Mädchens.

Rema schlug seinem neben ihm sitzenden Bruder Mare auf die Schulter: „Ich fasse es nicht Bruder, als wir in Tajes Alter waren, haben wir mit Holzspeeren auf Hasen geworfen und was macht er? Er geht ein krankes Mädchen besuchen!

Als Taje die Hütte betrat, fragte er den an der Liege seiner Tochter stehenden Krieger: „Darf ich Feenwald besuchen?"

„Sicher, komm nur näher. Meine Tochter ist eben aufgewacht und wie sie mir sagte, geht es ihr schon viel besser."

Feenwald schaute zu Taje und fragte ihn: „Wer bist

du?" Taje trat näher an das kranke Mädchen heran als er ihr antwortete: „Ich bin Taje und bin mit meinem Stamm in euer Dorf gekommen. Airam, unsere Heilerin hat dich von deinem Fieber befreit. Hast du Durst? Ich habe immer fürchterlichen Durst, wenn ich Fieber habe."
„Ja, den habe ich jetzt auch", antwortete die Kleine. Das habe ich mir gedacht. Warte ich hole frisches, kühles Wasser vom Bach. Das wird dir guttun." Schnell nahm er einen aus dem hohlen Knochen eines Mammuts gefertigten Becher und lief zum Bach. Dort füllte er den Becher mit frischem Wasser und lief zurück zu Feenwald. Er trat an das Kopfende der Liege und hob den Kopf des Mädchens behutsam an. Dann gab Taje dem Mädchen vorsichtig zu trinken. Der große Krieger lächelte, als er das sah und sagte zu seiner Tochter: „Ich glaube Feenwald, bei Taje bist du gut aufgehoben und ich kann mich nun um andere Dinge kümmern."
Feenwald sah lächelnd Taje und dann ihren Vater an, als sie antwortete: „Ja Vater, geh nur, mein Held hier wird mich schon vor allen Gefahren beschützen." Vergeblich versuchte Taje das aufsteigende Blut in seinem Kopf zu unterdrücken.
Erleichtert atmete er auf, als er sah, wie sein Freund Geher die Aufmerksamkeit des Mädchens auf sich zog, als der Greif, sich am Türvorhang vorbei zwängend, die Hütte betrat und auf Taje zu watschelte.
„Wer kommt denn da?", fragte Feenwald.

Stolz antwortete ihr Taje: „Das ist mein Freund Geher. Er hat mich sicher gesucht."

Mit einem kurzen Flügelschlag flog Geher auf die Liege zu Feenwald und genoss die Streicheleinheiten des Mädchens.

Eine Weile sah Taje den beiden zu: „Jetzt ist es genug. Ich glaube du solltest Jeth und Rema bei ihrer Suche nach einer Mammutherde helfen." Als Geher vom Bett zurück auf den Boden hüpfte und zur Tür der Hütte hinaus watschelte, staunte das Mädchen: „Was ist das? Kann Geher dich verstehen?"

Taje lächelte Feenwald an: „Ja, ich habe ihn aufgezogen. Er versteht alles, was ich oder Airam ihm sagen. Niemand kann das erklären."

Die Kundschafter

Am Lagerfeuer der jungen Krieger seufzte Rema erleichtert auf, als Geher auf sie zukam. „Dank sei der Göttin. Da kommt unser Herr der Lüfte. Jetzt können wir gehen, Jeth. Airams Wolf Wolke und dein Berglöwe Flumi sind schon vorausgelaufen, um eine Herde prächtiger Mammuts zu finden."
Geher stand noch immer vor Jeth und blinzelte den Jungen von unten an.
„Was ist, Geher? Hat Taje dir nicht gesagt was du tun sollst? Also komm, steig auf in die Wolken und führe uns zu den Mammuts." Dabei hob Jeth den Arm und zeigte in den Nachthimmel. Geher verstand. Sofort flog er hoch und verschwand mit wenigen Flügelschlägen im Nachthimmel.
Die beiden Kundschafter Jeth und Rema waren froh, dass mittlerweile der Mond die Wolken durchbrochen hatte und er ihnen so genügend Licht für ihre Suche nach der Mammutherde bot.
Als sie aber die Lichtung verließen und in den Wald eindrangen, umfing sie wieder dieser unheimliche Nebel. Es dauerte nicht lange und die Feuchtigkeit hatte ihre aus dem Fell wilder Tiere bestehende Kleidung durchnässt. Sobald die Nässe ihre Haut erreichte, spürten sie wieder das lästige Jucken auf ihrer Haut. Jetzt mussten sie aber keine Furcht mehr vor den

Kriegern des Mondes haben und so hatte das Tal des Nebels seinen Schrecken verloren.

Von Ximi hatten sie erfahren, wenn sie in die Richtung gingen in der die Sonne nie zu sehen war, würde der Wald bald in eine Grasfläche übergehen. Der Nebel wäre auf der Steppe nicht mehr so dicht. Nur vor den Schreigeistern, die im Gras der Steppe auf ihre Opfer lauerten, müssten sie sich in Acht nehmen.

Als die beiden Jäger von Ximi mehr über diese Geister erfahren wollten, konnte der Junge ihnen nicht viel über sie erzählen. Bisher hatte noch niemand von den Kriegern des Mondes die Geister gesehen. Aber sobald man den Wald verließ und auf die Grasfläche trat, hörte man sie ganz deutlich. Die Krieger des Mondes glaubten, dass auf der Steppe Geister wohnten, die ihnen nicht freundlich gesonnen wären. Ihr Schamane wollte die Geister mit einer Opfergabe besänftigen. Deshalb war er vor einigen Monden zu ihnen auf die Steppe gegangen. Dort wollte er ihnen gebratenen Hasen und Fasan sowie mehrere Kräuter als Opfer darbringen.

Da der Zauberer nicht zurückgekommen war, glaubten die Krieger des Mondes nun, dass ihr Schamane die Geister nicht besänftigen konnte. Sie waren überzeugt, dass die Schreigeister ihren Schamanen gefangen hielten oder gar getötet hatten.

Immer noch mit juckender Haut, aber ohne sonstige Zwischenfälle erreichten Jeth und Rema im

Morgengrauen den Rand des Waldes.

Für die beiden Jäger war es schon beeindruckend, am Rand des Waldes stehend auf die vor ihnen liegende riesige Steppe zu blicken.

Von der Steppe wehte den beiden Jägern ein leichter aber eisiger Wind entgegen. Das saftige grüne Gras der Steppe war nicht sehr hoch und wuchs auf einer von keinem Hügel oder Berg unterbrochenen Ebene. Der Blick zum Horizont wurde auch von keinem Baum oder Strauch unterbrochen.

Wie Ximi es ihnen gesagt hatte, war die Steppe nur in einen leichten Dunstschleier getaucht.

Aus dieser trieb der sanfte Wind immer wieder vereinzelte Nebelschwaden in den Wald. Erst im Wald verdichteten sich die Schwaden zu dem unangenehmen Nebel, den alle Waldbewohner ertragen mussten. Da die Kundschafter nun nicht mehr in dem dichten Nebel standen, stellten sie erleichtert fest, dass ihre Kleidung langsam trocknete und das Jucken auf der Haut nachließ.

Am Rande des Waldes stehend, lauschten die beiden Kundschafter auf die Ebene hinaus.

Wo waren die Stimmen der Schreigeister?

Dann urplötzlich hörten die Jäger die Stimmen.

Erst ganz leise und dann immer lauter.

Wenn sie genau hinhörten, kam es ihnen vor, als ob ein schwer beladener riesiger Schlitten über trockene Erde gezogen würde.

Rema lächelte, als er sich Jeth zuwandte und sagte: „So ein Geräusch habe ich schon einmal gehört.
Ich hörte es, als ich mit Airam, Taje und Kira auf unserer Wanderung die Wand aus Eis gesehen habe. Die Wand war so hoch, dass sie den Himmel berührte. Airam hat uns damals erklärt, dass die Wand diese Geräusche macht, wenn sie sich über den Boden schiebt."
Erleichtert atmete Jeth auf als er hörte, dass ihnen ein Kampf gegen Geister erspart bleiben würde.
„Du meinst, da vorne ist eine Wand aus Eis die auf uns zukommt, und es sind keine Geister die auf uns lauern? Das muss ich sehen!"
An den verschwundenen Schamanen der Mondkrieger dachten beide nicht.
Langsam vertrieben die ersten Sonnenstrahlen den Nebel nun vollständig von der Steppe. Die Sonne leuchtete als goldener Ball über das Grasland und machte den Blick über die riesige Ebene für die beiden Jäger frei. Was sie dort am Horizont sahen, war so gewaltig, dass die beiden Kundschafter sprachlos zum Horizont schauten.
Rema hatte sich als erster gefangen als er zu Jeth sagte: „Da ist sie wieder, die Wand aus Eis.
Siehst du wie sie die Wolken berührt?"
Jeth der so etwas noch nie gesehen hatte, brachte immer wieder nur ein „Oh, ah", aus seinem Mund hervor.
Selbst der Wolf Wolke und Flumi der Berglöwe standen wie erstarrt neben den Jägern und blickten zu der

riesigen Eiswand. Geher, Tajes Falke, kreiste in der Zwischenzeit über seinen Freunden. Dann stieß der Greif einen Schrei aus und flog in Richtung der Eiswand davon.

Nach einiger Zeit legte Rema dem noch immer staunenden Jeth eine Hand auf die Schulter und sagte zu seinem jungen Freund: „Lass uns aufbrechen, Jeth. Erinnere dich, wir sollen für Mare eine Herde Mammuts finden. Ich schlage vor, wir gehen über die Ebene bis zur Eiswand. Ich hoffe, dass wir, wenn die Sonne ihren höchsten Punkt am Himmel erreicht hat, am Fuß der Wand angekommen sind. Vielleicht haben wir Glück und finden auf unserem Weg dorthin eine Herde."

Noch immer zur Eiswand am Horizont sehend antwortete Jeth: „Ja, du hast recht. Lass uns sofort losgehen. Morgen muss Mare den Kriegern des Mondes eine Herde Mammuts präsentieren. Bis dahin sollten wir eine gefunden haben, zu der er unsere neuen Freunde führen kann. Sonst ist es mit der gerade geschlossenen Freundschaft schnell wieder vorbei."

Als die beiden Jäger sich vom Waldrand entfernten und die Steppe betraten, kamen sie nur langsam voran. Immer wieder versanken ihre Füße bis zum Knöchel in der feuchten Grasnarbe.

Nachdem Jeth wiederholt seinen Fuß aus dem Sumpf befreit hatte, stöhnte er: „So kommen wir nie rechtzeitig zur Eiswand." Rema schaute den jungen Jäger an und

lächelte: „Das werden wir schon. Noch sind wir nicht weit vom Nebel entfernt.
Weiter vorne auf der Steppe haben wir keinen Dunst gesehen.
Wenn es dort nie Nebel gibt, der den Boden feucht macht, ist der Boden dort fest und wir werden dann schneller vorankommen."
Rema sollte recht behalten. Dort, wo kein Nebel mehr den Boden aufweichen konnte, wurde der Untergrund immer fester und die beiden Kundschafter kamen wieder schneller voran.
Sofort verbesserte sich Jeths Stimmung. Leise vor sich hin summend, schritt der junge Jäger seinem Ziel der Eiswand entgegen.
Flumi, der Berglöwe und Wolke der weiße Wolf, hatten sich mittlerweile von den Jägern getrennt. Gemeinsam durchstreiften sie die Steppe nach Beute.
Als Jeth und Rema die ersten Kaninchenlöcher sahen, lachte Jeth und rief: „Weil wir keine Zeit zum Jagen haben, müssen wir uns mit dem wenigen Trockenfleisch das uns Ule mitgab begnügen. Aber ich wette, unsere Tiere schlagen sich den Bauch mit frischem leckerem Kaninchenfleisch voll."
Genau wie Jeth vermutet hatte, sahen die beiden Jäger in einiger Entfernung Wolke und Flumi Kaninchen jagen.
Nur von ihrem Falken Geher war nichts zu sehen.
„Rema, was hältst du davon, wenn wir uns auch einen

Hasen fangen und bei einer kurzen Rast über einem Feuer braten?"
Ohne den jungen Jäger anzusehen, brummte Rema: „Keine schlechte Idee, Jeth. Nur haben wir noch immer keine Mammutherde gefunden. Und wie du eben selber gesagt hast, können wir uns keine Rast erlauben. Dabei frage ich mich auch, wie du ein Feuer ohne Holz anzünden willst. Ich jedenfalls sehe weit und breit keinen Baum oder Strauch. Wenn du Hunger hast, esse dein Trockenfleisch."
Die Antwort gefiel dem jungen Jäger überhaupt nicht. Er sah aber ein, dass sein Freund recht hatte, und wäre sein knurrender Magen nicht, hätte er seinen Vorschlag schon bald vergessen. Plötzlich sahen die beiden Kundschafter, wie von der Eiswand hoch am Himmel ein kleiner Punkt, der schnell größer wurde, auf sie zukam. Schon bald erkannten sie, dass es Geher war. Der Falke hatte sie schnell erreicht und landete vor ihren Füssen. Seine Landung auf dem Boden hatte sich seit seinem ersten Flug in keinster Weise verbessert. Dem Vogel gelang es zwar auf seinen Füssen zu landen, aber er musste dabei immer einige Schritte vorwärtslaufen. Schon nach drei, vier kurzen Schritten verlor er das Gleichgewicht, stürzte nach vorne und da er noch im vollen Lauf war, pflügte er mit seinem Schnabel den Boden auf.
Obwohl sein Schnabel dem Boden wieder einmal eine

kleine Wunde zugefügt hatte, Mutter Erde würde sicher langsam böse auf den Tollpatsch werden, sahen die Jäger, dass der Greif etwas in seinem Schnabel hatte. Rema kniete sich hinunter und hielt Geher seinen linken Arm hin. Der Vogel flog auf Remas Arm. Dann erhob der Jäger sich wieder. Jeth trat zu den beiden und nahm Geher vorsichtig ein Büschel Fell aus dem Schnabel. Der Junge streichelte dem kleinen Vogel über den Kopf als er sagte: „Was bringst du denn da? Willst du dir ein Nest bauen? Dann solltest du aber auch langsam anfangen dir eine Partnerin zu suchen."
„Jeth, ich glaube nicht, dass Geher sich ein Nest bauen will", antwortete Rema an Stelle des Vogels. Sieh Dir doch mal das Büschel genauer an."
Jeth drehte das Fell in seinen Händen und betrachtete es nun genauer.
Plötzlich rief der Junge: „Bei der Göttin, das ist Wolle von einem Mammutfell! Rema, glaubst du, er will uns sagen, dass dort vorne eine Herde Mammuts weidet?"
Rema nickte und streichelte dabei mit seinem rechten Zeigefinger zärtlich dem Vogel seine Brust.
„Ja Jeth, genau das glaube ich. Nun müssen wir aber unsere beiden Räuber da vorne zu uns rufen. Ich habe Angst, sie vertreiben uns sonst die Herde."
Ein lauter Pfiff Jeths ließ Flumi in seiner Jagd nach einem Kaninchen stoppen und sofort kam er, gefolgt von Wolke, auf die beiden Jäger zugelaufen.

Als die beiden Räuber bei den Jägern eintrafen, sagte
Rema: „Jeth, bleibe du bitte mit den Tieren hier und
passe auf, dass sich niemand, egal ob Mensch oder
Raubtier, der Eiswand nähert. Ich werde weiter zu der
Wand gehen und nachsehen ob die Herde noch dort ist."
„Geh unbesorgt, Rema. Gemeinsam mit unseren Tieren
werde ich dafür sorgen, dass die Herde bis zum Beginn
der Jagd in Ruhe grasen kann."
Der Jäger lächelte, als er die stolz gesprochenen Worte
des Jungen hörte. Rema wusste, dass er sich auf den
Jungen mit seinen wilden Begleitern verlassen konnte.
Dann machte er sich auf, die Herde zu finden.
Rema war erst eine kurze Strecke gelaufen, als er hinter
sich leisen Flügelschlag hörte.
Der Jäger wusste genau, was nun kommen würde. So war
er nicht erstaunt, als er den Druck der Landung Gehers
auf seiner rechten Schulter spürte.
Beim Laufen den Kopf zu dem Greif gewandt sagt er: „Ich
werde nie verstehen, wie es kommt, dass du keine
vernünftige Landung auf dem Boden hinbekommst,
dafür aber zielsicher auf dem Arm oder der Schulter
eines Menschen landen kannst. Ich glaube, du lässt dich
gerne tragen, weil du zu faul zum Fliegen bist. Wenn du
mich aber jetzt zu einer Herde Mammuts führst, trage
ich dich gerne. Sollte sich aber keine Herde dort an der
Wand aus Eis aufhalten, so verspreche ich dir, dass ich
deine Flügel zusammenbinden werde, so dass du

gezwungen bist, zu Fuß zu gehen. Dann wirst du merken, wie schön das Fliegen ist." Geher schien die Drohung nicht wirklich ernst zu nehmen. Freudig hüpfte er von einer Schulter des Jägers zur anderen. Dabei benutzte er immer wieder einmal den Kopf des Jägers als Zwischenlandeplatz.

Je näher Rema der Eiswand kam, umso mehr spürte der Jäger den von der Eiswand wehenden eiskalten und feuchten Lufthauch. Selbst seine aus Mammutfellen bestehende Kleidung konnte den Jäger vor der Kälte und Feuchtigkeit nicht vollständig schützen.

Es war zwar unangenehm gegen den Wind zu laufen, aber da die kalte Luft ihm entgegenwehte, konnten vor der Eiswand grasende Tiere den Jäger nicht wittern. So musste Rema nicht befürchten, dass die Herde ihn bemerken und davonlaufen würde. Geher hatte sich mittlerweile wieder entschlossen zu fliegen. Rema sah ihn hoch oben vor der Eiswand kreisen.

Der Jäger hatte die Wand fast erreicht, als er die Mammutherde hörte. Das Rufen der Herde weckte in ihm die Vorfreude auf die Jagd. Schon aus einiger Entfernung sah Rema, dass die Herde genau wie er es gehofft hatte, vor der Eiswand graste. Für die Herde war bei der Jagd eine Flucht nach vorne somit unmöglich.

Plötzlich hörte der Jäger ein lautes knirschendes Geräusch das vom oberen Rand der Eiswand kam. Es war nicht das Knirschen, das beim Gleiten des Gletschers

über den Boden entstand. Dieses Geräusch war viel lauter. Dann sah Rema, wie ein Stück Eis in der Größe des Langhauses der Mondkrieger vom oberen Rand der Wand abbrach und zu Boden stürzte. Schnell warf sich der Jäger zu Boden und hielt schützend die Arme über seinen Kopf. Rema war zwar noch einige Speerwurf weit von der Eiswand entfernt, fürchtete aber, dass ihn die Bruchstücke des auf den Boden aufschlagenden Eisbrockens treffen und erschlagen könnten. So verharrte Rema eine Weile und wartete auf den Einschlag. Als nach einer Weile immer noch kein Geräusch des Einschlags an sein Ohr drang, nahm Rema die Arme vom Kopf. Dann sah sich der Jäger, noch immer am Boden liegend, um.
Nirgendwo konnte Rema durch den Einschlag auf dem Boden liegende Trümmerstücke sehen. Auch graste die Herde völlig ruhig weiter.
Verwundert fragte sich der Jäger: „Was war geschehen, wo war der riesige Eisbrocken?"
Langsam erhob sich Rema und ging, um die Herde nicht zu erschrecken, vorsichtig zur Eiswand. In einer Entfernung von zwei Speerwürfen, stoppte ihn ein Abgrund auf seinem Weg zur Eiswand. Jetzt sah Rema, wohin der Eisbrocken verschwunden war. Der Abgrund reichte in seiner Breite bis zur Eiswand und war sehr tief. Wenn man so viele Mammuts übereinanderstellen würde, wie der Jäger Finger an seinen Händen hatte, konnte das

oberste Mammut gerade über den Rand des Abgrunds auf die Ebene sehen. Rema schaute vorsichtig hinunter auf den Grund der Schlucht. Tief unten auf dem Boden der Schlucht lagen einen große Anzahl Eisbrocken. Zwischen den Brocken konnte der Jäger Knochen von Tieren erkennen.

Jetzt wusste Rema, wie sie die Jagd auf die Herde durchführen konnten.

Um die Herde nicht zu beunruhigen, umging er die Tiere weiträumig und kehrte zu Jeth zurück.

Schnell hatte der Jäger dem Jungen von der Eiswand, der Herde und der Schlucht erzählt.

Dann legte er mit einem Lächeln die Hände auf Jeths Schulter und sagte: „Lass uns ins Dorf zurückkehren. Wir werden Mare den Weg zur Eiswand erklären. So kann Mare, ohne von Kundschaftern geführt zu werden, uns und die Krieger des Mondes direkt zur Herde führen. Dann sieht es für die Krieger des Mondes so aus, als ob Mare den Weg zur Herde von seinem Vater, dem Gott des Mondes, erfahren hätte. Wenn wir dann noch eine erfolgreiche Jagd haben, werden sie Mare als Sohn des Mondes verehren und so für immer zu unseren Freunden werden."

Jeth lachte als er dem Jäger antwortete: „Das ist eine gute Idee. Nur was ist, wenn die Herde plötzlich weiterzieht?"

„Das wird nicht passieren, Jeth. Die Herde hat dort an

der Eiswand genügend Grasbüschel um ihren Hunger zu stillen. So eine gute Futterstelle werden sie nie verlassen. Jetzt komm, lass uns schnell ins Dorf zurückkehren."

Jeths Jagdplan

Bald hatten Jeth und Rema das Dorf erreicht und ihren Gefährten von der Eiswand und der Herde berichtet. Auch nachdem sie ihre Erlebnisse ihren Gefährten erzählt hatten, mussten ihre Freunde noch lange schmunzeln, als sie sahen, wie die beiden Kundschafter ihre durch den Nebel noch immer juckende Haut rieben. Jeth, der den Grund der Freude seiner Freunde erkannte, sagte: „Wartet nur, bald geht auch ihr durch den Nebel. Es wird mir eine Freude sein zu sehen, wie eure Hände vergeblich versuchen das Jucken auf eurer Haut zu lindern.

Nach einer Weile sah Helu Jeth fragend an, als er den beiden Kundschaftern antwortete: „Habt ihr schon einen Plan wie wir die Jagd auf die Herde durchführen sollen?" Rema erkannte sofort, dass Helu seine Frage an Jeth gerichtet hatte und schwieg daher. Rema spürte, dass ihr Stammesführer feststellen wollte, ob Jeth sich bei seinem Rückweg von der Herde zu seinen Gefährten Gedanken über die Ausführung der von ihm erkundeten Jagd gemacht hatte.

Daher schaute Rema zu Jeth und fragte den Jungen: „Jeth, hast du einen Plan?"

Gespannt warteten alle auf die Antwort des Jungen. Mittlerweile stand die Sonne bereits tief am Horizont und die Lichtung wurde nur noch schwach von ihr beschienen.

Nach der Frage Remas an Jeth stand der Junge auf. Damit ihn alle besser sehen konnten, trat er näher an das Feuer.

Dann sagte er zu seinen Gefährten: „Selbstverständlich habe ich einen Plan. Was wäre ich denn für ein Kundschafter, wenn ich von einer von mir erkundeten Jagd, meinem Stamm keinen Vorschlag zur Durchführung der Jagd machen könnte?

Mein Plan ist ganz einfach.

Mutter Erde ist uns wohlgesonnen, denn wie Rema bereits sagte, steht die Herde bei der Eiswand nahe vor einem Abgrund.

Während Rema und ich die Steppe durchquerten, wehte der Wind immer von der Eiswand zu uns herüber. Behält der Wind diese Richtung bei, können wir uns der Herde, ohne dass sie uns in der Dämmerung wittert oder sieht, auf Speerwurfweite nähern. Mit Hilfe der Mondkrieger sollte es uns gelingen, einige Tiere von der Herde zu trennen. Diese Tiere kreisen wir ein und treiben sie dann mit Fackeln und lautem Rufen über den Abgrund. Ich nehme an, dass die meisten Tiere schon beim Sturz in die Schlucht getötet werden. Die Tiere die den Sturz überleben, sind sicher so schwer verletzt, dass sie uns nicht entkommen können."

Helu runzelte die Stirn als er Jeth fragte: „Dein Plan hört sich gut an. Aber wie kommen wir in die Schlucht?"

Jeth ließ sich von der Frage des Stammesältesten nicht aus der Ruhe bringen. Diese Frage hatte er sich auch schon gestellt und eine Antwort bereits gefunden. Daher antwortete der Junge ohne Zögern: „Einige von uns lassen sich an Lianen hinunter. In der Schlucht töten sie die verwundeten Tiere. Dort unten häuten sie die Felle aus denen wir unsere Zelte und Kleidung machen können, bergen die Stoßzähne und Schulterblätter für die Herstellung von Waffen und Werkzeugen und zerlegen das zum Essen geeignete Fleisch. Danach ziehen die oben gebliebenen Jäger alles mit den Lianen hoch. Am Ende werden die Jäger mit Hilfe der Lianen aus der Schlucht zur Ebene hochklettern."
Mittlerweile war der Stammesführer der Mondkrieger zu den Gefährten getreten und hatte ebenso wie alle anderen Jeths Plan aufmerksam zugehört.
Als Mare den riesigen Krieger bemerkte, sagte er zu ihm: „Der Mondgott hat mir gesagt, dass wir an der Wand aus Eis eine Herde Mammuts finden werden. Ich habe Rema und Jeth dorthin geschickt, damit sie sich alles genau ansehen und einen Plan für die Jagd schmieden können. Jeth hat uns eben seinen Plan erzählt."
Der Krieger des Mondes legte eine Hand auf Mares Schulter und sah dabei den Jäger mit einem erstaunten Lächeln an, als er ihm erwiderte: „Es ist schön, wenn man so einen mächtigen Vater hat. Es wundert mich nur, dass er dir nicht gleich mitgeteilt hat, wie die Jagd

vonstattengehen soll und du daher zwei Kundschafter losschicken musstest."

Als Mare sah, dass sich das erstaunte Gesicht des Mondkriegers in ein lächelndes geändert hatte, war er sich nun sicher, dass der Stammesführer der Mondkrieger ihm den Sohn des Mondes nicht abnahm und Mare verspottete.

Der Mondkrieger nahm seine Hand von der Schulter des Jägers, wandte sich Jeth zu und sagte: „Der junge Jäger hat sich einen perfekten Jagdplan ausgedacht. Wenn Helu mit dem Plan einverstanden ist, sollten wir ihn durchführen."

Helu ging zu Jeth, legte dem Jungen beide Hände auf die Schulter und sagte: „Dein Plan ist gut. Du wirst die Jagd leiten und die Jäger in ihre Aufgaben bei der Jagd einweisen. Da wir morgen bei Anbruch des Tages zur Herde aufbrechen, hast du noch viel zu tun."

Fragend schaute Helu zum Anführer der Mondkrieger. Als er das Lächeln im Gesicht des großen Kriegers sah, wusste Helu, dass dieser mit seiner Entscheidung einverstanden war.

Im ersten Moment war Jeth mächtig stolz auf die Ehre, die die beiden Häuptlinge ihm zuteilwerden ließen. Aber schon bald drückte die Last, für das Gelingen der Jagd die Verantwortung zu tragen, mächtig auf seinen jungen Schultern.

Hilfesuchend sah er seinen Freund Rema an.

Der Jäger lächelte als er zu Jeth sagte: „Komm mit mir, Jeth. Wir gehen dort zum Feuer. Ich werde dir alles erzählen was ich bei der Herde gesehen habe. Danach kannst du die Einteilung der Jäger genau planen."
Mittlerweile war die Dämmerung der Nacht gewichen. Der Himmel war sternenklar und der Vollmond tauchte die Lichtung in ein fahles Licht. In diesem Licht sahen die Bäume am Rande der Lichtung, mit ihren sanft im Wind wehenden Ästen wie freundlich winkende Riesen aus.
Als Jeth sich mit seinem Freund Rema an ein Feuer, an dem sich sonst niemand mehr aufhielt, setzte, sagte der Junge zu dem Jäger: „Rema, ich glaube Helu nutzt die Jagd um meine Eignung zum Kundschafter zu prüfen."
Rema lächelte als er dem Jungen erwiderte: „Das Jeth, kann dir vollkommen gleichgültig sein. Sage mir lieber, wie du die Jäger bei der Jagd einteilen willst."
Der Junge stand vom Feuer auf und ging einige Schritte am Feuer auf und ab. Nach einer Weile setzte er sich wieder. Er legte seine Hände auf die Oberschenkel und rieb sie nervös hin und her.
Im Stillen ging der Junge seinen gesamten Plan nochmals durch. Hatte er irgendetwas übersehen?
Nein, sein Plan war perfekt. Er konnte nicht schiefgehen.
Ein Blick zu Rema zeigte Jeth, wie sein Freund ihn fragend ansah.
Remas fragenden Blick ignorierend sagte Jeth zu seinem

Freund: „Meinen Plan für die Jagd kennst du ja. Jetzt geht es nur noch um die Einteilung der Jäger bei der Jagd.
Ich bin die Jäger in Gedanken durchgegangen,
Unter meiner Führung werden zehn Jäger die für die Jagd ausgewählten Tiere unter lautem Rufen und mit Fackeln von der Herde trennen und über den Abgrund der Schlucht treiben.
Weco und die älteren Jäger steigen in die Schlucht und werden die Tiere, die sich beim Sturz über den Abgrund nur verletzt haben, töten.
Unter der Führung von Vilo werden die restlichen Jäger, ebenfalls mit Fackeln versehen, verhindern, dass die Herde den gejagten Tieren zur Hilfe kommt."
Lächelnd stand Rema auf und sagte zu Jeth: „Ich hätte den Plan nicht besser ausarbeiten können. Komm mein Freund, gehen wir zu den anderen und dann gib jedem seine Aufgabe bei der Jagd."
Nachdem sich die Jäger beider Stämme an dem Beratungsfeuer im Langhaus versammelt hatten, erklärte Jeth ihnen seinen Jagdplan in allen Einzelheiten.
Da niemand der anwesenden Jäger dem Plan widersprach, teilte Jeth die Jäger in ihre Aufgaben ein und das Beratungsfeuer wurde gelöscht.
Bald hatten alle Jäger das Langhaus verlassen und begannen ihre Ausrüstung für die Jagd vorzubereiten.
Nur Jeth und die beiden Häuptlinge standen noch am

gelöschten Beratungsfeuer.

Jeth wandte sich zum Ausgang des Langhauses, um ebenfalls seine Waffen zu prüfen, als sein Stammesführer Helu ihn mit den Worten aufhielt: „Ich bin sehr zufrieden mit dir, Jeth. Aber was machen wir beide bei der Jagd", dabei zeigte er mit dem Daumen der rechten Hand auf den Häuptling der Mondkrieger und anschließend auf seine Brust. „Du hast uns keine Aufgaben für die anstehende Jagd gegeben. Sollen wir etwa bei den Frauen bleiben, die Tiere häuten und dann mit ihnen die Vorräte an Fleisch, Fellen und Knochen ins Lager tragen?"

Mit erstauntem Gesichtsausdruck sah Jeth abwechselnd Helu und anschließend den Häuptling der Mondkrieger an, als er Helu antwortete: „Ich denke es ist nicht nötig, dass der Anführer einer Jagd seinem Häuptling sagt welche Aufgabe er bei der Jagd hat. Ihr wäret keine Häuptlinge, wenn ihr nicht genau wüsstet wo euer Platz bei einer Jagd ist."

Der Häuptling der Mondkrieger lächelte Jeth an, als er zu dem jungen Jäger sagte: „Sehr gut geantwortet, junger Jäger. Jetzt geh und bereite den Aufbruch zur Jagd vor."

Froh, nicht mehr den kritischen Blicken der beiden Häuptlinge ausgesetzt zu sein, begab sich Jeth zum Feuer, an dem seine Freunde ihre Jagdwaffen prüften.

Im Langhaus sagte der Krieger des Mondes zu Helu: „Ein kluger Junge. Du solltest ihn mir zur weiteren

Ausbildung eine Zeitlang anvertrauen."
Helu erkannte sofort, dass es sich bei den Worten des Mondkriegers nicht um einen Vorschlag handelte den er ablehnen konnte. Schließlich waren er und sein Stamm praktisch immer noch in der Gewalt der Mondkrieger. Daran änderte die gemeinsame Jagd auch nichts.
Von den Mondkriegern würden Ilo die Frau und Feenwald die Tochter des Häuptlings seinen Stamm in das Tal der zwei Berge begleiten und dort eine Weile mit ihnen leben.
Von seinem Stamm würde nur Airam bei den Mondkriegern bleiben.
Helu wusste, nur die Anwesenheit von Airam beim Stamm der Mondkrieger war dem Häuptling als Sicherheit für seine Frau und seine Tochter zu wenig.
Daher antwortete Helu: „Jeth kann nicht bei euch bleiben. Der Herr der Tiere will, dass er uns in das Tal der zwei Berge begleitet. Hejo unser Schamane sollte ihn dort zu seinem Hohepriester weihen. Dass Hejo nicht mehr lebt, ändert nichts an dem Willen des Gottes. Aber ich würde mich freuen, wenn Taje bei euch seine Ausbildung zum Jäger erhalten würde."
Der Häuptling der Mondkrieger lächelte als er seine rechte Hand auf Helus Arm legte und ihm antwortete: „Dein Vorschlag, Helu, erfreut mein Herz. Er wird aber die Herzen von Taje und Feenwald betrüben. Als ich die beiden verließ, hatten sie schon nach kurzer Zeit eine

tiefe Freundschaft geschlossen. Nach so kurzer Zeit wieder voneinander getrennt zu werden wird ihnen nicht gefallen.

Aber schau Helu, es wird langsam hell, der Tag der Jagd beginnt. Lass uns zu unseren Jägern gehen und sehen ob sie bereit zum Aufbruch sind."

Mare

Schon bald hatten Helu und der Häuptling der Mondkrieger die Angehörigen ihre Stämme vor dem Langhaus versammelt.

Damit auch alle Anwesenden ihn hören konnten, sprach der Häuptling der Mondkrieger mit lauter Stimme: „Der Sohn des Mondes", dabei sah er Mare noch immer zweifelnd an, „hat durch seinen Vater erfahren, wo wir eine Herde Mammuts für unsere Jagd zu Ehren der Götter finden werden. Die beiden Jäger Rema und Jeth wurden vom Sohn des Mondes dorthin gesandt und haben uns bestätigt, dass an der von Mare bezeichneten Stelle tatsächlich eine Herde Mammuts weidet. Der junge Jäger Jeth hat uns in seinen Plan zur Jagd eingeweiht, und wir haben ihn gebilligt. Jeder hat von Jeth seine Aufgabe bei der Jagd erhalten. Alle Vorbereitungen für eine erfolgreiche Jagd sind somit abgeschlossen. So lasst uns nun aufbrechen."

Ximi, der neben seiner wieder genesenen Schwester Feenwald stand, sagte zu ihr: „Ich bin mir nicht mehr sicher ob Mare der Sohn des Mondgottes ist. Wenn sein Vater ihm sagte wo die Herde steht, warum schickt er dann noch zwei Kundschafter los? Sein Vertrauen zu seinem Vater, dem Mondgott, scheint mir nicht sehr groß zu sein."

Feenwald schmunzelte als sie ihrem Bruder antwortete:

„Mit dieser Meinung bist du nicht alleine. Auch Vater zweifelt daran. Aber was sollte der arme Mare machen, als du ihn gefragt hast, ob er der Sohn des Mondes wäre? Mit seiner Antwort hat er seinen Stamm gerettet und unsere beiden Stämme in Freundschaft verbunden. Ob er nun der Sohn des Mondgottes ist oder nicht, deine Frage mein Bruder und seine Antwort waren für beide Stämme das Beste was ihnen passieren konnte. In Freundschaft vereint sind sie so stark, dass sie keinen anderen Stamm mehr fürchten müssen.
Nun grüble nicht mehr darüber, sondern lass uns jagen gehen."
Ohne darauf zu achten ob Ximi ihr folgte, lief Feenwald zu Jeth und seinen Gefährten, bei denen sich auch ihr neuer Freund Taje aufhielt.
Ximi sah ihr nach und spürte, dass er für seine Schwester Feenwald nun nicht mehr der einzige Freund war. Ein Gefühl von Eifersucht stieg in dem Jungen auf. Aber schnell hatte er die aufkommende Eifersucht wieder aus seinem Herzen verdrängt. Der Junge hatte mit Taje bisher wenig gesprochen. Aber das Wenige reichte Ximi um zu erkennen, dass Taje ein guter Freund für ihn werden könnte. Da Taje sich auch mit seiner Schwester gut verstand, würden die Drei viele schöne gemeinsame Monde miteinander verbringen können. So freute sich der Junge nun auf die Jagd und lief schnell seiner Schwester hinterher.

Indem Feenwald zu Taje gelaufen war, hatte sie sich der Gruppe der Jäger angeschlossen. Eigentlich wäre ihr Platz bei den Frauen gewesen, die die Jäger bei ihrer Jagd begleiteten, um diesen beim Häuten und Zerteilen des Fleisches der erlegten Tiere zu helfen.
Da aber alle froh waren, dass das Mädchen von ihrer schweren Krankheit geheilt war und so glücklich ausschaute, sagte niemand etwas, als sie sich auf dem Weg zu den Mammuts ihrem neuen Freund und den Jägern anschloss.
Ximi hatte die Gruppe junger Jäger noch nicht ganz erreicht, als Taje ihm zurief: „Ximi, komm zu deiner Schwester und mir, und lass uns gemeinsam unsere erste Mammutjagd erleben!"
Als Ximi die Worte des jungen Jägers hörte, machte sein Herz vor Freude einen Sprung und das Tor für Taje weit auf.
So schloss er sich voller Freude nun den beiden auf ihrem Weg zur Mammutherde an.
Mittlerweile war es vollständig hell geworden. Auch der Nebel hatte sich vom Rande des Waldes zurückgezogen.
Als die Jäger die Lichtung mit dem Langhaus verließen, erwärmten die ersten Strahlen der aufgehenden Sonne sie. Leider hielt dieses angenehme Gefühl nicht lange an.
Schon bald ließ das dichte Laubdach des Waldes die Sonnenstrahlen nicht mehr zu den Jägern durch. Feuchtigkeit durchdrang ihre Kleider und ließ sie alle

schon bald heftig frieren. Durch den ständigen Nebel im Wald war der Boden sehr sumpfig und glatt. Sie kamen daher nur langsam voran. Hin und wieder hörte man ein leises Schimpfen, wenn wieder einmal Jemand sich vom Boden erhob, weil er ausgerutscht war oder, weil sein Fuß im morastigen Boden feststeckte und mühsam wieder aus dem Sumpf herausgezogen werden musste. Kurz nachdem die Sonne in ihrem Tageslauf ihren höchsten Punkt am Himmel eingenommen hatte, erreichten die Jäger endlich das offene Grasland.

Am Rande des Waldes versammelte Helu die Jäger beider Stämme um sich. Dann fragte er Jeth: „Wie weit ist es noch bis zur Herde?"

Der Junge blickte Helu mit festem Blick an, als er ihm antwortete: „Wenn wir gleich weitergehen, werden wir die Herde bei Anbruch der Dunkelheit erreichen."

Der Häuptling der Mondkrieger, der mit Helu vor dem Jungen stand, legte Jeth eine Hand auf die Schulter und sagte: „Dann wollen wir hoffen, dass die Herde nicht weitergezogen ist."

Jeth lächelte den Häuptling an: „Das ist sie nicht. Wäre sie es, würden Flumi und Wolke, die wir bei der Herde gelassen haben, hier auf uns warten. Ohne ihre Herren, würden die beiden niemals einer weiterziehenden Herde folgen."

Mit bewunderndem Blick schaute der Krieger Helu an: „Du kannst sehr stolz auf den Jungen sein. Schade, dass er nicht für einige Zeit bei mir und meinem Stamm bleiben kann."

Ximi, der die Worte Jeths gehört hatte, flüsterte seiner Schwester zu: „Kein Tier ist so schlau. Ich befürchte, dass Jeths Raubtiere ein Mammut gerissen haben und nun ihren Hunger stillen. Daher sind sie nicht hier. Die Herde aber haben die beiden längst verjagt."

Taje, der Feenwald in sein Herz geschlossen hatte und sich nun fast ständig bei seiner neuen Freundin und Ximi aufhielt, erwiderte dem Jungen: „Du kennst unsere Tiere nicht. Aber du wirst sehen, wenn wir an der Eiswand angekommen sind, ist die Herde, bewacht von Flumi und Wolke, noch dort."

Leise lachend sagte Ximi: „Wenn du recht behältst, werde ich dir so eine Schleuder machen wie ich sie habe. Mit ihr kannst du das Wild erlegen, bevor es dich sieht oder hört. Selbst einen Vogel in seinem Flug am Himmel kannst du damit treffen.

Dann zeigte er Taje seine aus zwei dicken Mammutsehnen hergestellte Schleuder.

Ein Ende der Sehnen hatte Ximi mit einer kleinen Lederschlaufe verbunden, die beiden anderen Enden mit einer größeren Lederschlaufe. Ximi nahm aus einem Lederbeutel einen runden Stein in der Größe einer Walnuss. Den Stein legte er in die größere Schlaufe. Dann steckte er den Zeige- und Mittelfinger seiner rechten Hand durch die kleinere Schlaufe und bog die

Finger zum Handballen. Mit der rechten Hand ließ der Junge nun die Schleuder in Hüfthöhe neben seinem Körper kreisen.

„Taje, schau zum kleinsten Baum dort am Rande des Waldes. Siehst du den kleinen morschen Ast dort an der rechten Seite des Baumes?"

Der junge Jäger sah zum Baum und erkannte den Ast den Ximi meinte. Taje wollte eben antworten, dass er den Ast sähe, als dieser in einem weiten Bogen vom Baum fortflog.

Ximi lachte, als er Tajes verwunderten Gesichtsausdruck sah. Dann sagte er: „So weit und so genau kannst du alles mit einer Schleuder treffen, wenn du nur lange genug mit ihr übst."

Plötzlich drang ein hoher, greller Laut, dem sofort ein kurzer dumpfer Ton folgte, in die Ohren der Jäger.

Unter den Kriegern des Mondes trat eine hektische Unruhe ein.

Ximi flüsterte seiner Schwester Feenwald zu: „Die Schreigeister der Steppe wollen nicht, dass wir ihr Reich betreten."

Rema, der in der Nähe der Kinder stand und die Bemerkung Ximis gehört hatte, rief laut, so dass alle ihn hören konnten: „Die Geräusche kommen nicht von Schreigeistern! Es ist die Eiswand auf ihrem Weg über das Grasland, die diese Laute von sich gibt! Ich war vorne bei der Wand und habe diese Laute dort auch gehört! Nur dort sind sie, weil man nahe an der wandernden Wand ist, noch viel lauter!"

Die Worte des Jägers beruhigten die Krieger nur wenig. Viel zu tief saß in ihren Herzen der über viele Jahre gewachsene, und von den Alten immer wieder gelehrte Glaube an die Schreigeister. Die wenigen Worte eines fremden Kriegers konnten ihre Furcht nicht aus ihren Herzen vertreiben.

Auch der Häuptling der Krieger des Mondes bemerkte die Unruhe seines Volkes. Er wusste aber auch, dass eine erfolgreiche Jagd nur dann stattfinden konnte, wenn die Jäger frei von jeder Angst waren.

Daher wandte er sich mit lauter Stimme den Jägern zu: „Ihr habt gehört was Rema gesagt hat. Er und Jeth haben schon einmal die Steppe betreten und sind gesund zurückgekommen. Beide haben keine Schreigeister gesehen. Ich glaube ihnen, dass die Laute von der Wand aus Eis, von der die beiden uns berichtet haben, kommen."

Den Worten ihres Häuptlings schenkten die Krieger des Mondes mehr Vertrauen als denen eines Kundschafters und Jägers, den sie kaum kannten.

So wich langsam die Furcht aus ihren Herzen.

Von Jeth und Rema angeführt, zogen die Jäger in einer langen Reihe über die vor ihnen liegende Steppe der Eiswand und der vor ihr grasenden Mammutherde entgegen.

Auf ihrem Weg über die Steppe trugen einige der Jäger außer ihren Jagdspeeren zwei noch nicht angezündete Fackeln.

Die Speere der Jäger bestanden aus drei Finger dicken und sechs Fuß langen geraden Ästen.

An der Spitze der Speere hatten die Jäger eine tiefe Kerbe eingeschnitten. In dieser waren Spitzen aus Mammutknochen oder den Knochen großer Hirsche eingesetzt. Mit den Sehnen erlegter Tiere hatte man die Spitzen an den Speeren befestigt.

Die Fackeln waren aus zwei Fuß langen Ästen, die so dick wie die Arme eines Jägers waren, hergestellt worden. Ein Ende der Fackel hatte man zwei Handbreit mit Tierfett bestrichen. So würden die Fackeln nach dem Anzünden eine weithin leuchtende Flamme hervorbringen.

Die Jäger mit den Fackeln hatten die gefährliche Aufgabe, die Mammuts bei anbrechender Dunkelheit aufzuschrecken und dann vor sich her über den Abhang in die Schlucht zu treiben.

Bei den meisten der Tiere gelingt diese Jagdtechnik auch.

Aber immer wieder kommt es vor, dass einige Bullen oder Kühe die ihre Kälber beschützen wollen, ihre Furcht vor den Fackeln überwinden und die Jäger angreifen. Nur selten überlebte ein von einem Mammut angegriffener Jäger die Jagd.

Mare, der sonst immer einer der eifrigsten Jäger bei einer Jagd ist, fühlte sich in seiner Rolle als Sohn des Mondes überhaupt nicht wohl. Es waren nicht nur die respektvollen Blicke, die die Stammesangehörigen der Mondkrieger ihm zuwarfen oder schlimmer noch, die belustigen Blicke der Angehörigen seines Stammes, die ihn störten. Das Schlimmste war, dass Jeth ihn für keinerlei Aufgabe bei der Jagd vorgesehen hatte. Der Jäger nahm an, dass das etwas mit seiner Rolle als Sohn des Mondgottes zu tun hatte. Warum sonst sollte Jeth auf so einen erfahrenen Jäger wie ihn bei der Jagd verzichten?

Mare hatte zwar versucht mit Jeth darüber zu reden, warum er bei dieser Jagd keine Aufgabe übernehmen durfte, aber bisher hatte Jeth noch keine Zeit für ihn gehabt. Nun aber ging Jeth gemeinsam mit Rema an der Spitze des Jagdzuges. Da alle Vorbereitungen abgeschlossen waren, sollte Jeth jetzt Zeit für sein Anliegen haben.

Tief in Gedanken versunken hatte Mare nicht bemerkt, wie ein Jäger nach dem anderen ihn überholt hatte und er so schon bald am Schluss des Zuges ging.

Als er es endlich bemerkte, begab er sich schnell nach vorne zu Jeth und Rema.

Beim Vorbeigehen an Vilo, hörte er dessen Worte;
„Warum so eilig, Mare? Sag nicht, der Mondgott hat dir etwas Wichtiges mitgeteilt, dass du nun eilig Jeth sagen

musst."

Mare konnte es sich nicht verkneifen Vilo zu antworten; „Wer weiß, Vilo. Aber denke daran, ohne mich und meinen Vater den Mondgott, würdest du und die Anderen unseres Stammes jetzt bei den Göttern sein."

Der hinter Vilo gehende Jäger Kaiba stieß seinem Bruder in den Rücken und sagte lachend: „Da hat er recht, Bruder. Ich glaube, wir sollten Mare dankbar sein und ihn nicht länger als angeblichen Sohn des Mondgottes verspotten."

Nachdem Mare Vilo auf seinen Spott geantwortet hatte, war er schnell weiter zu Jeth an die Spitze des Zuges gegangen. Dadurch hatte Mare Kaibas Bemerkung zu Vilos Spott nicht mehr gehört.

Endlich erreichte Mare Jeth. Vom schnellen Gehen etwas außer Atem, stellte Mare dem jungen Jäger die ihm auf der Zunge brennende Frage: „Jeth, du hast mir noch keine Aufgabe für die Jagd gegeben. Hast du mich vergessen?"

Rema, der direkt hinter Jeth und Mare ging, musste lächeln als er zu Jeth sagte: „Habe ich es dir nicht gesagt Jeth, der Sohn des Mondgottes will an der Jagd teilnehmen."

Jeth ließ sich beim Gehen etwas zurückfallen, so dass Mare nun zwischen den beiden Jägern ging.

Statt Mare eine Antwort auf seine Frage zu geben, antwortete Jeth seinem Freund Rema: „Der Sohn eines

Gottes kann an keiner Jagd teilnehmen, dazu ist er viel zu vornehm. Selbst unsere Stammesführer beteiligen sich an keiner Jagd. Glaubst du ich will den Mondgott erzürnen, weil sein Sohn unbedingt an einer Jagd teilnehmen will? Nein, das Risiko vom Gott des Mondes dafür bestraft zu werden, dass ich seinem Sohn nicht den nötigen Respekt entgegengebracht habe, ist mir viel zu groß."
Alles hatte Mare erwartet, aber diese Antwort des jungen Jägers nicht. So von der Antwort auf seine Frage überrascht, blieb Mare plötzlich stehen. Der hinter ihm gehende Weco konnte Mare nicht mehr ausweichen und lief auf Mares Rücken auf. Schimpfend ging der Jäger an Mare vorbei: „Was soll das, Mare? Ich bin kein Gott, der ahnen kann, dass du plötzlich stehen bleibst?"
Rema und Jeth waren zwar schon ein wenig voraus, hatten aber die lauten Worte Wecos gehört. Bei Jeths Antwort auf Mares Frage hatten beide Jäger noch die Beherrschung bewahren können. Als sie aber Wecos Worte hörten, konnten sie sich nicht mehr zurückhalten. Laut lachend schlugen sie sich gegenseitig auf die Schultern. Dabei war es ihnen nur mit Mühe möglich weiterzugehen, um einen Stau unter den ihnen in einer Reihe folgenden Jägern zu vermeiden.
Nachdem sich Jeth und Rema wieder beruhigt hatten, sagte Jeth zu Rema: „Jetzt ist aber genug gespottet worden. Ich werde Mare nun den wirklichen Grund,

warum ich ihn bei der Jagd für keine Aufgabe eingeteilt habe, sagen."

Rema lächelte seinen Freund an: „Das solltest du nun auch wirklich tun. Seien wir ehrlich, Mare ist fürwahr ein Held. Ich weiß nicht, ob wir anderen seinen Mut im Lager der Mondkrieger gehabt hätten."

„Ja, Rema, wir sollten ihm wirklich dankbar sein", antwortete sein junger Freund.

Rema führte nun den Zug der Jäger alleine an, während Jeth auf Mare wartete.

Schon von weitem sah Jeth Mares finsteres Gesicht. Als der Jäger Jeth erreicht hatte, ging er, ohne den Jungen eines Blickes zu würdigen, an ihm vorbei.

Jeth sah Mare erstaunt nach und lief ihm schnell hinterher.

Nachdem Jeth Mare eingeholt hatte, ging er schweigend neben ihm her.

Jeth wusste, dass es Mare nicht lange gelingen würde zu schweigen. Selbst dann nicht, wenn er so wütend wie im Augenblick war.

Er sollte recht behalten.

Nachdem sie etwa zwanzig Schritte schweigend nebeneinander hergegangen waren, sagte Mare, ohne Jeth dabei anzusehen, mit finsterem Gesicht: „Der Sohn des Mondgottes hat wenig Zeit für den zukünftigen Hohepriester. Also sag schnell was du von mir erbittest und dann gehe wieder."

Jeth ergriff mit seiner rechten Hand den Unterarm des Jägers und antwortete: „Komm hör auf zu schmollen. Wir haben doch nur ein wenig gescherzt.

Glaube mir Mare, wir sind alle mächtig stolz auf dich. Ich weiß nicht, ob wir anderen deinen Mut beim Tanz des Mondgottes gehabt hätten."

Mare verlangsamte seinen Schritt und blieb schließlich stehen.

Dann drehte er sich Jeth zu, legte beide Hände auf die Schulter des Jungen und sagte zu ihm: „Aber Jeth, das weiß ich doch. Allerdings hat es mir gefallen den Beleidigten zu spielen. So kommt nach einiger Zeit immer wieder jemand, der sich bei mir entschuldigt und mir einen Wunsch erfüllt. Ich denke mal, du bist darin nicht anders!"

Mit seiner rechten Faust versetzte der Junge dem Jäger einen Stoß an die Schulter und rief: „Das hast du dir so gedacht mein Freund! Ich komme zu dir, entschuldige mich und du nimmst mir das Versprechen ab, doch noch an der Jagd teilnehmen zu dürfen! Nein mein Freund, der Sohn des Mondgottes darf sich die Jagd aus der Ferne ansehen. Denn es ist so wie ich es dir eben gesagt habe. Eine so hohe Persönlichkeit wie du es in den Augen der Krieger des Mondes bist, nimmt an keiner Jagd teil. Vielleicht tröstet es dich ja, dass dir die Krieger des Mondes, wie den beiden Häuptlingen, nach der Jagd einen Teil ihrer Beute vor die Füße legen werden. Wenn dem so ist, werden wir das auch tun. Schließlich würde es unseren neuen Freunden reichlich merkwürdig vorkommen, wenn der Sohn des Mondgottes von seinen Stammesangehörigen anstelle der Beute, einen Tritt bekäme."

Als Mare sah wie Jeth immer wütender wurde, lachte er laut auf und schlug dem Jungen immer wieder auf die Schulter.

Laut lachend sagte er zu Jeth: „Du bist ein kluger Bursche, Jeth. Genau das hatte ich mir vorgestellt. Aber du hast recht, ich werde den Sohn des Mondgottes noch eine Weile spielen und auf die Teilnahme an der Jagd verzichten. Allerdings hätte ich nichts dagegen, wenn du die Jäger an ihre Pflicht, dem Sohn des Mondgottes Opfer darzubringen, erinnern würdest."

Jeth wandte sich bereits zum Gehen, als er schmunzelnd erwiderte: „Das wird mir ein Vergnügen sein. Dabei werde ich selbstverständlich nicht unerwähnt lassen, wie gerne der Sohn des Mondes die Schwänze der Mammuts isst."

Als Mare das hörte konnte er ein Lächeln nicht vermeiden, und leise murmelte er: „Der Bursche ist wahrlich ein Kluger. Helu täte gut daran, ihn schon bald auf die Häuptlingswürde vorzubereiten. Ich kann verstehen, dass unser Schamane Hejo ihn als Hohepriester seines Gottes einsetzen wollte. Aber die Gefahr, dass Jeth seine Talente als zukünftiger Häuptling

unseres Stammes nicht einsetzen kann, ist seit dem Tode Hejos vorbei. Denn jetzt fehlt dem Gott der Tiere ja sein Helfer, Jeth zum Hohepriester zu machen."
Nachdem Jeth wieder die Spitze des Jagdzuges erreicht hatte und neben Rema weiter zur Wand aus Eis ging, erkannte Rema an dem lächelnden Gesicht des Jungen, dass Jeths Gespräch mit Mare einen erfreulichen Ausgang genommen hatte.
So fragte er Jeth auch nicht wie Mare die erneute Absage für eine aktive Teilnahme an der Jagd aufgenommen hatte.
Als sie nun schon einige Schritte schweigend nebeneinander hergegangen waren, wandte sich Jeth seinem Freund zu: „Rema, willst du nicht wissen was Mare gesagt hat?"
Lächelnd sah Rema Jeth an: „Das hat mir dein Gesicht schon erzählt. Es lacht wie die Sonne an einem herrlichen Sommertag."
Mit der rechten Faust versetzte Jeth seinem Freund einen leichten Stoß in die Seite. „Rema, ich bin so froh, dass Mare nicht wütend auf mich ist. Ich hätte nicht gedacht, dass er verstehen würde, warum ich ihn für eine Aufgabe bei der Jagd nicht berücksichtigen konnte."
Mit einem Lächeln antwortete Rema: „Ja, da haben wir Mare wohl unterschätzt. Aber schau, da vorne sind Wolke und Flumi. Ich glaube wir haben uns der Herde weit genug genähert und sollten hier bis zum Einbruch

der Dämmerung und dem Beginn der Jagd rasten."

Die Schlucht

Jeth wartete bis auch der Letzte der Jagdgruppe ihn erreicht hatte. Auf einem aus dem Gras der Steppe ragenden Stein stehend, so dass jeder ihn sehen konnte, teilte der Junge den versammelten Jägern mit, dass sie sich der Herde nun weit genug genähert hätten und hier bis zum Beginn der Jagd rasten würden.

Der junge Jäger hatte soeben zu Ende gesprochen und wollte vom Stein steigen, als ihm plötzlich einfiel wie er Mares Wunsch an der Jagd teilzunehmen, doch noch erfüllen könnte.

So blieb er noch auf dem Stein und rief so laut, dass alle ihn hören konnten: „Mare, gehe bitte mit Rema zu der Herde! Seht nach, ob diese noch vor der Schlucht an der Wand aus Eis steht, so dass wir meinen Jagdplan ausführen können!"

Mare hatte zwar Jeths Wunsch, dass er nicht an der Jagd teilnehmen sollte, akzeptiert, seine schlechte Laune hatte das aber nicht gänzlich vertrieben.

Nachdem er nun Jeths Worte hörte, hellte sich sein Gesicht auf und er antwortete dem Jungen: „Ich mache mich sofort mit Rema auf den Weg. Wenn wir die Herde gesehen haben, wird Rema zurückkommen und dir sagen ob dein Plan noch ausgeführt werden kann. Ich bleibe bis zum Beginn der Jagd bei der Herde und werde sie weiter beobachten."

Schmunzelnd dachte der Jäger, wenn ich erst einmal vorne bei der Herde bin und die Jagd beginnt, wird sich schon für mich eine Gelegenheit bieten, dass ich an der Jagd teilnehmen kann.

Flumi, der dicht neben Mare stand, hatte Mares Worte wohl als Aufforderung verstanden sich an den Beinen des Jägers zu reiben, um von ihm gekrault zu werden.

Als Taje den Flumi kraulenden Mare sah, lachte er und rief: „Mare, ich glaube da möchte dich noch jemand begleiten!"

Immer noch das Fell des Berglöwen streichelnd sagte Mare: „Einverstanden Flumi, komme mit und bewache mit mir die Herde, bis unsere tapferen Jäger mit der Jagd beginnen."

„Dabei könnte ich euch doch helfen?", fragte Weco und sah Jeth dabei auffordernd an.

Der Junge antwortete dem Jäger: „Ich habe nichts dagegen, Weco. Da du bei der Jagd die Jäger in der Schlucht anführen sollst, ist es vielleicht ganz gut, wenn du dir vor Beginn der Jagd schon einmal die Schlucht ansiehst."

Schon bald hatten sich Mare, Rema, Weco und der sie begleitende Berglöwe Flumi von den Anderen so weit entfernt, dass sie sich ihren Blicken entzogen.

Die auf diesem Teil der Steppe stehenden Bäume standen bisher vermischt und in weiten Abständen voneinander. Bald hatten die drei Kundschafter auch

diese Bäume hinter sich gelassen. Nun war die Ebene nur noch ein Felsenmeer, mit vereinzelten Inseln aus Gras. Der über die Steppe wehende Wind war schon bisher sehr kalt gewesen. Jetzt aber ließ ein eiskalter Gegenwind und aufziehender Nebel die Kundschafter spüren, dass sie der Wand aus Eis immer näher kamen.
Der Berglöwe Flumi hatte sich von den Kundschaftern gelöst, und immer auf der Suche nach Raubtieren, die der Mammutherde oder den Jägern gefährlich werden könnten, durchstreifte er die Steppe.
Als die Sonne begann ihren höchsten Stand am Himmel zu verlassen, kamen die Kundschafter bei der Mammutherde vor der Eiswand an.
Erleichtert stellte Rema fest, dass die Herde noch immer dicht vor der Schlucht weidete. So konnten sie Jeths Jagdplan am Abend durchführen und mussten nicht noch rasch einen neuen Plan ausarbeiten.
Während Rema zurück zu den wartenden Jägern lief, blieben Weco und Mare als Wächter bei der Herde.
Mare und Weco, die die Eiswand bisher nicht gesehen hatten, standen staunend vor der bis hoch in die Wolken ragenden Wand.
Eisige Kälte wehte ihnen entgegen und ließ sie selbst in ihren dicken Mammutfellen frieren.
Immer wieder zogen dichte Nebelschwaden vor der Wand auf und entzogen sie so ihren Blicken. Der Himmel war grau und ein dichter Wolkenteppich ließ nur selten

einen Blick auf die blass scheinende Sonne zu.

Obwohl es ihm schwerfiel, den Blick von der Eiswand zu lösen, sah Mare mit besorgtem Blick Weco an: „Wenn es stimmt, dass die Eiswand über Mutter Erde wandert, so wird sie die Mutter bald bedecken. Bei den Göttern Weco, wo sollen wir dann leben?"

Beruhigend legte der ältere Jäger Mare eine Hand auf die Schulter: „Im Tal der zwei Berge, Mare. Dorthin hat uns die Göttin Mutter Erde gesandt. Habe Vertrauen zur Göttin. Glaubst du, sie würde uns das Tal als neue Heimat geben, wenn es von der Eiswand verschluckt würde?

Jetzt gehen wir erst einmal jagen. Bleibe du hier und warte auf unsere Jäger. Ich werde in der Zwischenzeit in die Schlucht hinabsteigen und mich mit ihr vertraut machen."

Die Worte Wecos konnten Mare nicht wirklich beruhigen, und so sah er weiterhin besorgt zur Eiswand hinauf. Weco bemerkte wohl, dass Mare noch immer besorgt war. So begab er sich kopfschüttelnd über Mares Zweifel an den Worten der Göttin, zum Rand der Schlucht. Dort hoffte der Jäger, irgendwo einen möglichen Abstieg in die Tiefe zu finden.

Während Weco den Abstieg suchte, sah er immer wieder voller Ehrfurcht zu der von der Mutter Erde geschaffenen Eiswand hoch.

So etwas hatte er noch nie gesehen!

Auch so dicht an der Wand, konnte der Jäger die tatsächliche Höhe der Eiswand nicht erkennen. Sie ragte bis in die Wolken hinauf und entzog sich dort seinen Blicken.

Durch den so dicht an der Wand wehenden eisigen und feuchten Wind, hatten sich schon bald die ersten Eisstücke auf seinem Umhang aus Mammutfell festgesetzt.

Weco, der keine Handschuhe trug, spürte wie die Kälte von seinen ungeschützten Händen aus, langsam den ganzen Körper erfasste.

Da waren sie nun endlich nicht mehr dem feuchten und auf ihrer Haut juckenden Dunst im Tal des Nebels ausgesetzt, aber dafür mussten sie sich jetzt einer grimmigen Kälte erwehren.

Oh, wie sehnte er sich nach einer über einem grünen Tal scheinenden wärmenden Sonne. Vielleicht würde ja das von ihnen gesuchte Tal der zwei Berge seinen Traum erfüllen.

So in Gedanken versunken, hätte er fast den in die Schlucht führenden Wildpfad übersehen.

Sein Blick folgte dem Weg hinunter in die Schlucht. Was er sah beruhigte ihn. Der Pfad führte in leichten Windungen sanft in die Schlucht hinab.

Mit einem erleichterten Aufatmen so einen leichten Weg gefunden zu haben, begann der Jäger den Abstieg in die Schlucht.

Aber schon nach den ersten Schritten stellte er besorgt fest, dass es dennoch nicht leicht werden würde den Grund der Schlucht zu erreichen.

War der Pfad, zumindest der Teil den der Jäger einsehen konnte, auch nicht steil, so war er aber durch die von der Wand aus Eis ausstrahlende Kälte, mit einer dünnen Eisschicht überzogen.

An beiden Seiten des Pfades ragten ebenfalls von Eis überzogene steile Wände in die Höhe.

Der Weg war nur so breit, dass er mit seinen seitlich ausgestreckten Armen, die neben ihn aufragenden steilen Wände gleichzeitig berühren konnte.

Nachdem Weco das erste Mal auf dem glatten Boden ausrutschte, versuchte er sich bei seinem weiteren Abstieg an einer der Wände festzuhalten. Aber sie waren zu glatt, sie boten ihm keinen Halt.

So ging der Jäger mehr rutschend als gehend, dem Grund der Schlucht entgegen.

Je tiefer Weco in die Schlucht vordrang, um so öfter musste er auf dem Pfad liegenden Eisbrocken ausweichen.

Die Eisbrocken waren an manchen Stellen so groß, dass sie Weco vollständig den Weg versperrten. Mühevoll kletterte der Jäger über die Hindernisse aus Eis. Dabei verursachten immer wieder scharfe Kanten kleine Schnittwunden an seinen Händen und rissen seine Beinkleider aus dichtem Fell auf.

Durch die Anstrengung des Abstiegs bemerkte Weco nicht, wie seine Haut an den Händen und Beinen vom Eis aufgerissen wurde. Bald hinterließen die Wunden immer größer werdende Blutflecke, auf den vom Jäger überwundenen Eisbrocken.

Trotz der in der Schlucht herrschenden Kälte schwitzte Weco fürchterlich.

Die Mühsal des Abstiegs und sein lauter Atem verhinderten wohl, dass der erfahrene Jäger den ihm schon seit einiger Zeit auf leisen Pfoten folgenden Berglöwen nicht bemerkte.

Nie sollte Weco den Grund der Schlucht erreichen.

Das weiße Mammut

Während Mare auf das Eintreffen der Jäger wartete, konnte er nicht widerstehen sich die Herde aus der Nähe anzusehen.
So verließ der Jäger seinen Beobachtungsposten und ging, immer darauf achtend sich gegen den Wind zu halten, so dass keines der Tiere ihn wittern konnte, vorsichtig näher zur Herde.
Nachdem der Jäger sich in Sichtweite der Herde befand, legte er sich auf den Boden und schlich leise wie eine Schlange an die Herde heran.
Schon bald vernahm Mare deutlich das Schnaufen und Brüllen der Tiere. Langsam hob er seinen Kopf aus dem Gras und spähte zu der Herde hinüber.
Was der Jäger nun in der Nähe der Tiere sah, steigerte seine Freude auf die kommende Jagd und ließ sein Herz schneller schlagen.
Nicht weit von ihm entfernt, graste eine vom ihm noch nie gesehene Herde wunderschöner Tiere. Jedes einzelne Mammut und selbst die Kälber der Herde waren wohlgenährt. An ihren Fellen war ebenso wie an den langen Stoßzähnen keinerlei Makel erkennbar.
Die Tiere würden ihnen reichlich Fleisch, Felle und Stoßzähne liefern.
Nachdem Mare sich an die Schönheit der Tiere sattgesehen hatte, wollte er die Herde eben wieder

vorsichtig verlassen, als seine Augen das Tier erblickten, dass er nun schon sein ganzes Leben suchte.
Weiß wie Schnee liefen die langen nach oben gebogenen Stoßzähne in den mächtigen Kopf eines vollkommen weißen Mammuts über. Kein einziger Schmutzfleck besudelte das selbst vor der hellen Eiswand deutlich hervorstechende weiße Fell des Mammuts.
Das Tier war riesig. Es überragte jeden einzelnen Bullen der Herde um mindestens zwei Köpfe.
Wie gebannt starrte Mare auf das außergewöhnliche Tier, als er flüsterte: „Egal was Jeth gesagt hat. Ich werde an der Jagd teilnehmen.
Dieses Tier gehört mir!
Ich habe es als Erster entdeckt und werde es mir von niemanden nehmen lassen."
Mare musste lächeln als er zu sich sagte: „Die Mondkrieger halten mich für den Sohn des Mondgottes. Von ihnen wird mir niemand das Tier streitig zu machen. Auch meine Gefährten können mir nicht verweigern das Tier zu erlegen, denn sie können den Kriegern des Mondes nicht sagen, dass ich nicht der Sohn des Mondgottes bin."
Hatte das Tier Mare gehört?
Langsam drehte es seinen mächtigen Kopf und schaute den Jäger direkt ins Gesicht.
Dem Jäger war, als hätte das weiße Mammut seine leisen Worte verstanden und als würde es ihm antworten:

„Auch ich habe dich lange gesucht!"
Nur mit Mühe konnte Mare seinen Blick von dem Tier lösen, um zu seinem alten Beobachtungsposten zurückkehren.
Dort setzte er sich nieder, stützte seine Unterarme auf die angezogenen Knie und legte seinen Kopf in die Hände. So die vor ihm liegende Steppe betrachtend, dachte der Jäger über seine Begegnung mit dem weißen Mammut nach. Dabei spürte er den kalten Schauer, der, seit er das riesige Tier gesehen hatte, noch immer durch seinen Körper lief.
Bald war er sich nicht mehr sicher, ob das Tier ihn wirklich gesehen und mit ihm gesprochen hatte.
Wenn ja und das Tier so klug war, warum warnte es die Herde nicht und führte sie fort von der Schlucht, in der so viele Mammuts sterben würden.
Aber wie sollte es, hatte es ihm nicht gesagt, dass es schon lange auf ihn warten würde? So musste es bleiben wo auch Mare war.
Nur, was wollte das Tier von ihm?
Langsam schob Mare diese Gedanken beiseite und sagte sich, dass die Aufregung auf die bevorstehende Jagd und das weiße Mammut seine Gedanken verwirrt haben mussten.
Ohne weiter über die Herde nachzudenken, erwartete Mare auf einem aus dem Gras der Steppe ragenden Stein sitzend die Ankunft der Jäger.

Die Dämmerung des Abends hatte bereits eingesetzt, als Rema und die Jäger ihn erreichten.
Rema, der ein Lächeln auf dem Gesicht seines Bruders Mare sah, legte diesem beide Hände auf die Schultern: „Ich sehe ein Lächeln auf dem Gesicht meines Bruders. Soll das heißen das der tapfere Sohn des Mondgottes die Herde beschützt hat und sie noch vor der Schlucht weidet?"
„Ja Rema, die Herde ist noch dort wo du sie zuletzt gesehen hast. Es bleibt somit bei Jeths Jagdplan."
Dann wandte sich Mare an die mittlerweile zu ihm und Rema hinzugetreten Häuptlinge und Jäger: „Als Zeichen, dass der Gott des Mondes uns wohlgesonnen ist, hat er uns eine Herde mit einem weißen Mammut geschenkt. Da kein gewöhnlicher Jäger ein weißes Mammut töten darf, werde ich als Sohn des Mondgottes das Tier erlegen und es meinem Vater dem Gott des Mondes opfern."
Ximi zupfte am Mantel seiner Schwester Feenwald und flüsterte ihr zu: „Nun bin ich davon überzeugt das Mare nicht der Sohn des Mondgottes ist. Unser Schamane, der von der Suche nach den Brüllgeistern nicht zurückkehrte, hat mir einmal bei einem Fest nach einer erfolgreichen Jagd gesagt, dass der Gott des Mondes es verbietet eine Herde die von einem weißen Mammut geführt wird, zu jagen."
Noch während Ximi zu seiner Schwester sprach trat

Unruhe bei den Kriegern des Mondes auf. Alle flüsterten miteinander und gestikulierten wild mit den Armen.

Helu war die Unruhe unter den Kriegern nicht entgangen und fragte den neben ihm stehenden Häuptling der Krieger: „Was ist mit deinen Männern? Warum sind sie so aufgeregt?"

Über das Gesicht des Häuptlings hatte sich ein Schatten gelegt: „Unser Marsch zur Eiswand war völlig nutzlos, wir dürfen eine Herde mit einem weißen Mammut nicht jagen. Vor langer Zeit als ich noch ein Kind war, besuchte der Gott des Mondes unseren Schamanen in der Nacht vor unserer Jagd auf eine Mammutherde. In seinem Traum hat ihm der Mondgott die Jagd auf einer Herde die von einem weißen Mammut geführt wird, für immer verboten.

Die Tiere sind nur für den Gott des Mondes bestimmt. Jeder der dennoch die Herde eines weißen Mammuts jagt wird sterben."

Der Häuptling hatte so laut gesprochen, dass alle Jäger und Krieger seine Worte gehört hatten.

Da hob Mare beide Arme zum Himmel und so laut, dass alle ihn hören konnten, sagte er: „Als Sohn des Mondgottes weiß ich, dass die Herde des weißen Mammuts meinem Vater gehört und von gewöhnlichen Jägern nicht angetastet werden darf.

Aber habt ihr mich denn nicht verstanden?

Ich bin der Sohn des Mondgottes. Mein Vater hat uns

diese Herde geschenkt damit ich ihm das weiße Mammut opfern kann!
So könnt ihr nicht nur ohne Furcht die Herde jagen, ihr müsst es oder wollt ihr dem Gott des Mondes dieses Opfer verweigern?
Aber denkt bei der Jagd immer daran, dass das weiße Mammut nur von mir getötet werden darf.
Hütet euch also davor, dem heiligen Tier auch nur die kleinste Verletzung zuzufügen.
Die Strafe des Mondgottes wäre fürchterlich."
Nach diesen Worten senkte Mare langsam seine Arme und ging, dabei eine wichtige Miene aufsetzend, auf die beiden Häuptlinge zu.
Rema der seinem Bruder während dessen Rede staunend angesehen hatte, wandte sich an den neben ihm stehenden Jeth: „Da hat es mein Bruder doch noch geschafft an der Jagd teilzunehmen."
Die Arme vor seiner Brust verschränkt antwortete Jeth: „Listig ist er ja, das muss ich sagen. Nach seiner Rede kann ich ihm die Teilnahme an die Jagd nicht mehr verweigern. Nebenbei hat er es auch noch geschafft, sich das wertvolle weiße Fell des Mammuts zu sichern."
Der Häuptling der Mondkrieger sah Helu mit ernster Miene an: „Wenn der Sohn des Mondgottes meinen Stamm bittet an der Jagd teilzunehmen, können wir ihm seine Bitte nicht abschlagen. Wir werden also gemeinsam mit euch die Jagd, so wie Jeth sie geplant hat,

durchführen."

Als Helu diese Worte hörte, atmete er erleichtert auf. Der erfahrene Stammesführer hatte schon befürchtet, dass der Häuptling der Mondkrieger eine Jagd auf die Herde und das weiße Mammut nicht zulassen würde. Die Jagd musste stattfinden. Ihre Vorräte waren fast aufgebraucht und ob sie genügend Wild an ihrem Ziel, dem Tal der zwei Berge finden würden, hatte ihm auch seine Schamanin Airam nicht sagen können.

War er auch nicht immer mit der Meinung seines Zauberers Hejo einverstanden gewesen, niemals aber hatte dieser ihm auf eine seiner Fragen über die Zukunft keine Antwort geben können. Schließlich war es die Aufgabe eines Schamanen nicht nur zu heilen, darin war Airam auch wirklich gut, sondern er hatte ebenso auch die Zukunft des Stammes vorherzusehen. Wie nur sollte er den Stamm führen, wenn seine Schamanin versagte? Erleichtert atmete er auf, als er daran dachte, dass Airam nun beim Stamm der Mondkrieger bliebe um den kleinen Ximi zum Schamanen auszubilden. So musste er Airam nicht verstoßen, um Kira als neue Schamanin seines Stammes einzuführen.

Traute er Airam auch nicht mehr zu, ihren Aufgaben als Schamanin nachzukommen, so fürchtete er doch die Rache der Zauberin, wenn er sie aus seinem Stamm verstoßen würde.

So tief war Helu in seinen Gedanken versunken, dass er

erst jetzt bemerkte wie Jeth ihn zum zweiten Mal ansprach: „Helu, hörst du mich nicht? Die Dämmerung hat eingesetzt. Bist du damit einverstanden, dass wir mit der Jagd beginnen?"
Die Worte Jeths brachten Helu zurück in die Gegenwart. Er hob den Arm um die Jagd zu eröffnen, als Mare zu ihm trat: „Einen Moment, Helu. Ich möchte noch etwas mit dir besprechen." Dann wandte er sich Jeth zu: „Es dauert nicht lange Jeth, gleich können wir mit der Jagd beginnen. Gehe schon zu den Jägern, wir kommen sofort nach."
Dann führte Mare Helu von den Jägern fort.
Helu, der sich nicht denken konnte was Mare von ihm wollte, sah den Jäger erstaunt an.
„Mare, was ist so wichtig, dass du den Beginn der Jagd hinauszögerst?"
Mare, der mit Helu zwanzig Schritte von den Gefährten entfernt stand, zeigte mit einer Kopfbewegung auf die versammelten Jäger beider Stämme.
„Helu, siehst du die Jäger? Ist das nicht ein gewaltiger Anblick? Stelle dir vor, es wäre ein Stamm und du ihr Häuptling. Kannst du dir die Macht, die du mit all den Kriegern und Jägern über die anderen Stämme hättest, vorstellen?"
Überrascht sah Helu seinen Sohn an: „Ja Mare, das kann ich mir vorstellen. Aber es sind nun einmal zwei Stämme und zwei Häuptlinge. Es reicht vollkommen, den Stamm

der Mondkrieger als Verbündete zu haben. Durch das Bündnis sind beide Stämme gegenseitig verpflichtet sich bei der Jagd und gegen Feindseligkeiten fremder Stämme zu unterstützen. Das ist gut so, und so soll es bleiben!"

Mare ahnte, dass sein Vater seinen soeben in ihm gereiften Plan erraten hatte, denn seine letzten Worte hatte der Häuptling sehr heftig zu seinem Sohn gesagt. Anschließend war Helu ohne ein weiteres Wort an Mare zu richten, zu den versammelten Jägern gegangen.

In einigem Abstand folgte ihm Mare. Dabei flüsterte er: „Noch sind es zwei Häuptlinge, aber bei einer Jagd kann viel geschehen. Wenn ich irgendwann als ältester Sohn Helus der Häuptling des Stammes werde, möchte ich über einen mächtigen Stamm gebieten.

Dafür muss ich die Krieger des Mondes an unseren Stamm binden, aber das geht nur ohne ihren Häuptling. Denn der würde nie einen Häuptling über sich dulden." Mit diesen dunklen Gedanken begab sich Mare zu den auf den Beginn der Jagd wartenden Jägern.

Die Jagd und das Tal der zwei Berge

Als Mare die Gruppe der wartenden Jäger erreichte, sah er wie sein Bruder Rema, der sich bisher angeregt mit Jeth unterhalten hatte, auf ihn zukam.
Mare bemerkte das Lächeln im Gesicht seines Bruders:
„Was stimmt dich so fröhlich, Rema?"
„Deine List!
Erst von der Jagd ausgeschlossen, gelingt es dir nicht nur Jeth und die Häuptlinge davon zu überzeugen doch noch daran teilzunehmen, sondern auch noch Eigentum an dem wertvollsten Tier der Herde, dem weißen Mammut, zu erlangen.
Ich wusste ja schon immer, dass du durchtrieben wie ein Fuchs bist, aber das hier ist eindeutig dein bisher größter Trick."
Mare ging noch einen Schritt auf seinen Bruder zu, so dass er dicht vor ihm stand und beide Arme ausgestreckt auf die Schulter seines Bruders legen konnte. Dann sah er Rema mit erstaunter Miene ins Gesicht.
„Wie kommst du darauf, dass es eine List ist? Willst du etwa damit behaupten ich sei nicht der Sohn des Mondgottes?
Begehe keinen Frevel, so wie der Häuptling der Mondkrieger und auch mittlerweile der ungläubige Ximi."
Während Mare mit ihm sprach, hatte Rema das Gesicht

seines Bruders genau betrachtet. Besorgt sah er, dass im Gesicht seines Bruders kein Schmunzeln, wie sonst üblich bei seinen Scherzen, zu erkennen war.

Langsam löste Rema die mittlerweile angewinkelten Hände seines Bruders von seinen Schultern und schob ihn ein wenig von sich. Dabei sah er Mare fest ins Gesicht.

„Das war ein Scherz oder? Du glaubst doch nicht wirklich du wärst ein Gott?"

Ohne irgendeine Erregung in seiner Stimme antwortete Mare seinem Bruder: „Wieso glaubst du, stehst du hier und kannst dich mit mir unterhalten? Doch nur, weil ich die Feuerprobe bestanden habe. Wie der Häuptling der Mondkrieger sagte, geht das nur als Gott. Also was lässt dich zweifeln?"

Rema konnte die in ihm aufsteigende Erregung über Mares Worte nicht unterdrücken, als er seinem Bruder antwortete.

„Mare, werde wach. Es war Geher, der dir sagte, wann du zu springen hattest. Nicht der Mondgott. Ohne Geher würdest du jetzt ein Häuflein Asche sein und wir alle wären dem Mondgott geopfert worden. Also komm herunter vom Götterthron und lass uns die Jagd genießen."

Die beiden Jäger hatten nicht bemerkt, wie Jeth zu ihnen getreten war.

„Was ist, wolltet ihr so kurz vor Beginn der Jagd noch

einen Tanz aufführen, oder warum hattet ihr euch so umarmt?"
Der Blick, den Mare dem jungen Jäger zuwarf, ließ Jeth seinen Scherz schnell vergessen und sofort versuchte er Mare zu beruhigen.
„Ich wollte dich nicht kränken Mare, also schau mich nicht so wild an. Ich verstehe auch nicht, wieso du dich plötzlich als Gott siehst. Auf unserem Marsch hierhin hatte ich den Eindruck, dass du wüsstest wer uns gerettet hat. Nämlich der Greif meines Bruders. Was hat deine Meinung geändert?
Wie auch immer!
Ich komme aber eigentlich zu dir, um mich zu erkundigen wo Weco ist. Er sollte doch, nachdem er die Schlucht erkundet hatte, wieder zu uns zurückkommen. Aber niemand hat ihn bisher gesehen."
Erst jetzt fiel Mare auf, dass auch er Weco zuletzt bei seinem Abstieg in die Schlucht gesehen hatte.
„Tut mir leid Jeth, aber ich habe ihn auch zuletzt gesehen als er in die Schlucht hinabstieg."
Rema beruhigte Jeth: „Es kann doch sein, dass Weco nicht gehört hat, dass er nach der Erkundung der Schlucht wieder zurückkommen soll und jetzt auf seine Jagdgefährten in der Schlucht wartet."
Jeth, der schon befürchtet hatte, dass Weco etwas zugestoßen sein könnte und nicht ahnte, wie recht er mit seiner Vermutung hatte, entspannte sich: „Du hast

sicher recht, Rema. Ich werde Vilo und die anderen für die Tötung der abgestürzten Mammuts bestimmten Jäger nun in die Schlucht schicken. Weco wartet sicher schon sehnsüchtig auf sie."
So von Remas Worten beruhigt, begab sich der junge Jäger zu Vilo und bat ihn nun mit seinem Bruder Kaiba und seinen Jagdgefährten in die Schlucht hinabzusteigen.
Auch Vilo und seine Begleiter hatten, wie vorher Weco beim Abstieg, mit dem vereisten Boden und den Wänden ihre liebe Mühe. Da die beiden Brüder von Jeth erfahren hatten, dass ihr Vater Weco seit seinem Abstieg in die Schlucht vermisst wurde, betrachteten sie ihre Umgebung ganz genau, um eventuelle Spuren von ihrem Vater nicht zu übersehen.
So kamen sie nur langsam voran und erreichten die Stelle an der Weco dem Berglöwen zum Opfer gefallen war, erst als oben die Jagd auf die Mammuts begann. Obwohl der Lärm der Jagd am Rande der Schlucht, durch das Rufen der Jäger und das Brüllen der Mammuts bis an die Ohren der Jäger in der Schlucht dringen musste, vernahmen diese nichts davon. Sie hatten nur Augen auf eine blutige Stelle zwischen den Felsen. Der Berglöwe hatte sich nicht die Mühe gemacht, sein Opfer in ein Versteck zu bringen.
Die Jäger waren es gewohnt immer wieder einen ihrer Gefährten so aufzufinden. Daher war es nur eine kurze

Zeitspanne, die das grausige Bild vor ihnen, sie von den Geschehnissen um sie herum ablenkte.

Mit einem Blick zu Kaiba sagte Vilo: „Wir können ihn hier nicht so liegen lassen. Geh du bitte mit den Jägern weiter in die Schlucht. Zum Schutz vor weiteren Raubtieren werde ich unseren Vater mit Steinen bedecken. Danach werde ich den Berglöwen suchen. Unser Vater war sein letztes Opfer, das schwöre ich bei unserer toten Mutter."

„Woher weißt du, dass es ein Berglöwe war der unseren Vater getötet hat?"

„Dort unten am Felsen ist der Boden nicht gefroren, ich sehe da ganz deutlich die Spuren eines Berglöwen."

„Jetzt sehe ich sie auch. Dann werde ich jetzt mit den Gefährten weiter in die Schlucht gehen, während du für die Söhne unseres toten Vaters das Fell des Berglöwen holst."

Vilo schaute seinem Bruder mit den Jägern bei ihrem weiteren Abstieg in die Schlucht eine Weile nach. Als die Felsen die Gefährten seinen Blicken entzogen, begann er mit der traurigen Aufgabe seinen Vater zu beerdigen.

Ohne von der Herde bemerkt zu werden, hatten die Jäger oben auf dem Plateau eine Gruppe Mammuts eingekreist. Dabei hatten sie sich auf dem Boden liegend, mit den Unterarmen und Füssen vorwärts bewegend, der Herde bis auf Speerwurf genähert. Die

Dämmerung und der Wind der den Jägern von der Herde entgegenwehte, hatten dafür gesorgt, dass die grasenden Tiere ihre Feinde beim Herannahen nicht bemerkt hatten.

Die Jagd begann, als auf ein Zeichen Jeths alle Jäger gleichzeitig den Ruf eines Wolfs ausstießen, ihre Fackeln anzündeten und sich nun aufrecht gehend unter immer wieder ausstoßendem Wolfsgeheul den eingekreisten Mammuts näherten.

Jeth, der wie die anderen Jäger geglaubt hatte, dass die Tiere sich in Panik von dem Geheul ihres Todfeinds und den brennenden Fackeln abwenden und dann durch die einzige, von den Jägern bewusst freigehaltene Gasse zu Schlucht fliehen würden, sah sich getäuscht.

Völlig erstaunt bemerkten die Jäger, wie die von ihnen eingekreisten Tiere ebenfalls einen Halbkreis gegenüber den Jägern bildeten und die Angreifer mit hoch erhobenen Rüsseln und Stoßzähnen erwarteten. Dabei stießen sie ein ohrenbetäubendes Trompeten aus.

Plötzlich vernahmen Jeth und seine Gefährten auch in ihrem Rücken dieses Mark erschütternde Trompeten.

Als die Jäger sich umschauten, erstarrten sie voller Entsetzen in ihren Bewegungen.

Im Rücken der Jäger hatte sich ihnen eine Reihe Mammuts genähert.

Fünf Schritte vor diesen Tieren und zehn Schritte vor den Jägern stand das weiße Mammut. Das gewaltige Tier hob seinen Rüssel und stieß dabei ein kurzes Trompeten aus. Indem sie die Jäger langsam in einem Kreis einschlossen, bewegten sich die beiden Reihen der Mammuts auf ihre Feinde zu.

Rema, als einer der erfahrensten Jäger, überwand als erster die bei ihm und seinen Gefährten durch die Reaktion der Tiere hervorgerufene Erstarrung. Er sah nur eine Möglichkeit, sich und die Jäger aus der Einkesselung der Tiere zu befreien.

„Der Wind weht auf die Tiere um das weiße Mammut zu. Jeth, Baka, und Taje, werft eure Fackeln den Tieren vor die Füße. Vielleicht scheuen sie und bilden eine Gasse durch die wir in die Rücken der Tiere gelangen. Ist uns das gelungen, so werden Mare, Taje und Baka das weiße Mammut vom Rest der Herde isolieren. Mare, du wolltest es doch für dich, jetzt gehört es dir. Ohne das weiße Mammut werden die anderen Tiere fliehen. Da wir ihnen mit unseren Fackeln den Weg zur Steppe abschneiden, bleibt ihnen nur die Flucht zur Wand aus Eis und zur Schlucht. In ihrer Panik werden sie vor der Schlucht nicht haltmachen und so wird diese für sie zur tödlichen Falle."

Während Rema noch seine Gefährten die letzten Worte zurief, warfen die vier von ihm benannten Jäger ihre Fackel in Richtung des weißen Mammuts.

Der Jagdgott musste ihnen wohlgesonnen sein. Trotz der Nähe der Eiswand und der dadurch immerwährenden Feuchtigkeit der Luft und des Grases, gingen die geworfenen Fackeln nicht im Gras aus.

Genau wie Rema es gehofft hatte, scheuten die hinter dem weißen Mammut stehenden Tiere und wichen den Fackeln aus.

Rema musste seine Gefährten nicht erst auffordern, durch die von den Tieren gebildete Gasse zu laufen. In kürzester Zeit hatten alle Jäger die Umklammerung durchbrochen und wandten sich nun den vor ihnen und vor dem Abgrund stehenden Mammuts zu.

Nun hatten die Jäger die Herde dort wo sie sie haben wollten, dicht vor dem Abgrund stehend.

Rema wandte sich Mare zu: „Jetzt Mare, ist die Zeit gekommen das weiße Mammut zu erlegen."

Der neben Mare stehende Häuptling der Mondkrieger legte dem Jäger eine Hand auf die Schulter und sagte: „Was ist, du Sohn des Mondgottes. Das Mammut kommt nicht zu dir. Wenn du es töten willst, musst du schon zu ihm. Oder hast du Angst, soll ich es für dich erlegen?"

Wütend streifte Mare die Hand des Häuptlings von seiner Schulter: „Du wagst es zu behaupten, ich hätte Angst, gleich wirst du sehen wie ich das weiße Mammut erlege, und danach werden wir beide gegeneinander kämpfen. Dann werden wir sehen wer hier Angst hat."

Mittlerweile war die Dämmerung weiter fortgeschritten und ein leichter Wind wehte nun von den Jägern, zu den vor der Schlucht stehenden Mammuts.

Die Jäger bemerkten die Unruhe der Tiere, die noch durch die Witterung, die sie von den so nah vor ihnen stehenden Jägern aufnahmen, gesteigert wurde.
Nur das nun wieder alleine vor der Herde stehende weiße Mammut zeigte keine Anzeichen einer Unruhe. Wie aus Stein gemeißelt stand es mit breiter Brust und leicht gesenktem Kopf schützend vor der Herde. Alleine ein leichtes Schnauben verriet, dass es keine Statue aus Stein, sondern ein lebendes außergewöhnliches Mammut war.
Immer noch von den Worten des Häuptlings verärgert, wollte sich Mare dem Tier nähern.
„Warte, Mare!", rief Rema „Lass uns einige Fackeln hinter das weiße Mammut werfen. Damit schaffen wir einen Raum zwischen der Herde und dem Leittier. Wenn die Fackeln dann hell genug brennen, wird weder die Herde zu ihrem Leittier, noch das Leittier zu seiner Herde können.
Dann Mare, wird es ein Kampf nur zwischen dir und diesem herrlichen Tier."
Schnell hatten die Jäger neue Fackel entzündet. Damit näherten sie sich vorsichtig dem Leittier. Als sie sich dem Tier soweit genähert hatten, um ihre Fackeln zwischen ihn und seine Herde werfen zu können, blieben sie stehen. Auf Remas Ruf hin, warfen sie in weitem Bogen ihre Fackeln über und neben das weiße Mammut, der Herde vor die Hufe.

Rema hatte angenommen, dass sobald die Mammuts die brennenden Fackeln vor sich liegen sahen, nur wenige Tiere zurückweichen würden. Er hoffte dadurch zu erreichen, dass beim Kampf zwischen Mare und dem weißen Mammut, kein Mammut der Herde seinem Leittier zur Hilfe kommen würde.
Dass die Tiere die Flucht ergreifen würden, damit hatte er nicht gerechnet.
Die Masse der Fackeln brannte direkt vor den Hufen der Tiere in der ersten Reihe. Einige Fackeln waren aber in die Herde gefallen und nicht wenige davon auf den Rücken der Tiere.
Schon nach kurzer Zeit brannte das lange Fell der von den Fackeln getroffenen Tiere. Die brennenden Mammuts spürten die Schmerzen und mit einem Brüllen das weit über die Steppe zu hören war, stürmte die Masse der Herde voller Panik in die Steppe hinein. Diese Tiere waren für die Jäger nicht mehr erreichbar und für die Jagd verloren.
Zur Schlucht hin stürmte nur eine Handvoll Tiere. In ihrer Panik erkannten sie den sich vor ihnen gähnenden Abgrund nicht. Genau wie Rema es sich vorgestellt hatte, stürzten die Tiere mit lautem Brüllen in die Tiefe.
Keines der Tiere überlebte diesen Sturz.
Während das alles geschah, schauten die Jäger wie gebannt dem Schauspiel zu.
Nur Mare und das weiße Mammut hatten dafür keinen

Blick. Sie wussten, dass das was hier geschah, für sie ohne Bedeutung war.

Jetzt zählte nur der bevorstehende Kampf zwischen ihnen.

Als die Herde in der Dunkelheit der Steppe verschwunden und die Todesschreie der in die Schlucht gestürzten Tiere verstummt waren, sahen die Jäger Mare bei seinen Vorbereitungen zum Kampf mit dem gewaltigen Leittier zu. Die Gefährten spürten die Konzentration Mares auf den Zweikampf mit dem mächtigen Tier und so wagte niemand ihn zu stören.

Das weiße Mammut hatte seinen Platz bisher nicht verlassen und wurde daher noch immer von den Fackeln hell erleuchtet.

Um beim bevorstehenden Kampf mit dem Tier nicht in seiner Bewegungsfreiheit behindert zu werden, legte Mare seinen dicken Fellumhang ab. Dann ergriff er drei schwere Jagdspeere und näherte sich aus der Dunkelheit dem von den Fackeln beleuchteten Mammut.

In Erwartung dessen was nun geschah, rührte sich keiner von Mares Gefährten. Es herrschte eine absolute Ruhe auf der Steppe. Selbst der immer über die Steppe hinweg wehende kühle Wind, hatte aufgehört mit seinem Atem die Steppe zu streicheln.

Langsam näherte sich Mare dem Lichtkreis der Fackeln, und schon bald stand er dem Mammut auf einer Entfernung von nur wenigen Schritten gegenüber.

Nun wartete der Jäger auf die Reaktion seines Gegners. Das Tier hatte bisher noch keinerlei Bewegung gemacht. Nicht einmal ein leichtes Schnauben war von ihm zu hören gewesen.
Es stand dort im Schein der Fackeln, als ob es aus Stein gemeißelt wäre.
Nun aber, da es sah wie weit sich der Jäger ihm genähert hatte, stieß es ein leises Schnauben aus und hob den bisher so teilnahmslos gesenkten Kopf.
Mare spürte, wie ihn das Tier aus seinen Augen ansah, und es war ihm, als spreche es mit eben diesen Augen zu ihm. Deutlich vernahm er die Stimme des weißen Mammuts: „Wer bist du, dass du es wagst mich und meine Herde anzugreifen? Weißt du nicht, dass die Herde eines weißen Mammuts heilig ist? Nur die Götter haben das Recht der Jagd auf die Herde eines weißen Mammuts."
Mare der in jeder Hand einen der schweren Jagdspeere hielt, reckte diese hoch und rief: „Ich bin der Sohn des Mondgottes und somit einem Gott ebenbürtig! Du siehst, ich habe das Recht dich und deine Herde zu erjagen! Nun kämpfe mit mir!"
Mare hatte so laut gerufen, dass die in einigem Abstand stehenden Jäger seine Worte gehört hatten.
Taje schüttelte den Kopf als er zu dem neben ihm stehenden Ximi sagte: „Ist er nun ganz verrückt geworden? Ein wenig war er das ja schon immer. Aber

das er nun mit einem Mammut spricht, das macht mir nun wirklich Sorgen."

Ein verschmitztes Lächeln huschte über Ximis Gesicht: „Was willst du? Er ist der Sohn eines Gottes und kann daher selbstverständlich mit Tieren sprechen."

Taje wollte eben dem Jungen antworten, als der Kampf zwischen Mare und dem Leittier der Herde begann.

Mare hatte sich dem Tier noch weiter genähert. Er suchte die günstigste Stellung, um dem weißen Mammut einen der Speere in das Herz zu schleudern. Aber das Tier war schlau, es ahnte wohl was der Jäger beabsichtigte, und egal wohin Mare sich bewegte, es drehte ihm immer wieder seinen breiten Kopf mit den riesigen Stoßzähnen zu. Dabei wedelte es seinen Rüssel ständig von einer Seite zur anderen.

Hatte bisher sich Mare dem Mammut genähert, so näherte sich jetzt das Tier dem Jäger. Dabei beobachtete es seinen Feind genau. Ob Mare nun nach links oder rechts auswich, er bekam keine Gelegenheit das Herz zu treffen. Nur seinen riesigen Kopf bot das Tier seinem Gegner feil. Fassungslos sah Ximi, wie Mare mit einem Speer auf den Kopf des Mammuts zielte.

„Taje, was macht er? Der Speer wird vom Kopf des Mammuts wirkungslos abprallen.

Bevor er den zweiten Speer benutzen kann, ist das Mammut bei ihm und wird ihn zerquetschen."

„Ximi, ganz ruhig, ich glaube ich weiß was er vorhat. Er

kann das Herz nicht erreichen, daher will er das Tier blenden."

Taje sollte mit seiner Vermutung recht behalten. Den Speer zum Wurf hoch erhoben wich Mare blitzschnell nach rechts aus. Dabei drehte das Mammut seinen Kopf etwas nach links und bot dem Jäger somit sein rechtes Auge dar. Genau auf diesen Moment hatte Mare gewartet. Er holte mit seinem rechten Arm noch etwas weiter aus und warf den Speer in Richtung des Mammuts.

Der Speer traf sein Ziel.

Das Mammut stand völlig still.

Diesen kurzen Augenblick in dem das Tier wie gelähmt vor Mare stand, nutzte der Jäger und der zweite Speer traf das andere Auge des stolzen Mammuts.

Die neben Taje und Ximi stehende Feenwald zuckte zusammen, als das verletzte Mammut ein wildes Brüllen ausstieß. Selbst den hartgesottenen Jägern lief ein kalter Schauer den Rücken hinunter. Niemand von den Gefährten hatte jemals so ein wütendes Brüllen vernommen.

Immer noch das wütende Brüllen ausstoßend, schüttelte das Mammut seinen mächtigen Kopf. Mit Entsetzen sahen die Gefährten, wie die Speere aus den toten Augenhöhlen fortgeschleudert wurden. Dann stürzte das Tier sich auf den wie am Boden festgenagelten Mare. Obwohl das Mammut nun völlig blind war, konnte es den

Jäger mit seinem Rüssel ergreifen. Es hob ihn in die Höhe, drehte sich zur Schlucht und nun völlig ruhig, stürzte es sich mit dem Jäger in den Abgrund.

Nach Mares letzten Speerwurf auf das Mammut bis zu seinem Sturz in die Schlucht waren nur wenige Atemzüge vergangen.

So hatte keiner von Mares Gefährten die Möglichkeit gehabt, dem Jäger zur Hilfe zu eilen.

Der Häuptling der Mondkrieger fasste sich als erster: „Niemand von uns hätte sich getraut gegen dieses göttliche Tier zu kämpfen. Nur Mare, der schon die Prüfung der Götter bestanden hatte, war dazu in der Lage. Zum Schluss hat er es sogar durch die Blendung getötet. Er war vielleicht nicht der Sohn des Mondgottes, aber er war ein großer Jäger. Lasst uns nun in die Schlucht hinabsteigen, dass Fleisch und die Felle der getöteten Mammuts bergen. Anschließend Helu, werden wir, wenn du einverstanden bist, hier oben auf der Steppe den tapferen Mare eingehüllt in das weiße Mammutfell bestatten. Mein Stamm und ich haben schon vor Beginn der Jagd beschlossen, euch in das Tal der zwei Berge zu begleiten. Im Tal der zwei Berge wählen wir dann einen neuen jüngeren Häuptling. Ich schlage den Bruder des tapferen Mare, Rema vor.

Nun frage ich dich Helu, bist du mit meinem Vorschlag einverstanden?

Helu sah die Mitglieder seines Stammes an: „Sollen wir

die Vorschläge des Häuptlings der Mondkrieger annehmen?"

Helus Leute rissen die Arme hoch und stießen dabei ihre Speere hoch in die Luft als sie ihm zuriefen: „Ja das wollen wir! Lasst uns alle zusammen einen großen Stamm bilden und im Tal der zwei Berge ein Leben ohne Sorgen leben!"

Nachdem sich alle wieder beruhigt hatten, trat Airam vor. Die Zauberin hob ihre Arme: „So ist es beschlossen und von den Göttern gutgeheißen. Im Tal der zwei Berge werden wir dann Kira zur Priesterin der Göttin Mutter Erde weihen.

Vilo der inzwischen nach seiner erfolgreichen Jagd auf den Berglöwen wieder zu seinen Gefährten zurückgekehrt war, bat seine Brüder Kaiba und Baka ihm zu helfen, ihren Vater aus der Schlucht zu holen, um ihn dann gemeinsam mit Mare zu beerdigen.

Die feierliche Bestattung der beiden Jäger mit der anschließenden Totenfeier und die Vorbereitungen zum Aufbruch in das Tal der zwei Berge, dauerten noch ein paar Tage an.

Dann endlich begann der von allen so sehnlichst herbeigesehnte Beginn ihrer Reise in das Tal der zwei Berge.

Nachdem der Mond zweimal seine volle Größe und die Gefährten noch viele Abenteuer glücklich überstanden hatten, standen die sie auf einem Berggipfel und sahen hinunter auf ihre neue Heimat.

Eine leuchtend helle Sonne erwärmte das unter ihnen liegende Tal.

Aus der Mitte des Tals ragten zwei kleine Berge hervor. Soweit die Gefährten blicken konnten, sahen sie kniehohes grünes Gras. Auf ihnen weidende Herden von Rehen und Elchen und vereinzelte nicht miteinander verbundene Wälder, deren Bäume in den Himmel wuchsen, ließen ihre Herzen voller Vorfreude auf erfolgreiche Jagdausflüge höherschlagen.

Sie sahen einen Bach, der aus den Bergen in das Tal floss und dort einen kleinen See bildete. Nachdem der Bach am anderen Ende den See durchquert hatte, floss er weiter in das Tal hinein.

Airam sah ihre Freunde an: „Nun, habe ich euch zu viel versprochen. Lasst uns jetzt in das Tal gehen und von unserer neuen Heimat Besitz ergreifen."

Unter lautem Jubel liefen die Gefährten schnell den Berg hinunter.

Schon nach kurzer Zeit hatte ein jeder in seiner neuen Heimat die Strapazen und Gefahren der Reise vergessen.

Und immer weiter dreht sich mit den Kindern das Rad der Zeit.